非理性视角下社会网络与资本配置效率研究

黄莲琴 著

科学出版社

北京

内 容 简 介

有效的资本配置是公司创造价值和持续发展的关键。本书从投资者情绪、高管过度自信等决策主体非理性视角考察了社会网络对公司资本配置的影响。研究结果表明：不同产权性质、层级和类型的高管政治网络对公司资本配置效率的影响具有显著的差异性；投资者情绪的波动导致的"误定价"感染了过度自信高管的情绪，高管过度自信使投资者情绪与公司投资之间的敏感性增强；高管过度自信与其政治关系的共同作用使公司资本投资水平提升；高管社会网络、投资者情绪均能有效地缓解公司的融资约束问题，两者的共同存在显著降低了公司投资对融资约束的敏感性；内部控制能有效地弱化高管过度自信与过度投资之间的正相关性，提升公司的资本配置效率。

本书可供企业管理者和高等院校的人员，尤其是工商管理、经济金融类学科的博士和硕士研究生、本科高年级学生使用。

图书在版编目(CIP)数据

非理性视角下社会网络与资本配置效率研究 / 黄莲琴著. —北京：科学出版社，2019.11

ISBN 978-7-03-061394-3

Ⅰ.①非… Ⅱ.①黄… Ⅲ.①公司－资本经营－研究 Ⅳ.①F276.6

中国版本图书馆 CIP 数据核字（2019）第 110681 号

责任编辑：郝 悦 / 责任校对：王晓茜
责任印制：张 伟 / 封面设计：正典设计

科 学 出 版 社 出版
北京东黄城根北街 16 号
邮政编码：100717
http://www.sciencep.com

北京建宏印刷有限公司 印刷
科学出版社发行 各地新华书店经销

*

2019 年 11 月第 一 版 开本：720 × 1000 B5
2020 年 1 月第二次印刷 印张：14 1/4
字数：280 000

定价：116.00 元
（如有印装质量问题，我社负责调换）

作者简介

黄莲琴，博士，福州大学经济与管理学院会计系教授。获厦门大学经济学硕士学位和管理学（会计学）博士学位。曾在台湾大学管理学院做高级访问学者半年。现主要从事公司财务、内部控制和管理会计方面的研究与教学工作。在《会计研究》和《管理科学》等核心期刊上发表学术论文 30 余篇，出版专著两部；获得福建省第九届、第十届社会科学优秀成果二等奖、三等奖；主持国家自然科学基金项目、教育部人文社会科学项目和省级项目等研究，并参与多项国家级、省级项目的研究。

序

  该书是福州大学高水平大学建设工商管理学科高原计划学科特色系列学术专著，由福建省高水平大学建设福州大学学科建设专项工商管理学科高原计划资助出版。

  福州大学工商管理学科始建于20世纪80年代，该学科下的技术经济及管理专业是福建省内最早获得硕士学位授予权的专业，2005年被列为福建省重点学科。工商管理一级学科也于2012年被新增为福建省级重点建设学科。该学科现拥有一级学科博士与硕士学位授予权、博士后科研流动站、福建省高校科技创新团队、福建省高校人文社会科学研究优秀基地等，学科建设整体水平已跻身全国同类院校的先进行列，处于福建省内领先水平。

  近年来，福州大学工商管理学科紧紧围绕国家和福建省的经济、科技发展战略目标及福建省支柱产业与战略性新兴产业需求，瞄准学科发展国际前沿，凝练学科研究方向，凝聚人才，加强师资队伍、学术梯队和创新团队建设，推动该学科科学发展、重点发展、特色发展和内涵发展。2014年该学科成功入选中央财政支持地方高校发展专项资金人才培养和创新团队建设项目、福建省高水平大学建设福州大学学科建设专项学科高原计划。

  为了及时归纳、总结、升华福州大学工商管理学科的学术与科研成果，进一步加强与国内外同行的学术交流和合作，我们从福建省高水平大学建设福州大学学科建设专项工商管理学科高原计划经费中划出一部分，用于资助福州大学经济与管理学院工商管理研究院中具有较强的研究能力和较多的学术、科研成果积累的教师撰写学术专著。目前呈现在读者面前的就是在2015~2017年陆续出版的20部左右工商管理学科特色系列学术专著之一。希望该学科特色系列学术专著的出版，能够更好地促进、推动我国工商管理学科的发展壮大，进一步提升我国管理科学的国际知名度和竞争力。

  福州大学有关领导，尤其是福州大学发展规划与"211工程"办公室的领导多年来对工商管理学科给予了大力支持和帮助，谨以致谢。特别地，衷心感谢福州大学高水平大学建设工商管理学科高原计划学科特色系列学术专著的所有作者的理解、支持与辛勤劳动。

"教育部长江学者"特聘教授　李登峰

2017 年 11 月

前　　言

有效的资本配置不仅是公司成长和创造价值的源泉，而且是公司在市场竞争中得以持续发展的关键。如何提升公司资本配置效率一直是财务学的核心问题。近年来，学者相继从不同视角对公司资本配置效率进行阐释，但研究结论不一，并且忽视了企业非市场战略、社会关系网络的重要性及战略决策的制定者——高层管理者（以下简称高管）的认知偏差及投资者情绪的传染效应。鉴于此，本书拟从投资者情绪、高管过度自信等决策主体非理性视角研究社会关系网络与公司资本配置之间的关系。

本书是教育部人文社会科学研究一般项目（项目编号：11YJA630035）的成果，是福州大学高水平大学建设工商管理学科高原计划学科特色系列学术专著。本书采用规范研究和实证检验相结合的方法。首先，介绍本书的研究背景与意义，以及研究的主要内容和创新；其次，对公司资本配置、决策主体的有限理性、高管社会网络与内部控制的相关概念、理论与研究文献进行梳理和评述，为下文的实证研究奠定理论基础；最后，阐述了投资者情绪、高管过度自信、高管政治关系、社会网络、内部控制对公司资本投资和资本配置效率的影响机理，提出相应的研究假说，构建多元回归模型，以沪深 A 股上市公司为研究样本，对决策主体理性与非理性视角下社会网络与公司资本配置之间的关系进行实证检验。本书研究结果的主要贡献如下。

（1）考察了高管政治网络对公司资本配置效率的影响效应。现有文献主要以关键高管的政治关系作为研究对象，较少考察高管团队成员拥有的政治关系的互补与共享构建的高管政治网络的影响效应，本书从社会资本视角研究高管政治网络所拥有的社会资本对公司资本配置效率的影响。研究发现，高管政治网络在我国上市公司中普遍存在，对公司的投资水平具有显著的正向影响；同时，不同产权性质、不同层级、不同类型的高管政治网络对公司配置效率的影响具有异质性。

（2）关于投资者情绪和高管过度自信对公司投资行为的综合影响效应，学者较少对此进行实证研究。根据情绪感染理论和迎合理论，本书研究了投资者和高管之间情绪的感染机制，考察了投资者情绪导致的"误定价"和高管过度自信的共同存在对公司资本投资的影响。研究发现，我国证券市场投资者情绪波动幅度较大，其波动的情绪将感染过度自信高管的情绪；过度自信高管使投资者情绪与公司投资之间的敏感系数增强，加大了公司的资本投资。当投资者情绪高涨时，更会感染过度自信高管的情绪,使之提升公司投资水平;而当投资者情绪低落时,其引发的感染效应减弱,过度自信高管的投资决策相对保守;同时,对于投资水平较高的公司,两者非理性对投资决策的影响效应更为显著。

(3)现有关于政治关系影响公司投资的研究大多是在代理人理性的假设前提下展开的,结合高管非理性的研究较少。本书从高管理性与非理性的双重视角,研究了高管过度自信、政治关系与公司投资之间的关系。结果发现,高管政治关系对其过度自信的认知偏差具有显著的正向影响,即随着高管政治关系程度的增强,其过度自信的倾向也加大;与一般高管相比,过度自信的高管提高了政治关系与公司投资之间的敏感性,加大了公司的投资支出;不同产权性质、不同类型的高管政治关系与其过度自信对公司投资的综合影响存在异质性。

(4)现有文献就投资者情绪与高管社会网络对公司投资的综合影响的研究较少。本书以融资约束为中介,考察了投资者情绪、高管社会网络与公司投资之间的关系。实证研究发现,高管社会网络、投资者情绪均能有效地缓解公司面临的融资约束问题;高管社会网络反转了公司投资与融资约束之间的负相关性,提高了公司投资水平;高管社会网络与投资者情绪的共同存在显著降低了公司投资对融资约束的敏感性,但两者的共同存在并不能提高公司投资水平。

(5)关于高质量的内部控制能否有效地减少高管过度自信的倾向和非效率投资行为,本书厘清了内部控制对高管过度自信和非效率投资的治理效应,考察了内部控制对高管过度自信与公司资本配置效率之间关系的调节效应。研究结果发现,内部控制的有效实施能够显著地减小高管过度自信的认知偏差,降低高管过度自信的程度;高管过度自信对公司的非效率投资产生显著的正向影响;而高质量的内部控制能够显著地抑制公司的非效率投资,促进公司投资效率的提升;当高管存在过度自信的心理偏差时,内部控制能够有效地弱化高管过度自信与过度投资之间的正相关性,减少公司的过度投资,从而提升公司的资本配置效率。

目　录

第1章　绪论 ·· 1
　1.1　研究背景 ··· 1
　1.2　研究意义 ··· 3
　1.3　研究内容、框架和研究方法 ··· 5
　1.4　研究贡献与创新之处 ·· 6
第2章　理论基础与文献评述 ··· 9
　2.1　公司投资与资本配置效率 ·· 9
　2.2　决策主体的有限理性 ·· 15
　2.3　高管社会网络概述 ·· 31
　2.4　国内外相关文献综述 ·· 41
　2.5　本章小结 ·· 64
第3章　高管政治网络与公司资本配置效率的实证研究 ············· 66
　3.1　问题的提出 ·· 66
　3.2　理论分析与研究假说 ·· 67
　3.3　研究设计 ·· 70
　3.4　实证检验结果分析 ··· 75
　3.5　本章小结 ·· 94
第4章　投资者情绪、高管过度自信与资本投资的实证研究 ····· 96
　4.1　问题的提出 ·· 96
　4.2　投资者情绪、高管过度自信对资本投资的作用机理 ·········· 97
　4.3　研究假说的提出 ·· 99
　4.4　投资者情绪和高管过度自信指标的选取 ·························· 100
　4.5　研究设计 ·· 107
　4.6　实证检验结果分析 ··· 112
　4.7　本章小结 ·· 118
第5章　高管过度自信、政治关系与资本投资的实证研究 ······· 120
　5.1　问题的提出 ·· 120
　5.2　理论分析与研究假说的提出 ··· 121
　5.3　模型构建与变量设定 ·· 123

    5.4   实证回归结果分析 …………………………………………… 128
    5.5   本章小结 …………………………………………………… 140

第 6 章 投资者情绪、高管社会网络与资本投资的实证研究 …………… 142
    6.1   问题的提出 ………………………………………………… 142
    6.2   投资者情绪与高管社会网络对公司投资的作用机理 ………… 143
    6.3   研究假说的提出 …………………………………………… 145
    6.4   模型构建与变量界定 ……………………………………… 146
    6.5   实证检验结果分析 ………………………………………… 155
    6.6   本章小结 …………………………………………………… 166

第 7 章 高管过度自信、内部控制与资本配置效率的实证研究 ………… 168
    7.1   问题的提出 ………………………………………………… 168
    7.2   内部控制对高管过度自信和资本配置效率投资的治理效应 … 169
    7.3   理论分析与研究假说 ……………………………………… 172
    7.4   研究设计 …………………………………………………… 174
    7.5   实证检验结果分析 ………………………………………… 179
    7.6   本章小结 …………………………………………………… 190

第 8 章 本书结论 ……………………………………………………… 192
    8.1   研究结论 …………………………………………………… 192
    8.2   研究启示 …………………………………………………… 194
    8.3   本书局限性与未来研究方向 ……………………………… 196

参考文献 ……………………………………………………………………… 197

第1章 绪　　论

1.1　研　究　背　景

1.1.1　投资者情绪和高管过度自信——行为公司财务的两翼

亚当·斯密提出了"理性经济人"的假设，认为人是理性的。理性人假设隐含高管和投资者是理性的决策者，遵循理性行为的原则，即个体决策的依据是在对效用值进行精确计算的基础上追求效用最大化和自我利益。随着研究的深入，学者开始质疑决策主体理性的假设。1978年获得诺贝尔经济学奖的赫伯特·西蒙（Herbert A. Simon）首先证实了决策与判断是人的思维活动，提出了个体的"有限理性"的假设，认为人们所做出的决策和判断的标准并不是建立在理性基础上的"最佳选择"，而是建立在人类心理上的"第一满意选择"。1992年获得诺贝尔经济学奖的加里·贝克尔（Gary S. Becker）指出，经济行为的理性和非理性具有相容性。而行为经济学的开创者丹尼尔·卡尼曼（Daniel Kahneman）和他的导师阿莫斯·特沃斯基（Amos Tversky）将人类决策和判断的心理学研究成果运用到经济学中，提出了著名的"前景理论"，证明了很多不确定条件下的判断和决策都系统偏离了传统的经济学理论。他们发现，个体的行为不仅受到利益的驱使，而且会受到自己的个性心理特征、价值观、信念等多种心理因素的影响。鉴于其对行为经济学所做出的贡献，2002年诺贝尔经济学奖被授予了丹尼尔·卡尼曼。2017年，行为经济学之父理查德·塞勒（Richard H. Thaler）摘得了诺贝尔经济学奖的桂冠，他将心理上的现实假设纳入经济决策分析中，认为完全理性的经济人不可能存在，人们在现实生活中的各种经济行为必然会受到各种"非理性"因素的影响。至此，"理性经济人"假设被破除。

传统财务理论，如资本结构理论、权衡理论、代理理论、融资优序理论、自由现金流假说、控制权理论及融资约束理论等，均以理性人假设和有效市场假说为前提。但是，在金融市场中存在大量的"异象"无法用有效市场假说和现有的定价模型来解释，行为金融学（behavioral finance）应运而生。行为金融学与传统财务理论的区别在于，投资者的有限理性和市场的非有效性，其主要着眼于投资者情绪（非理性）的研究，认为现实投资者在认知过程中存在各种偏差，并受各自的情绪、情感和偏好等心理因素的影响，使之无法以理性人方式做出无偏估计，而出现错误定价。行为公司财务（behavioral corporate finance）则是行为金融学与公司财务理论相互融合的产物。Baker 等（2007）指出，行为公司财务从两个视角研究决策主体的非理性对公司财务决策的影响：一是假设投资者非理性而高管是理性的，研究投资者情绪可能引起"资产误定价"而影响公司财务行为，如市场择机理论（Stein，1996；Baker and Wurgler，2004）和迎合理论（Baker and Wurgler，2004）等；二是假设投资者是理性的，研究高管的心理与行为偏差导致的非理性行为对公司财务决策的影响（Heaton，2002；Malmendier and Tate，2005a）。高管的非理性偏差主要包括：过度自信和乐观、参考点偏好、从众行为、损失厌恶与证实偏差等。其中，学者研究最多的是过度自信和乐观的认知偏差，这是因为过度自信倾向是人类最为显著的心理特征之一，也是心理学上已发现的最稳定的非理性行为，并在公司高管中表现更突出（Camerer and Lovallo，1999；Moore and Kim，2003）。

中国股票市场是一个新兴的市场，并不十分稳定，其特征之一就是受到投资者情绪的影响，股价波动剧烈，市场经常呈现震荡状态（姚颐和刘志远，2008）。而2008年席卷全球的金融危机又进一步加剧了我国股市的波动性，为研究投资者情绪提供了难得的"实验室"。根据情绪感染理论与情绪协调理论，投资者波动的情绪会感染高管的情绪，被情绪感染的高管会影响公司决策的判断与选择，从而对公司的战略决策产生影响。正如朱武祥（2003）所述，股票市场投资者和分析家的过度乐观将导致公司股票价格更可能严重背离公司内在价值，同时，还诱导非理性的公司高管进一步加剧过度乐观和自信，更加低估投资风险，高估投资价值，更积极地进行实际上高风险的投资扩张活动。因此，投资者情绪与高管的认知偏差（过度自信）将对公司的战略决策，如非市场战略、资本投资决策等产生影响。

1.1.2 社会网络和公司资本投资——公司战略决策的重要构成

中国有重视"关系"的文化传统，"关系"文化作为一种隐性契约广泛存在。Epstein（1969）认为，"企业已经步入政治竞争的时代"，企业出于竞争优势与利益上的考虑，将制定合适的政治战略以影响政府公共政策的决策过程，并与政府建立良好的关系，从非市场环境方面形成对自己有利的竞争环境。在中国转轨经济的制度背景下，企业政治关系的形成源于国有股份与政府之间天然的"血缘"关系（王庆文和吴世农，2008）。研究表明，公司的政治关系是有价值的资源，具有政治关系的企业更有可能争取到税收优惠、融资便利性、政府支持和补助等好处；但政治关系也是有成本代价的，如政治关系的建立与维持可能会耗费企业的大量资源，政府也可能通过政治关系对高管施加影响，并对企业进行政治干预等，如果这些成本不足以弥补其所带来的收益，将使企业绩效下降。

高管嵌于特定的社会关系网络之中，其所拥有的政府行政经历、政治身份和社会关系网络是企业的重要战略资源之一。学者的研究表明，高管所拥有的社会关系网络及嵌入其中的社会资本有利于企业获取关键信息与资源，提升企业抗风险能力、创新能力和企业绩效，促进企业发展。例如，Inkpen 和 Tsang（2005）认为，在市场经济机制不够发达时，社会资本能够帮助企业从外部获取关键资源；张敏等（2015）指出，社会网络有助于提高企业的风险承担能力；而马富萍和李燕萍（2011）的研究表明，高管社会资本促进了企业信息、资金、知识资源的获取，提高了企业的技术创新和绩效。边燕杰和丘海雄（2000）发现，社会资本提升了企业的经营能力和经济效益；Cooke 和 Clifton（2002）的研究发现，充分利用社会资本的企业会获得更高的绩效；Javakhadze 等（2016a）认为，高管所拥有的社会资本越多，越有利于公司的金融发展。但是，Acquaah（2007）的研究发现，高管社会关系网络所代表的社会资本会因战略选择的不同而对企业绩效产生不同影响。

资本投资决策是企业重要的战略决策之一，资本配置效率的高低影响企业价值的创造，如何提升企业资本配置效率一直以来都是经济学、财务学的核心课题。在完全竞争的市场条件下，要实现资本配置的帕累托最优意味着对资本回报率高的项目增加投资，对资本回报率低的项目减少投资，从而使企业各项目之间的边际收益率相等。但现实中普遍存在的信息不对称和代理冲突等问题，往往使公司资本错误配置，引发投资不足或过度投资等非效率行为（Ross，1973；Myers and Majluf，1984；Jensen and Meckling，1976；Jensen，1986）。学者的研究表明，我国上市公司资本配置效率普遍不高，过度投资和投资不足并存（张功富和宋献中，2009；刘星和窦炜，2009）。什么因素会影响公司的资本配置效率？近年来，学者相继从所有制、外部环境、市场化进程等制度背景或投资者情绪、公司治理、政治关系、融资约束、经理薪酬契约、会计信息质量等微观层面及高管人口特征、认知偏差等方面对公司资本配置效率进行了阐释，但研究结论不一；忽视了企业非市场战略、社会关系网络的重要性及战略决策的制定者——高管的认知偏差及投资者情绪的传染效应。鉴于此，本书拟从投资者情绪、高管过度自信等决策主体非理性视角研究社会网络及其嵌入其中的社会资本对公司投资决策、公司资本配置效率的影响。

1.2 研究意义

企业的社会网络问题是近年来逐渐兴起的一个重要的研究主题，现有的大部分研究是在代理人理性的假设前提下展开的，几乎没有关注代理人非理性的假设前提下社会网络对公司投资行为、资本配置效率的影响。本书基于投资者、高管非理性视角研究社会网络与公司资本配置效率的关系，具有重大的理论意义与应用价值。

（1）丰富和拓展了行为公司财务和社会关系网络的相关研究。本书将心理学、行为学的研究成果引入经典财务理论中，遵循行为公司财务学的研究范式，放松理性决策者的假设，从代理人并非完全理性的视角进行研究，更接近现实，是对传统财务理论的有益补充，丰富和拓展了公司财务理论与行为金融学的研究内容。同时，本书的研究关注点从"物"转变到"人"，不仅符合公司战略财务学的发展需要，而且能够为新兴的行为公司财务理论提供新的经验证据，也能够为我国上市公司非效率投资行为研究提供新的思路，还能够为上市公司治理效率、公司价值等相关主题研究提供理论与实证依据，无疑也丰富了社会网络、代理人非理性方面的研究文献。

（2）明晰了非理性决策主体之间的情绪传染效应及其对公司战略投资决策的影响。作为一个新兴的证券市场，我国股票市场运行机制仍不成熟，呈现波动性和不稳定性，这在很大程度上是由投资者非理性及纠错作用有限的套利引起的。2008年，波及全球的金融危机加剧了投资者情绪的波动，并呈现出由虚拟经济向实体经济的延伸。基于我国资本市场的特殊背景，研究投资者情绪如何传染高管的情绪，进而影响到过度自信高管对资本投资决策的判断与选择，不仅有利于更加深入地理解投资者情绪、高管过度自信影响企业战略投资决策的作用机理及其经济后果，而且为我们从微观企业的视角探究虚拟经济是否和如何影响实体经济的宏观问题提供了研究契机。

（3）有利于进一步探究公司非效率投资的原因，提高公司的资本配置效率。目前，我国的大部分上市公司是由国有企业改制而来的，存在公司治理结构不够完善、国有产权所有者的虚置、"一股独大"与"内部人控制"等问题；而高管直接控制着公司的经营管理权和财务决策权，对公司投资行为、公司价值的影响更具有实际效果，可能引发诸多非效率的投融资行为，如过度融资、变更募集资金投向、资本配置效率低下等，影响了上市公司的绩效和创值能力。学者利用经典理论对这些非效率投资行为进行了探究，但其中仍存在许多未解之谜。从社会网络资本、政治战略和代理人非理性视角对非效率投资行为进行研究，可能有助于揭开这些谜底。同时，从实践上促使人们重新思考代理理论下的高管激励与监督机制，认清公司非效率投资的原因，缓解高管、股东与债权人之间的利益冲突，降低代理成本；逐步修正高管的行为偏差，促使代理人更加努力工作，降低道德风险；制定合适的非市场策略，充分发挥社会网络资本的优势，提高公司资本配置效率，获取更大的竞争优势。

1.3 研究内容、框架和研究方法

1.3.1 研究内容与框架

具体而言，本书共分为八章，各章主要内容如下。

第1章为绪论。本章主要介绍本书的研究背景，研究意义，研究内容、框架和研究方法，以及研究贡献与创新之处。

第2章为理论基础与文献评述。本章首先简述公司投资与资本配置效率的内涵和度量方法；其次，结合心理学的相关成果，梳理心理学中关于行为主体的认知偏差，阐述投资者情绪的概念、投资者和高管心理偏差的表现及高管过度自信的成因，为剖析高管更倾向于过度自信提供理论缘由；再次，介绍高管社会网络及嵌入其中的社会资本的概念，界定高管社会网络与政治网络的定义，分析高管社会网络的成因与相关理论；最后，回顾投资者情绪、高管过度自信、高管政治关系、社会网络、内部控制与公司投资关系的相关文献，并对其进行评述。

第3章为高管政治网络与公司资本配置效率的实证研究。本章检验高管政治网络与公司投资水平之间的关系，并在此基础上考察不同产权性质下高管政治网络、不同类型政治网络对公司过度投资与投资不足影响的差异性。

第4章为投资者情绪、高管过度自信与资本投资的实证研究。本章分析投资者情绪与高管过度自信对资本投资的作用机理；对投资者情绪替代指标的文献进行梳理与评价；考察投资者情绪和高管过度自信"双非理性"的共同存在对公司资本投资水平的影响。

第5章为高管过度自信、政治关系与资本投资的实证研究。本章采用决策主体理性与非理性的双重视角，在厘清高管政治关系对其过度自信影响的基础上，考察高管过度自信与政治关系对公司资本投资的综合影响。

第6章为投资者情绪、高管社会网络与资本投资的实证研究。本章从融资约束的视角，论述投资者情绪与高管社会网络对公司投资的作用机理，并在此基础上，考察投资者情绪与高管社会网络的共同存在对公司资本投资的影响效应。

第7章为高管过度自信、内部控制与资本配置效率的实证研究。本章将厘清内部控制对高管过度自信、非效率投资的治理效应，考察内部控制对高管过度自信与公司资本配置效率之间关系的调节效应。

第8章为本书结论，将得出研究结论和研究启示，并指出本书局限性与未来研究方向。

根据上述的研究内容，本书的整体研究框架如图1.1所示。

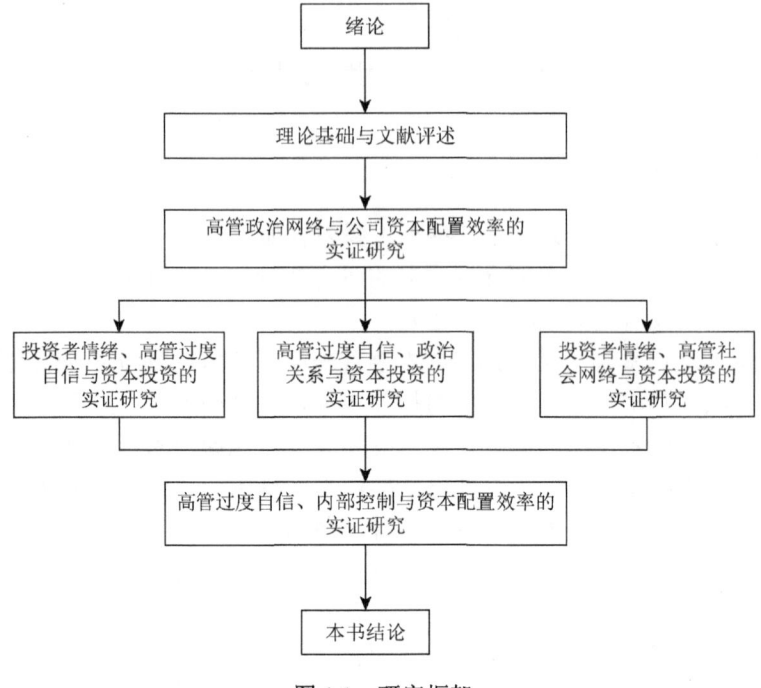

图 1.1 研究框架

1.3.2 研究方法

理论研究方法一般分为两类：规范研究与实证研究。规范研究以实证研究为基础，而实证研究以规范研究为指导，在实际运用中，将两者结合起来使用是最理想的方法。鉴于此，本书将运用规范研究与实证研究相结合的方法，对非理性视角下公司资本投资、资本配置效率进行研究。

在研究过程中，本书首先采用规范研究的方法，对公司资本投资、资本配置效率、行为主体的认知偏差、投资者情绪和高管过度自信的相关概念与理论进行阐述，并回顾与评述相关研究成果。其次，在后面的各章中采用回归分析法，根据理论分析和研究假说，进行单变量检验，构建多元回归模型和 Logistic 模型，考察投资者情绪、高管过度自信、高管政治网络、政治关系、社会网络、内部控制对公司资本投资、资本配置效率所产生的影响。

1.4 研究贡献与创新之处

目前，关于决策者非理性行为、社会关系网络的研究刚刚起步，还有许多理论与实证问题期待研究。本书在全面梳理投资者情绪、高管过度自信、社会网络、政治关系、内部控制与公司投资研究文献的基础上，遵循行为公司财务学的范式，采用决策主体理性和非理性视角对高管社会网络与公司资本投资、资本配置效率之间的关系进行理论及实证研究。本书的研究贡献和创新之处主要体现在以下几个方面。

（1）提升公司资本配置效率一直以来都是财务学的核心问题。近年来，学者相继从不同视角对公司资本配置效率进行了阐释，但研究结论不一；对于政治关系与公司投资关系的研究，学者主要以关键高管的政治关系为研究对象，较少考察高管团队成员拥有的政治关系的互补和共享构建起的政治网络的影响效应。本书以不同产权性质、不同层级、不同类型高管政治网络为研究对象，考察高管所拥有的政治网络对公司资本配置效率影响的差异性。该研究主要发现以下三点。①高管政治网络在我国上市公司中普遍存在，并显著影响公司的资本投资。②高管政治网络对不同所有制公司资本配置效率的影响存在差异。③不同类型高管政治网络对公司资本配置效率的影响也存在差异。

（2）目前的研究一般只关注投资者或高管非理性对公司投资决策的影响，较少考察投资者情绪和高管过度自信"双非理性"的共同存在对公司资本投资决策的影响。本书对此进行研究后有了以下发现。①我国证券市场投资者情绪波动幅度较大，投资者情绪对公司投资水平会产生显著的负面影响。②投资者波动的情绪将感染过度自信高管的情绪；与一般高管相比，过度自信高管会使投资者情绪与公司资本投资之间的敏感性增强，加大了公司的资本投资支出。③在投资者情绪高涨或低落时，高管过度自信对公司资本投资的影响存在差异。投资者在情绪高涨时，更会感染过度自信高管的情绪，使之提升公司的资本投资水平；而投资者在情绪低落时，其引发的感染效应减弱，过度自信高管的投资决策会相对保守。④对投资水平不同的公司而言，投资者情绪和高管过度自信的共同存在对公司资本投资的作用是不同的。相比较而言，对于投资水平较高的上市公司，两者非理性对公司投资决策的影响效应更为显著。

（3）现有关于政治关系影响公司投资的研究均是在代理人理性的假设前提下展开的，结合高管非理性，尤其是高管过度自信影响公司投资行为的研究还比较缺乏。本书采用高管理性与非理性的双重视角，研究了高管政治关系对其过度自信的影响，进而考察了高管过度自信和政治关系对公司资本投资水平的综合影响，有了以下发现。①高管政治关系对其过度自信的认知偏差具有显著的正向影响，随着高管政治关系程度的增强，其过度自信的倾向也会加大。②与一般高管相比，过度自信的高管提高了政治关系与公司投资水平之间的敏感性，加大了公司的投资水平。③不同类型、不同产权性质的高管政治关系与其过度自信对公司投资的综合影响存在异质性。

（4）现有文献分别研究了投资者情绪和高管社会网络及嵌入其中的社会资本

对公司投资决策的影响，但对于投资者情绪与高管社会网络的共同存在对公司投资行为影响的研究仍然较少。本书从融资约束的视角，考察投资者情绪、高管社会网络的共同存在对公司投资的影响效应。实证研究发现：①高管所拥有的社会关系网能够有效地缓解公司面临的融资约束；②投资者情绪与公司融资约束呈显著负相关，即高涨的投资者情绪能减少公司的融资约束；③高管社会网络在整体上反转了投资与融资约束之间的负相关性，提高了公司投资水平；④高管社会网络与投资者情绪的共同存在显著降低了公司投资对融资约束的敏感度，但两者的共同存在并不能提高公司投资水平。

（5）关于高质量的内部控制能否有效地减少高管过度自信的认知偏差和非效率投资行为，本书厘清了内部控制对高管过度自信和非效率投资的治理效应，考察了内部控制对高管过度自信与公司资本配置效率之间关系的调节效应。研究结果发现：①内部控制的有效实施能够显著地减小高管过度自信的认知偏差，降低高管过度自信水平；②高管过度自信对公司的过度投资与投资不足产生正向影响，引发了非效率投资行为；③内部控制对公司的非效率投资产生了显著的抑制作用，即高质量的内部控制有利于缓解公司的过度投资和投资不足问题，提高公司资本配置效率；④在高管存在过度自信的心理偏差时，良好的内部控制能够弱化高管过度自信对过度投资的影响，减少公司的过度投资行为，但是，其对过度自信高管引起的投资不足的抑制效应不显著。

第 2 章　理论基础与文献评述

高管作为公司经营的代理人,其行为特征会影响公司的财务决策与投资行为,而投资者情绪引起的错误定价又会对高管的投资行为产生影响。本章首先界定了公司投资的概念,阐述了公司资本配置效率的内涵与测量模型;其次阐述了决策主体的认知偏差,投资者、高管心理偏差的表现及高管过度自信的原因;最后,对投资者情绪、高管过度自信、政治关系、社会网络、内部控制与公司投资的相关研究文献进行了梳理和评述,为后文研究假说的提出奠定理论基础。

2.1　公司投资与资本配置效率

2.1.1　公司投资的概念

关于投资一词,历来具有不同的表达,其含义也因背景不同而不同。《辞海》将投资定义为:企业或个人以获得未来收益为目的,投放一定量的货币或实物,以经营某项事业的行为。在《不列颠百科全书》中,投资是指在一定时期内期望在未来能产生收益而将收入变换为资产的过程。而有的学者认为,投资是指投资者当期投入一定数额的资金,而期望在未来获得回报,且所得回报应该补偿:①投资资金被占用的时间;②预期的通货膨胀率;③未来收益的不确定性(即包含投资项目的资金时间价值、通货膨胀与风险价值)。

在经济学中,投资是指企业兴建厂房、购买机器设备等扩大生产经营能力的活动。此处的投资是针对一个企业而言的,即公司投资。在宏观经济国民收入核算中,公司投资进入社会总需求,直接导致资本品产出的增加,以国民收入增长的方式表现。

在财务学中,投资分为实物性资产的投资活动和购买股票、债券等有价证券的金融投资活动。从经济学意义上来看,金融投资不算是投资,而是被当作储蓄来看待,即金融投资最后如果不能形成实物,其实就没有进入投资活动当中。本书也认为,公司以短期形式持有并买卖有价证券,应将其视为公司对闲散资金进行管理。

综上,本书将公司投资定义为:公司为了实现预期资本收益或增值,通过投入资金获取"经济性资源"的行为。这里所谓的"经济性资源"不仅包括厂房、机器设备等固定资产，还包括专利技术、发明创造、商标等以知识产权形式存在的无形资产。公司投资行为实际上就是资本配置的过程，即将不同权属的资本转换为不同表现形式的资本的过程。通过不同形态的资本转换，公司获取了有利于自身经营所需的资源，从而不断发展壮大。因此，本书所阐述的投资包括公司对固定资产或无形资产等实体项目的资本投资。

2.1.2 公司资本配置效率的概念

公司如何将资本有效地投资于正确的项目是公司财务的核心问题之一。有效的资本投资是指公司将有限的资本投资到能获得正净现值的投资项目中，并撤出净现值为负的投资项目中的资本。Stein（2003）指出，一个完整的有效资本配置包括公司的外部资本市场和内部资本市场的资本配置。在公司外部资本市场中，公司需要关注是否已恰当地将资本配置到各投资项目中，以保证与外部各公司间的边际投资收益率相等；在内部资本市场中，公司需要关注是否已恰当地将资本配置到公司各部门中，以保证公司内部各部门的边际投资收益率相等。公司只有在上述两个方面同时做到有效运行，才能实现对资本的高效配置。

基于 Modigliani 和 Miller（1958）完美世界的假设，企业投资决策的选择点是纯权益流量资本化率，完全不受融资工具类型的影响，只由企业自身的经营目标驱动，即如果资本市场是有效的，那么公司的资本投资活动仅取决于公司的成长性，如由边际托宾 Q 比率所度量的投资机会和盈利能力，从而实现股东财富最大化，资本投资实现帕累托最优。

2.1.3 公司非效率资本配置的表现

公司是资本投资和价值创造的微观基础，现实世界中普遍存在的信息不对称与代理冲突问题会严重影响公司的资本配置，使公司违背或偏离最优的投资水平，使其可能面临投资不足或过度投资的风险而产生非效率资本配置问题，最终损害股东利益和公司价值。公司非效率资本配置的表现形式主要包括过度投资、投资不足、投资短视和盲目并购等。

1. 过度投资

基于委托代理理论，企业所有者与经营者的目标函数并非完全一致。所有者投入企业的是物质资本或金融资本，追求股东财富最大化和企业价值最大化；

经营者投入企业的是自身的人力资本，追求效用最大化，除了追求更高的货币收益（如薪金、奖金、津贴）外，还包括更多的非货币收益（如豪华舒适的办公楼、职业声誉、权力地位、闲暇时间等）。基于"理性经济人"假说，经营者有动机为了自身利益的最大化而使经营管理决策偏离股东财富最大化目标。例如，经营者可能出于自身的利益需求，滥用企业的现金流，扩大企业规模，通过过度投资以最大化私人利益（Jensen，1986）。因此，过度投资（over-investment）是指，公司管理层为了自身利益，不愿将剩余现金流返还给投资者，而将其投资到一些超过维持资产原有状态或净现值为负的投资项目中。过度投资包含两个方面的内容：一是这种投资超过了公司的投资水平，会造成公司现金流的枯竭；二是由于投资净现值为负的项目，加大了公司的风险，无法给公司带来经济利益。

2. 投资不足

与过度投资不同，投资不足（under-investment）是指，公司放弃了一些净现值为正的投资机会，导致公司无法增加其价值的一种投资行为。投资不足可能源于：①企业外部融资成本过高而导致投资不足；②投资对管理层而言存在私人成本，在没有充分激励的情况下，管理层可能放弃那些不利于维持其地位的好项目；③管理层为了获得更多的娱乐和休闲，或因其厌恶风险而实施投资不足行为（Jensen，1986），同时因信息不对称产生的逆向选择和道德风险，使企业放弃好的投资机会，或逃避责任而引起投资不足（Myers and Majluf，1984；Bertrand and Mullainathan，2003）。McConnell 和 Muscarella（1985）发现，美国许多公司普遍存在投资不足的现象。而我国学者的研究表明，我国上市公司资本配置效率普遍不高，过度投资和投资不足并存（张功富和宋献中，2009；刘星和窦炜，2009）。

3. 投资短视

投资短视（investment myopia）是指，公司为了达到短期目的，不遵循最佳投资决策，而选择那些回报迅速却不能使公司价值最大化的项目进行投资（Lundstrum，2002）。投资短视会使企业延迟甚至放弃使企业价值最大化的投资项目，影响了公司未来的经营和长期发展，损害了股东的利益。Stein（1988）认为，公司被敌意收购和随后管理层被迫解散的威胁导致了管理者的投资短视；Lundstrum（2002）认为，投资短视的潜在原因是管理者的职业考虑，即管理者不仅关心本期的在职消费，更关心未来是否会被留任；李秉祥和薛思珊（2008）利用经理管理防御假说对公司投资短视行为进行了阐释，认为具有管理防御行为的经理人都偏好决策实施短期项目，因为短期项目的回报快，股东能迅速对其能力做出判断；

而 Narayanan（1985）认为，经理人市场上的信息问题导致了投资短视，即经理人尝试在市场不能完全确定自己的价值前，选择次优的短期项目，以努力增长公司当前业绩，使自身在下一期能获得更高薪酬。

4. 盲目并购

公司实施并购重组，可以解决多业并举、同业竞争问题，实现脱困解危和保牌保壳。通过并购重组，可以实现公司资产规模的扩张，公司做大了，但真正实现做强的较少。学术界对于并购绩效的研究并没有统一的结论，但毋庸置疑的是，企业在进行并购时，应该要慎重地考虑各方面的条件、环境及并购后果，否则，盲目的并购只会给企业带来后遗症，甚至造成并购失败。

2.1.4 公司资本配置效率的度量

国内外学者对公司资本配置效率的度量模型进行了大量的研究，主要包括边际托宾 Q 模型、Vogt 模型、Wurgler 模型、Richardson 模型及张功富和宋献中（2009）的模型等。

1. 边际托宾 Q 模型

在一个理性和完美的资本市场环境中，公司最优投资水平的标准是边际收益与边际成本相等。而边际收益与边际成本之间的比率被称为边际托宾 Q 比率，即新增一单位资本预期能创造的现金流的现值与重置成本的比率。假定资本市场是有效的，公司在第 t 期的投资为 I_t，对应投资的现值为 PV_t，则边际托宾 Q_m 为

$$Q_m = \frac{PV_t}{I_t} \tag{2.1}$$

当 $Q_m > 1$ 时，意味着投资不足，企业未能对净现值为正的项目追加投资；当 $Q_m < 1$ 时，意味着过度投资，企业投资的是净现值为负的项目。但是，边际托宾 Q 比率具有不可观测性，现有文献常以平均托宾 Q 比率（即现有资本的市场价值与其重置成本之比）来将其代替。但是，Hayashi（1982）的研究表明，这一替代的前提条件是：产品和要素市场完全竞争、各种资本具有同质性、公司目标是价值最大化等。Erickson 和 Whited（2001）认为，如果在以上这些条件没有被满足的情况下，以平均托宾 Q 比率代替边际托宾 Q 比率，那么托宾 Q 比率的衡量就会存在偏误。目前，我国产品和要素市场远未达到完全竞争的程度，资本市场发展尚不完善，且有效性不足，还存在非流通股股票的市价难以被准确衡量等问题，使得对托宾 Q 比率的度量存在较大的偏误。因此，边际托宾 Q 模型在我国的应用存在着局限性。

2. Vogt 模型

Fazzari 等（1988）创建了 FHP 模型[①]，使用投资-现金流敏感性来衡量企业的融资约束程度。但是，Kaplan 和 Zingales（1997）质疑 Fazzari 等（1988）的文献中的基本假设：投资-现金流敏感性随融资约束程度单调增加。他们研究发现，融资约束最轻的企业组表现出最大的投资-现金流敏感性，这与 FHP 模型的结论完全不同。因此，FHP 模型不能准确地度量企业的融资约束程度，也意味着该衡量方法不能辨别出企业的投资-现金流敏感性是源于过度投资还是投资不足。基于 FHP 模型，Vogt（1994）构建了一个包含投资机会、现金流及其交乘项的计量模型，企业非效率投资的情形可通过估计的交乘项系数的符号来判断：如果交乘项系数是正的，则认定样本公司为投资不足；反之，则为过度投资。但其最终判定的是样本公司整体的投资效率情况，无法获得某一公司年度的非效率资本配置程度。同时，该模型中的变量之一——投资机会是以托宾 Q 比率来替代的，Alti（2003）认为，投资和现金流间的高敏感性可能源于托宾 Q 比率的测量误差。

3. Wurgler 模型

在完全竞争的市场条件下，资本配置的帕累托最优是各行业（项目）之间的边际收益率相等，即如果在边际收益率高的行业（项目）增加投资，而在边际收益率低的行业（项目）减少投资，就可实现资本配置的帕累托优化。基于该思路，Wurgler（2000）构建了估算资本配置效率的模型，测度出行业投资弹性系数 η_e。

$$\ln\left(\frac{I_{i,t}}{I_{i,t-1}}\right) = \alpha + \eta_e \ln\left(\frac{V_{i,t}}{V_{i,t-1}}\right) + \xi_{i,t} \quad (2.2)$$

其中，$I_{i,t}$ 为行业 i 第 t 年固定资产净值年均余额；$V_{i,t}$ 为行业 i 第 t 年工业增加值；$\xi_{i,t}$ 为随机误差项；η_e 为行业投资弹性系数。η_e 越高，意味着企业应在资本回报率高的行业继续追加投资，在资本回报率低的行业适时削减资本投入，此时，资本配置效率也相应提高。Wurgler 在利用此模型进行研究时发现，发达国家的资本投资效率明显高于发展中国家的资本投资效率。Wurgler（2000）的模型得到了学术界的认同和应用，但该模型主要被运用于度量某国家、地区或行业的资本配置效率，对于从公司微观层面考察资本配置效率的问题缺乏解释力。

4. Richardson 模型

Richardson（2006）在公司投资决策影响因素研究的基础上，运用会计数据首次构建了一个公司投资预期模型来度量公司资本配置效率。该模型将公司总投资

[①] FHP 模型，是由 Fazzari，Hubbard 和 Petersen 三个学者在 1988 年提出的投资-现金流敏感性模型，故简称 FHP 模型。

分解为资本保持支出和新项目投资。其中，资本保持支出是公司维持自身当前业务所需的投资支出；而新项目投资则分为两个部分，一部分是预期的投资支出（最优投资水平），由公司成长机会、盈利水平和公司规模等因素决定，另一部分是企业的非效率投资（投资不足或过度投资）。

$$I_{i,t} = \beta_0 + \beta_1 V/P_{i,t-1} + \beta_2 \text{Lev}_{i,t-1} + \beta_3 \text{Cash}_{i,t-1} + \beta_4 \text{Age}_{i,t-1} + \beta_5 \text{Size}_{i,t-1} \\ + \beta_6 \text{AR}_{i,t-1} + B_7 I_{i,t-1} + \xi_{i,t} \quad (2.3)$$

其中，$I_{i,t}$ 为 i 公司 t 期新增投资；$V/P_{i,t-1}$、$\text{Lev}_{i,t-1}$、$\text{Cash}_{i,t-1}$、$\text{Age}_{i,t-1}$、$\text{Size}_{i,t-1}$、$\text{AR}_{i,t-1}$、$I_{i,t-1}$ 分别为 i 公司 $t-1$ 期的投资机会、资产负债率、现金流量、公司成立年数、公司规模、股票年回报率和滞后一期的新增项目投资。Richardson（2006）的实证结果表明，投资 I 与 Cash、Size、AR 和 $I_{i,t-1}$ 正相关，而与 V/P、Lev、Age 负相关。

通过该模型所预测出的回归残差 ξ 来判断公司过度投资或投资不足的程度：若 $\xi > 0$，代表过度投资；若 $\xi < 0$，则代表投资不足。$|\xi|$ 的大小代表公司过度投资或投资不足的程度，同时反映了公司资本配置效率的高低。因为该模型能够得出公司非效率投资的程度，所以被国内外学者广泛应用，我国学者辛清泉等（2007）、魏明海和柳建华（2007）、姜付秀等（2009）和花贵如等（2010）等都利用 Richardson 模型估算过我国上市公司的资本配置效率。但是，针对我国制度背景与转轨经济的特点，我国学者在使用该模型时对其进行了适当的修改和调整。例如，辛清泉等（2007）在对比了托宾 Q 比率与主营业务销售增长率之后，采用了主营业务销售增长率来替代前者；蔡吉甫（2009）只选择了 Richardson 模型中的投资机会和持有的现金流量来估计预期净现值为正的项目投资。

5. 张功富和宋献中（2009）的模型

张功富和宋献中（2009）认为，最优投资水平是在信息完全对称且企业内部不存在代理问题的情况下，完全由企业投资机会决定的投资规模；而利用 Richardson（2006）构建的模型估算的预期投资值存在偏误，并不是企业的最优投资水平。例如，模型中纳入的代表融资约束变量的资产负债率、现金流量、公司成立年数、公司规模等变量及滞后一期的新增项目投资会使估算的预期投资值偏离最优投资，从而影响非效率投资度量结果的准确性。鉴于此，他们借鉴了 FHP 模型、Vogt 模型和 Richardson 模型的优点，提出了一种度量企业非效率投资的方法：首先，构建一个投资机会的替代变量基准 Q，以避免托宾 Q 比率衡量偏误的产生；其次，以非效率投资度量模型估算样本公司分行业的模型参数；最后，计算行业内各样本公司的残差，并将其作为非效率投资的度量。

在此基础上，以 2001~2006 年沪深工业类上市公司为样本进行实证度量，发现样本公司理想的最优投资率平均为年初固定资产净值的 24.4%；但由于现实中存在的信息不对称和代理问题的影响，过度投资样本占 39.26%，投资不足样本占 60.74%。作者认为，该度量结果较为准确地反映了企业的非效率投资状况，能克服已有度量方法中存在的不足。

总之，对比上述五种模型，由于 Richardson 模型可以更直观地度量公司过度投资与投资不足状况，且被国内学者更多采用，本书在后文估算公司资本配置效率时，主要借鉴 Richardson 模型，并对相关变量进行了适当调整与替换。

2.2 决策主体的有限理性

完全理性是新古典经济学理论范式的基本假设，一般把人们对不确定条件下各种未知变量的认知假定为了解其概率分布，遵循理性行为的原则，如按冯·诺依曼和摩根斯坦的期望效用理论，个体决策是在对效用值进行精确计算的基础上追求期望效用最大化（贝叶斯理性）和自我利益。完全理性的决策主体的决策程序一般包括：①清楚问题，拥有一个明确的、具体的目标；②拥有与决策情景有关的完整信息；③能确定所有相关的标准；④能列出所有可行的方案；⑤能意识到每一个方案的所有可能的结果；⑥决策制定过程的步骤会始终导向选择使目标最大化的方案；⑦总是选择最优方案。

随着社会经济的发展，现实中出现了大量传统经济学理论无法解释的异常现象，经济学家从认知心理学范畴出发，开始研究人类非完全理性决策行为。Simon 的有限理性与满意准则、Kahneman 和 Tversky 的前景理论等的提出，标志着非理性决策理论的产生和行为经济学的兴起。行为金融学是在行为经济学的行为范式或心理范式下发展起来的，其借助现代心理学研究成果，摒弃了理性人假定，而代之以更接近现实描述的有限理性的假定。有限理性主要表现为决策主体的信念与偏好并非完全理性，认知能力和处理信息的能力有限，从而存在系统性认知偏差。因此，决策主体在做出决策时易偏离理性决策，并且这种偏离非常普遍。

行为金融学主要研究投资者情绪（非理性）问题，认为现实投资者在认知过程中存在各种偏差，并受各自的情绪、情感和偏好等心理因素的影响，无法以理性人方式做出无偏估计，而出现错误定价。而行为公司财务是行为金融学与公司财务理论相互融合的产物，其主要从两个视角研究决策主体的非理性对公司财务决策的影响：一是研究投资者情绪可能引起"资产误定价"而影响公司的财务行为；二是研究高管的认知偏差导致的非理性行为对公司财务决策的影响（Baker et al.，2007）。学者的研究表明，在决策主体的认知偏差中，过度自信是心理学上已发现的最稳定的非理性行为，并在公司高管中表现更突出（Cooper et al.，1988）。

2.2.1 投资者情绪的界定

资本市场是现代企业投融资的重要场所，股票价格成为企业对外传递信息的重要渠道。经典财务理论假设资本市场充分有效，证券价格真实反映公司内在价值，认为企业投融资决策相互分离。然而在现实中，股市波动不仅表现为价格围绕价值起伏的规则性，也表现为时间循环周期的节律性，其中，投资者情绪对此影响较大。

在资本市场中，投资者付出了一定数额的资本，承担着资本市场波动的风险，期望获得一定的盈利。从经济学的角度来看，投资者关心的是投资回报率，重视的是风险管理。投资者主体包括个人、家庭、企业、事业和政府等，研究文献中通常将其划分为个人投资者和机构投资者：个人投资者是指自然人投资；而机构投资者是指法人投资。但是在证券市场中，有些机构投资者是为个人投资者提供相关的服务，因此，本书所指投资者包括个人投资者和机构投资者。

投资者情绪是投资者非理性行为的表征之一。在行为金融理论中，非理性行为是指不是完全理性人的行为或不符合理性决策理论定义的行为。从投资者角度考察，对信息的认知加工会受到自身多种心理因素的制约和激励，而这些心理因素又会使投资者出现各种认知偏差，进而诱发投资者出现判断和决策偏差。因此，在从投资者感知信息，到信息处理、做出决策，进而采取行动的整个认知链条中，认知是否出现偏差是至关重要的。

Stein（1996）指出，投资者情绪是指证券市场上投资者非理性心理导致证券价格被高估或被低估，并在一定时间内朝同一个方向偏离其均衡价值的现象，是投资者对未来预期的系统性偏差；Baker 和 Stein（2004）认为，投资者情绪是投资者对于资产的错误估值和投资者的投机倾向；Shefrin（2007）认为，投资者情绪是证券错误定价的同义词，是投资者的总体错误在证券价格中的反映；王美今和孙建军（2004）认为，投资者情绪是基于情感对投资活动进行判断，由心理或认知上的偏差导致投资者对风险资产未来收益分布产生错误估计。

综上，投资者情绪是指投资者对未来的预期带有系统性偏差，这里的系统性偏差，在心理学上指的是在重复的基础上对决策事件产生同样类型错误的预期。因此，本书将投资者情绪界定为：在证券市场上，投资者在做出投资决策时，往往基于短期的历史经验或数据，受到自身的先验信念和心理因素的影响，形成的一种与贝叶斯理性法则相悖的、过高或过低估计投资的未来收益的系统性偏差。

2.2.2 投资者心理偏差的表现

舍夫林（2005）指出，行为金融学有三大主题：直觉驱动偏差（heuristic-driven bias）、框架依赖（framing dependence）和无效市场。其中，前两个主题涉及行为主体决策与判断过程中（信念与偏好形成中）的心理和认知偏差，进而导致市场价格偏离其基本价值。因此，投资者心理偏差的主要表现如下。

1. 直觉驱动偏差

学者的研究表明，人类是"认知的吝啬鬼"，即人们总是在竭力节省认知能量。Tversky 和 Kahneman（1974）认为，人们在进行判断时，常常简单依赖于直觉推断（heuristic）。直觉推断法是一种思考上的捷径，也是一种凭借经验的解题方法，又被称为经验法则或拇指法则。由于相关经验法则的不完全性，决策者容易出现行为偏差。常见的直觉驱动偏差主要包括以下几个方面。

（1）代表性偏差（representativeness bias）。这是一种基于成见的判断，是指人们倾向于将观察到的某种事物的模式与经验中该种事物的典型模式进行对比，根据其相似程度对其进行判断，并不利用概率统计等数理工具对其进行客观的分析。其主要表现为：①忽视事物发展的先验性或经验性，仅从当前获得的信息出发，不考虑事物发展的内在一贯性，这与概率论中的"条件概率"相背，仅考虑了"无条件概率"；②忽视样本容量偏差，如出现小数定律偏差，只针对某一特征由样本推断到总体，没有考虑样本容量的影响，常常认为小样本与大样本具有同样的代表性，小样本可以充分地概括整体，导致对事件概率的错误判断。Tversky 和 Kahneman（1971）认为，代表性直觉可导致人们接受"赌徒谬误"，即认为在一系列的坏运气之后必然有好的结果出现，或一系列结果相同的独立事件必然会跟随一个相反的结果。例如，虽然人们都知道投掷硬币正反面出现的概率为 50%，但如果连续出现多次反面，人们总是认为接下来出现正面的概率很大。

（2）易得性偏差（availability bias）。易得性偏差是指在对某个事件进行判断和决策时，人们常常根据其回忆该事件的容易程度，来评估事件发生的频率或概率，而忽视那些相对不易获得的信息，这种做法容易带来判断的偏差。人们容易产生易得性偏差是因为个人不能完全从记忆中获得所有相关的信息。易得性偏差是人们在概率判断中最常见的一种判断偏差。事件发生的次数越多、越熟悉、越不寻常、发生的时间越近，越容易让人记住，并影响人们对事件的正确判断。例如，人们往往比较关注热门股票，从而在与各种信息媒介接触时容易对该类股票上涨概率做出较高的判断，实质上，一些较少受关注的股票涨幅往往超过热门股的平均涨幅（Tversky and Kahneman，1974）。易得性偏差可能导致投资者的"本土偏好"，由于国内股票、本地股票、本公司股票的信息对投资者而言更易获得，也更为熟悉，投资者更倾向于投资自己较熟悉的本国股票，而较少投资其他国家的股票。

（3）锚定效应偏差（anchoring effect bias）。在判断过程中，人们最初得到的信息会产生锚定效应，从而制约人们对事件的估计。在新的环境下，人们通常以一个初始值（锚点）为开端进行估计和调整，以反映新的信息。但调整往往是不充分的，锚点的设定受多种因素影响，且不同的锚点会产生不同的最终估计，因此，这种参考点的不同会引起暂时的反应不足和决策偏差。Shiller（1998）认为，锚定还会导致类似于经济学中的"货币幻觉"：当没有更好的信息时，过去的价格（或其他可比较的价格、建议价格）可能是今日价格的重要决定因素。Northcraft 和 Neale（1987）证实，在房地产交易过程中，起始价较高的交易最后达成的成交价比起始价较低的交易最终达成的成交价明显要高。在股票市场上，如果缺乏明确的信息，过去的股票价格就会对未来股价走势的预测产生锚定效应。在投资者对某种股票形成较稳定的看法后，该看法往往会被锚定，投资者会以此为基础预测该股票的未来走势；在该股票的股价发生变化时，投资者因受制于锚定效应的影响，未能对下一期预测进行充分调整，结果发现股价不是高于就是低于预测值。例如，中国资本市场上"新股不败"的说法代表了国内投资者的锚定心理，引发投资者的盲目乐观，增加投资风险。

（4）过度自信（overconfidence）与保守主义偏差（conservation bias）。过度自信是指人们过高估计自己对事件判断的准确性的现象，这是一种因人们对自身能力和知识面了解程度不足而产生的偏差。人们的自信程度与所处的环境密切相关。例如，证券市场上存在"情绪周期"，在市场周期的极端，投资者心理具有很高的一致性，过度自信在牛市（指多头市场）时达到最高点，而在熊市（指空头市场）时达到最低点。

与过度自信相对应，部分投资者会存在保守主义、信心不足的心理倾向。保守主义偏差是指，人们的思想大都存在一种惰性，人们一旦形成对于某种事件的概率判断或观点，就会坚持下去，不轻易接受新的信息去改变原有概率判断或观点。与代表性偏差相反，保守主义偏差不是轻视，而是过分重视基本概率，对新信息反应不足。例如，由于保守主义偏差的存在，证券分析师并不能根据盈余公告中包含的新信息，及时对盈余预测进行充分的调整。这样，他们通常对随后的盈余公告感到意外，而导致定价错误。

（5）证实偏差（confirmation bias）。人们一旦形成一个信念较强的假设或设想，就会把一些附加证据错误地解释为那是对他们有利的，不再关注那些否定该设想的新信息。人们倾向于有意识地寻找支持某个假设的证据，这种证实而不是证伪的倾向被称为证实偏差。在股票市场中，投资者一旦做出某项投资决策，便会倾向于寻找对于该决策的支持信息，而忽视对决策不利的信息，导致投资者低估该投资的风险。信念坚持和保守主义是导致证实偏差的心理基础，人们会坚持相信自己的判断，即使这个判断与新信息相矛盾；锚定往往也会导致证实偏差，它使人们对原有的锚定过分依赖，而且对随后的信息重视不够，对锚定的调整不够充分。

（6）羊群行为（herd behavior）。也被称为从众行为、跟风行为，原指动物成群移动、觅食的现象，后被引申为对社会经济现象的描述。早在1936年，凯恩斯从心理博弈视角提出的股市"选美理论"和"乐队车效应"，就对股票市场投资者的从众行为进行了经典的阐述。凯恩斯认为，进行股票投资就如同参与一场选美竞赛，参与者投票并不是选自身认为漂亮的那个人，而是猜多数人会选谁，就投谁一票，其他参与者也是如此，这就造成了市场参与者的行为选择往往偏离自己认为最优的决策，而产生从众行为。这与其描绘的"乐队车效应"是一样的，当证券市场股票价格上升时，具有从众心理的投资者开始涌向价格的"乐队车"，助长股价节节攀升，从而与其内在价值相背离。

Avery和Zemky（1998）认为羊群行为是市场潮流使私人信息与之相悖的投资者选择跟从的现象；李平和曾勇（2006）认为，羊群行为通常指在不完全信息环境下，行为主体因受其他人行为的影响，进而忽视自己的私人信息而模仿他人行动的决策行为。羊群行为具有传染性，因此，存在于多个行为主体之间的羊群行为又称为羊群效应。学者的研究表明，羊群行为在资本市场上普遍存在，源于投资者获取的信息不充分和不确定，其投资决策往往不是依据已有的信息，而是依据对其他投资者行为的判断做出选择，选择的结果是模仿别人的投资行为。在证券市场上投资者盲目跟风可能会导致证券资产价格的剧烈波动或价格泡沫，加之情绪感染的推波助澜，可能影响金融市场的稳定运行。

（7）噪声交易（noise trading）。有效市场假说认为，证券价格偏离其内在价值之际，两者之间存在一个偏差，这个偏差就是噪声；噪声只是一个均值为零的随机扰动项，因为随着时间的推移，价格会逐渐趋近其内在价值，噪声就会逐渐消失，在有效市场中噪声交易是不存在的。而噪声交易理论则认为由于证券市场存在严重的信息不对称和交易者对风险偏好的差异，价格可能长期偏离基础价值，噪声交易将会长期存在。在证券市场上，真正的"信息"是稀缺产品，市场大部分的波动由噪声引起。Black（1986）指出，没有噪声交易，证券市场就不存在。因此，Black将噪声交易者定义为无法获得内部信息而非理性地把噪声当作有用的信息进行交易的投资者。噪声的存在使非理性交易者能够在市场中生存，并获得一定收益。但是，在换手率比较高的情况下，投资者集中于某些信息，或是与内在价值毫不相关的信息上进行交易，可能会导致价格与内在价值的明显偏离，从而对有效市场产生不利影响。而当大量的投资者因偏好某一信息而进行投资决策时，易产生羊群行为，加大了股票价格的波动。例如，当某只股票的价格有所下降，一些悲观主义投资者（噪声交易者）猜想股价将会进一步偏离内在价值，从而抛售该股票，最终的结果是股价越来越低。

2. 框架依赖

心理学研究发现，人们的选择与参照系（框架）有关，人的偏好中存在框架依赖。框架依赖分析了决策者会因为情境和问题的表达方式的不同而有着不同的选择。经典经济学理论都假设框架是明晰的，然而，现实世界中许多描述问题的框架是模糊的，因此，当人们决策时碰到一个难以识别的模糊框架时，他的判断与决定将在很大程度上依赖于其所面临的问题表现出来的特定框架，结果，尽管问题的本质相同但形式的不同也会导致人们做出不同的决策而出现框架偏差。框架偏差主要包括以下几点。

（1）损失厌恶（loss aversion）。趋利避害是人类行为的主要动机之一，在经济生活中首先考虑的是如何避免损失，其次才是获得收益，即损失厌恶。Kahneman 和 Tversky 的前景理论的重要发现之一是人们面对收益和损失的决策时表现出不对称性，即赋予"避害"因素的权重远大于"避利"因素的权重；人们厌恶的是损失，损失所带来的负效用是等量收益所带来的正效用的 2.5 倍。因此，在面对具有收益和损失可能性的选择时，会采取风险规避行为而表现过于保守，但大多数人对损失和获利的判断往往根据参考点（reference point）决定，改变评价事物时的参考点，就会改变对风险的态度。例如，你事先获知自己将会被赠予 6000 元，那这笔收入对你而言是获利还是损失？这主要取决于你所定的期望值（参考点），如果你期望得到的是 5000 元，那么对于该参考点（5000 元），6000 元属于获利；如果你期望得到 7000 元，那么对该参考点（7000 元）而言，6000 元就是损失。

在股票市场中，损失厌恶的一个表现是"扳平症"，即在遭受损失的情况下，很多投资者不愿意出售股票。由于不愿意放弃该只股票上可能的盈利机会，或希望将损失扳平，投资者往往较长时间地持有已遭受损失的股票，结果可能导致更大的损失。Benartzi 和 Thaler（1995）提出"短视的损失厌恶"，认为由于投资者不愿意承受短期损失，往往过于频繁地进行交易并倾向于获取立即的短期回报而忽略了未来可能发生的损失。这些投资者对风险性资产的回报期望过高，但由于过分注重短期的损失，在长期资产配置中会显得过于保守。短视的损失厌恶可以用于解释证券市场中的异象之一——"股票溢价之谜"，因为大部分投资者具有这种心理，这种心理使他们在短期内不愿意持有股票。

（2）后悔厌恶（regret aversion）。它也被称为后悔规避。后悔厌恶理论是 Thaler

(1980)首先提出的。后悔是指个人因为做了某一决定丧失原本较好的结果而带来的痛苦。Thaler（1980）认为个人会因为后悔自己的决策，而觉得自己应该为做错事负责。后悔厌恶在很大程度上偏离了"理性经济人"假设，即偏离了以收益最大化为目标的主流传统经济学假设。

损失厌恶是导致后悔厌恶的直接原因，因为损失所带来的痛苦才使人们感到后悔；因此，人们在决策时会倾向于避免将来可能的后悔，不会有强烈的动机去改变现状，他们可能会依循过去的原则，决策的目标可能是最小化未来的后悔而不是最大化将来的收益。哈里·马科维茨因发展投资组合理论而荣获1990年的诺贝尔经济学奖，他曾说过：我将出资额平均分成两部分，分别投资于股票和债券，我的意图在于减少未来的后悔。即如果他把全部资金投资于股票，而随后的股票行情走低，则会产生极大的自责后悔心理。在消费市场，当在熟悉和不熟悉品牌之间进行选择时，消费者可能考虑到选择不熟悉品牌导致效果不佳时的后悔要比选择熟悉品牌的后悔要大，因此，消费者较少会选择不熟悉的品牌。

（3）处置效应（disposition effect）。资本市场中广泛存在的处置效应可以用后悔厌恶来解释。处置效应是 Shefrin 和 Statman（1985）提出的，是指投资者进行股票投资时，更加倾向于卖出当前盈利的股票，以实现确定性收益；对于亏损股票更加倾向于冒险而继续持有，不愿意实现损失，即存在"惜售心理"。Shefrin 和 Statman（1985）发现，在美国市场上，投资者存在处置效应现象，并认为这是投资者为避免损失带来的后悔，因为一旦损失实现，即证明投资者以前的决策和判断是错误的。Odean（1998）利用个体投资者的股票购买数据作为参考点进行研究，证明了个体投资者存在显著的处置效应行为，他认为只有前景理论可以有效地解释处置效应。赵学军和王永宏（2001）研究发现，我国的投资者更加倾向于卖出盈利股票，继续持有亏损股票，而且这种倾向比国外投资者更为严重；方立兵和曾勇（2005）研究表明，我国投资者存在处置效应现象，按资金规模分组后，发现小户比大户和中户投资者更加倾向于卖出盈利股票而持有亏损股票；此外，股市处于利好或利空的环境下均存在处置效应，且处于后者时处置效应相对较强。李新路和张文修（2005）发现，我国股票市场个体投资者存在显著的处置效应，即投资者倾向于卖出盈利股票而持有亏损股票，认为这是由于投资者对亏损和盈利所表现出不同的风险偏好；进一步的研究发现，市场态势是影响投资者处置效应的重要因素，投资者在上涨行情中一般表现出处置效应，而在下跌行情中则呈现"反处置效应"现象，即投资者卖出亏损股票而持有盈利股票。

（4）心理账户（mental accounting）。为了确认、计量、记录和报告每一笔经济业务或者事项，在会计学中建立了会计账户。经典会计学原理中的"复式簿记法"运用会计账户将繁杂无序的财务数据转化为具有固定格式且清晰明了的会计账簿与报表，以便搞清楚每笔资金的来龙去脉。心理账户与此有同样的目的，只是传统经济学理论假设资金是可替代的、是等价的；而心理账户的存在使人们在心目中通常认为资金并不是等价的，应视其不同来源、去处采取不同的态度。例如，股票市场获得的收益等的价值会被估计得比正常的工资收入低，而且倾向于更轻率地使用这些被低估的资产。据此，人们根据资金的来源、所在和用途等因素对资金进行归类，这种抽象的、存在于人们心理上的收支平衡账户被称为心理账户。心理账户的存在影响着人们的消费决策。

心理账户的一个重要特征也是狭窄框架，即人们在对待个人赌局时存在将其从其他资金分离的倾向。因此，在人们的潜意识里，不同的资金具有不同的用途，是不能互相替代的。他们倾向于非理性地把自己的投资资金划分为不同的心理账户，然后根据资金所在的不同账户分别进行估计并做出相应的决策。

心理账户的研究起源于 Kahneman 和 Tversky 的前景理论，由芝加哥大学行为科学教授理查德·萨勒提出，他认为，心理账户是个人和家庭对金融活动进行组织、评价和跟踪的一系列认知操作。而反映到具体的投资者方面，Shefrin 和 Statman（2000）认为，个人投资者自然地认为在他们的投资组合中有一个风险较低的安全部分和风险收益双高的用来投机获取额外财富的部分。1996 年，Tversky 提出，心理账户作为一种认知幻觉而存在，市场投资者受认知幻觉的影响，不理性地关注价格变化，非理性投资行为随之产生。心理账户是经济金融领域中人们普遍存在的一种心理特征，并且对人的决策行为产生重要的影响，能对赌场资金效应、一月效应、股利之谜等证券市场异象做出解释。例如，赌场资金效应是指在进行某项活动时，人们前期的盈利与亏损状况影响其对待风险的态度，从而影响人们的决策行为；在赌场中，参与赌博的人会设立两个不同的账户，"赌场的钱"和"自己的钱"，赌徒们常常将他们从赌场赢来的钱放在"赌场的钱"账户中。在赌博中前期的盈利会刺激人们在同一账户中寻求风险，因为事前的获益提高了人们对风险的容忍程度，所以他们更愿意冒险；反之，如果前期处于亏损状态，则他们对未来可能发生的损失格外敏感，即损失厌恶的程度会加剧。

Shefrin 和 Statman（2000）利用单一心理账户和多重心理账户推导出行为组合理论（behavioral portfolio theory，BPT）。单一心理账户的投资者关注各资产间的相关程度，将投资组合整合至同一个心理账户里；而多重心理账户的投资者会将投资组合分散到多个心理账户，但会忽略各项资产之间的相关程度。因此将会出现此种状况，投资者会在某个账户里买进一种证券，同时又会在另一账户里卖空相同的证券；行为组合理论认为，投资组合呈"金字塔"状，"金字塔"是根据对不同投资风险程度的识别来进行分层的。鉴于此，他们提出了一个两层（高层和低层)的投资组合模型,高层属于风险追逐型,目的是追求财富;低层属于风险规避型,目的在于逃避贫穷和破产。

(5)禀赋效应(endowment effect)。其是指人们一旦拥有某物品,那么其对该物品价值的评价要比未拥有之前高得多。研究表明,人们有避免失去禀赋的倾向。生活中所说的"敝帚自珍"就是典型的禀赋效应。从传统经济学角度而言,购买某一物品与出售某一物品所出价钱应该是相等的,但禀赋效应却与之相背。Thaler(1980)提出了禀赋效应的概念,指的是人们不愿意放弃自己拥有的物品;其进行的实验结果表明,由于受到禀赋效应的影响,与得到某物品所愿意支付的金钱相比,个体出让该物品所要求得到的金钱通常更多。Samuelson 和 Zeckhauser(1988)认为禀赋效应将使人们产生"安于现状情结",意味着人们往往不愿意改变目前的环境或状况,他们害怕改变现状有可能带来的损失。在他们设计的实验中,假设参与者将会获得一笔意外的遗产,包括中等风险股票、高风险股票、基金或政府公债等四种投资组合中的一种,同时参与者有权选择改变投资组合。结果显示,大部分参与者选择了维持目前的状况。在股市中,投资者对某只股票的看法取决于是否拥有。投资者一旦持有某只股票,当该股票价格上涨时,舍不得卖,总觉得该股票会一直上涨。同样,当该股票下跌时,不少人不会立刻出手,因为他们总是相信自己最初的选择,认为该股票比其他的强,不愿意卖出。

学者的研究表明,损失厌恶和自尊理论可以解释该效应。禀赋效应的产生并不是因为拥有某一物品的人真的比没有该物品的人更觉得其珍贵,而是放弃该物品在心理上带来的痛苦导致人们不愿放弃,即卖出自己常用的东西常常被视为一种损失,人们感觉到的损失带来的伤害远远大于等值的获益带来的愉快。而有的学者认为禀赋效应的心理学根源是自尊,自尊是指人们对自我态度的积极倾向,这会导致个体对与自己有关的事物或现象产生积极评价。当个体准备出售自己的某件物品时,由于该物品是自我的一部分,定价可能会高些;而当个体拟购买的某物品尚未属于自己,并不是自我的一部分,出价可能会低些。

(6)私房钱效应(house money effect)。这与前景理论相反。Thaler 和 Johnson(1990)研究认为,前次获得盈利会刺激投资者再次参加赌局的意愿,即所谓的"私房钱效应"。他们的实验研究显示,在同一个心理账户中,前次获得盈利会增加参与者从事高风险投资的次数(即在盈利区间倾向于冒更大的风险);然而前次遭受损失并不会刺激参与者投入到高风险活动中(即在损失区间则回避风险),除非这项活动能够使其有扳平的机会。

综上所述,行为金融学认为现实中的投资者存着种种非理性的认知偏差,使其偏离传统的经济学意义上的"理性经济人"的思维方式做出相关的决策,因此,应该用投资者非理性来取代理性人假设。

2.2.3 高管认知偏差的表现

上述决策主体的认知偏差同样存在于高管的决策过程。例如，鉴于认知行为和信息收集成本的缘故，许多高管倾向于依靠经验和直觉进行判断与决策，在公司财务管理中常常使用拇指法则，或使用"以点盖面"的推断方法。例如，从理论上讲，资本预算决策法则中最为科学的方法是净现值法，然而，净现值法并不常用。Gitman 和 Forrester（1977）发现在 103 家大公司中，只有不足 10%的公司将净现值法作为主要决策准则，而超过 50%的公司采用内含报酬率法，从而可以避免资本成本的估算。同样地，Graham 和 Harvey（2001）通过对 CFO[①]的问卷调查发现，在公司投资决策中内含报酬率法比净现值法更常用，而且超过 50%的 CFO 使用投资回收期法，这种相对简单的计算法则既不需要计算资本成本，也不需要对未来的现金流进行预测；Graham 和 Harvey（2001）还发现，如果需要使用贴现率来评价投资项目，高管一般采用公司平均的资本成本而不是特定项目的资本成本。这种"以点盖面"的简单推断容易导致偏差，如会让风险项目比安全项目更具有吸引力。

学者的研究还表明，损失厌恶和证实偏差等在投资决策中成为发挥重要作用的认知偏差。管理学家爱德华·康伦（Edward Conlon）指出，相对于成功的项目高管往往会将更多的资金投向自己在其中负有重要责任的失败项目中，并认为，这是因为这些高管希望能够扭转亏损的局面，从而证明自己先前所做的决策是正确的。Shefrin（2001）通过对日本 Snoy 公司和美国 Syntex 制药公司的案例分析，认为高管存在诸如启发式偏差、过度自信、损失厌恶和证实偏差等认知偏差，而这些偏差造成的公司的巨大损失就是"行为成本"。例如，损失厌恶的情绪偏差则导致高管难以正视其根深蒂固的认知错误，难以忘记沉没成本，最终一错再错。他还指出，持有公司股份尽管减轻了代理问题，但不能阻止高管犯上述认知错误，激励机制的设计并不能够杜绝高管的非理性行为。Marnet（2007）的研究发现了安然事件发生中存在证实偏差。在公司被查处前几个月，高管向外披露报告利润的调整源于会计政策，公司业绩良好；而当高管意识到情况不好时，仍然以外部环境变化为由以掩盖一些警告信号。因此，证实偏差的存在使高管往往会坚持自己错误的信念，不愿意放弃已经被证明是失败的项目，面对一项错误的决策时也不能摆脱沉没成本的影响。

出于声誉的考虑或受信息影响，公司的财务决策也存在羊群行为。例如，Hirshleifer 和 Teoh（2003）指出，在流行的压力下，高管在管理方法、投资决策

---

① CFO：chief financial officer，首席财务官。

和财务报告方面都容易随大流;Scharfstein 和 Stein(1990)最早利用羊群行为理论研究公司投资问题,其构建的声誉模型显示,基于代理问题,高管为了维护自身声誉,会忽视个人掌握的信息,而去模仿其他高管的投资决策;方军雄(2012)证实了中国上市公司投资存在羊群行为,认为投资羊群行为会损害公司价值,并指出投资羊群行为是公司进行投资决策时忽略自身掌握的私有信息,跟从行业中其他企业投资决策的行为;张敦力和江新峰(2015)认为,高管能力能够显著抑制公司投资的羊群行为。Patel 等(1991)最早将羊群行为理论应用于公司的资本结构选择,提出了债务权益比率的"羊群迁移行为"(herd migration behavior)假说,检验结果发现,十个行业中有七个行业在公司债务权益比率的选择中存在明显的羊群行为;而黄娟娟(2009)首次从高管羊群行为视角对上市公司股利"群聚"现象进行考察,结果发现,我国上市公司存在显著的股利羊群行为,其表现为公司股利支付水平呈现集中和趋同,其真正的动因是高管对声誉的关注。沈洪涛和苏亮德(2012)以我国重污染行业上市公司年报中的环境信息披露为研究对象,发现企业环境信息披露存在同形性和模仿行为,属于模仿其他企业平均水平的频率模仿,而不是模仿领先者。蒋尧明和郑莹(2015)研究发现,上市公司在披露社会责任信息时的意愿、时机、水平和模仿对象上都表现出了趋同的特性,存在明显的羊群行为。

2.2.4 高管过度自信的表现与成因

1. 过度自信的定义与表现

心理学的研究表明,过度自信是放松"理性经济人"假设后,行为主体进行决策时所具有的主要心理特征之一。de Bondt 和 Thaler(1995)指出,在对人们的判断决策进行分析的心理学研究中,或许最稳健的发现就是人们存在过度自信的倾向,并列举大量证据显示了人们在做决策时,对不确定性事件发生概率的估计过于自信。至于过度自信的定义,目前没有统一的说法。Oskamp(1965)在实验中发现临床医生做临床诊断时,信心随着信息量的增大而增长,而诊断的正确率却并没有取得同样程度的增长,他将此现象定义为过度自信;Frank(1935)认为,过度自信是指人们往往倾向于高估自己的能力;Gervais 等(2005)则将过度自信定义为,认为自己知识的准确性比事实中的程度更高的一种信念,即对自己的信息赋予的权重大于事实上的权重。而有的学者提出校准(calibration)的概念,以反映估计者对自己所估计结果的准确性和判断能力。例如,Fischhoff 等(1977)将过度自信定义为,当人们对自己判断的正确性进行估计时,倾向于放大判断正确性的程度。也就是说,出现过度自信时,人们的估计值要高于最佳校准值;于窈和李纾（2006）认为，过度自信是一种偏离校准（mis-calibration），是指人们关于一般知识问题的概率判断通常以某种方式偏离校准，这种偏离都偏高。如果一个人的校准是最理想的，那么在所有情形下，他的平均概率判断将与目标事件实际发生的比例相等。上述对过度自信的表述不同，但本质上没有存在很大差异。总之，过度自信是一种认知偏差，人们往往过于相信自己的知识和判断能力，高估自己所拥有信息的准确性与成功的概率。

过度自信主要表现为以下六个方面。

（1）优于平均效应。当人们被要求对自己的能力做出一个估计时，经常表现出自利倾向，这种自利性评价的表现之一称为"优于平均水平"（better than average）。Alicke（1985）发现，人们进行自我评价时，难以找到客观的评判标准，为了降低不确定性，人们会选择其他个体作为评判的参照物，而这种评价方式容易使人们出现"优于平均"的倾向；Larwood 和 Whittaker（1977）也认为，当个人评价自己的能力时，他们倾向于认为自己的能力高于平均水平。这种"优于平均效应"的现象已在驾驶能力、道德水准、健康状况及管理技巧等领域被发现。例如，Svenson（1981）在瑞士对驾驶技术所做的实验表明，46.3%的美国学生（22岁）认为自己的驾驶水平比80%的人都好，93%认为自己的技术高于平均水平；而51%的瑞典学生（33岁）也认为自己的驾驶水平处于前30%，69%认为自己的技术高于平均水平；对出租司机的调查也显示，90%的出租车司机认为自己的驾驶水平高于平均水平。实际上，我们当中只有一半的人具有这个能力，所以大部分的司机对他们的驾驶技术过度自信。1976~1977年美国大学理事会对100万名高年级学生所做的调查发现，要求学生对自己与其他同学进行评价，70%的学生认为自己的领导能力高于平均水平，仅有2%的学生认为自己低于平均水平；在运动能力方面，60%的学生认为自己处于中等（即平均）水平，仅有6%的学生认为低于平均水平；在社交能力方面，所有学生认为自己至少达到平均水平，60%的学生认为自己在这方面的能力处于前10%，甚至有25%的学生认为自己的社交能力达到了前1%的水平。

（2）置信区间狭窄。人们对估值的置信区间过于狭窄，即人们缩小了对某一对象后验分布判断的范围。心理学的一项实验数据显示，人们自认为的98%置信区间实际上只包含了当时60%的真实数量。Kahneman 和 Riepe（1998）的研究发现，投资者在过度自信的信念影响下，会对将来某一时间的股票市场指数波动范围设置较窄的范围，但结果却是实际指数不是大大高于就是大大低于预测值。Ben 等（2007）通过计算 CFO 关于预期股票市场收益（标准普尔500指数）的置信区间狭窄情况发现，在样本期间，股票市场收益实现值只有37.9%落在由 CFO 估计的80%的置信区间内，根据偏离校准的定义，说明 CFO 严重偏离校准而呈现过度自信的倾向。

（3）事件发生的概率估计不准确。人们高估高概率事件的发生概率，低估低概率事件的发生概率。例如，人们估计某一事件完全可能发生，而实际发生的可能性只有80%；人们确信不可能发生的事件而实际发生的可能性有20%。McClelland和Bolger（1994）认为，人们经常对某些事件发生的概率或某些答案的正确程度赋予过高的概率估计。Fischhoff等（1977）的实验支持了该论点，在实验中，被试者被要求回答了大量一般知识性问题并且估计了答案正确的可能性，结果显示，当被试者报告100%确信自己的答案时，他们的正确率往往只有70%～85%。因此，他们认为过度自信来源于人们对概率事件的错误估计，结果是显著高估了预测不确定事件的准确性。

（4）过度乐观。过度乐观是指人们倾向于相信一些积极意义的事件在自己身上发生的概率较大，而相信一些消极意义的事件发生的可能性很小。在预测未来结果时，总相信好的事情比事实上更容易发生。Weinstein（1980）发现，人们会期望好的事情更多地发生在自己身上，而不好的事件则更多降临在别人身上。Kunda（1987）也发现，人们期望好事情发生在自己身上的概率高于发生在别人身上的概率，甚至对于纯粹的随机事件也有不切实际的乐观主义。

（5）自我归因偏差。Bem（1965）提出自我归因偏差概念是一个和过度自信紧密相连的概念。人们往往通过观察自身行为的结果来了解自己的能力，存在一个自我归因的过程，即人们在回顾自己过去的成功时，会高估自己的能力；相比那些与失败有关的信息，人们更容易回忆起与成功有关的信息。从认知心理学角度来说，由于存在归因偏差，人们会高估某些信息而低估另一些信息，从而加重了过度自信心理。Weiner和Kulka（1970）认为，人们在解释成功或失败时，一般归结于能力、努力、任务难度和运气等四种主要原因，成功时自我强化，而失败时自我保护的心理本能带来了自我归因偏差。Miller和Ross（1975）研究发现，人们期望他们能取得成功，把成功归功于自己的能力，而把失败归罪于运气不佳；由于自我强化的归因偏差，人们通常将好的结果归功于自己的能力，而将差的结果归罪于外部因素。如果将过度自信视为一种静态偏差，则自我归因偏差则具有动态性，导致人们无法通过不断的理性学习过程来修正自己的信念，以致形成动态的过度自信。Doukas和Petmezas（2007）证实了自我归因偏差是高管过度自信的一个函数，发现多次的并购与较低的财富效应联系在一起，即高管倾向于将首次成功归于自己的能力，变得过度自信而从事更多的并购交易。

事实上，人们之所以存在这种推卸责任的心理，与人们的"后悔厌恶"是相关的。人们不愿意承认是自己的原因导致决策的失败，因为这样会使自己觉得非常痛苦，为了避免痛苦，他们会倾向于将责任推卸给外界。

（6）事后聪明偏差。事后聪明偏差又称"我早就知道"效应，即人们通过构建一个合理的事后理由来增加对自己决策能力的满意度和自我尊严。事后聪明偏差把已经发生的事情视为相对必然和明显的，决策者不能认识到对事件结果的回顾会影响人们的判断，让人产生事件可以很容易预测的错觉，过分地认为自己具有"先知先觉"的能力，助长了过度自信。在证券市场上，投资者普遍具有后见之明的特征，这种行为的偏差没有任何的事实依据，完全是情感上的自我安慰，是过度自信的一种典型表现。这种偏差会使人们不重视对自己行为的反省，忽视对证券市场趋势的预测，增加了投资决策行为的不确定性。

2. 高管过度自信的定义

学者从信息、能力、风险等方面对高管过度自信给出了不同的定义。例如，Bernardo 和 Welch（2001）从信息层叠的角度，认为过度自信高管高估自身信息的准确性，并以此信息进行决策，而忽视其他信息；Gervais 等（2005）认为过度自信高管相信自身的信息更加准确、可靠，高估自身决策能力和降低风险的能力；Roll（1986）提出傲慢假说，显示个人趋向于高估他们信息的准确性；Landier 和 Thesmar（2009）认为，过度乐观企业家高估项目成功的概率；Malmendier 和 Tate（2005b）认为，过度自信是低估方差的解释，他们假定过度自信高管高估公司决策的收益；Hackbarth（2008）认为乐观高管是高估收益的成长性，即存在成长预期偏差，而过度自信管理是低估收益的风险，即存在风险预期偏差；Goel 和 Thakor（2008）也认为，过度自信高管将高估公司未来业绩，而低估未来风险。从这些表述中可以得出，高管过度自信是指高管高估自身决策能力和信息的准确性，高估公司未来业绩而低估风险。

许多学者的研究表明，过度自信在许多职业领域都存在，如银行家、工程师、临床心理学家、医生、律师等，但相比较而言，"优于平均效应""置信区间狭窄""自我归因偏差"等现象在公司的高管中表现更为突出（Kruger，1999；Camerer and Lovallo，1999；Moore and Kim，2003）。公司高管很容易高估自身的能力，对自己决策的结果持过度乐观的态度。例如，许多研究显示，企业家一般高估未来项目成功的概率，Cooper 等（1988）对美国企业家关于成功的概率进行问卷调查时发现，81%的企业家回答成功概率在0~30%，而对失败进行调查时，只有39%的企业家回答失败概率在0~30%；68%的企业家认为他们的创业投资将比同类企业更成功，而只有5%的企业家认为他们的处境更恶劣；同时，1/3 的企业家相信他们的成功本质上是有保证的。同样，Landier 和 Thesmar（2009）针对法国企业家的一项调查也表明，企业家倾向于低估创业的艰难，在启动阶段，56%的创业者预期企业未来是有发展前景的，只有6%的认为企业可能遭遇困难。但是，跟踪调查三年后显示，只有38%的企业有比较好的发展前景，而大约17%经历了困境。在比较成熟的企业中，这种过度自信的倾向依然存在。Merrow 等（1981）对美国能源行业先进设备投资的预计成本与实际成本进行比较发现，高管在项目的成本预测方面存在过度乐观偏差，实际成本是他们初期预计成本的 2 倍以上；Statman 和 Tyebjee（1985）调查了军事仪器、医药、化工等研发项目，发现高管在成本和销售方面的预测普遍存在过度自信现象。奚恺元（2006）认为，过度自信的一个典型表现就是"规划的误区"（planning fallacy），即一个经过仔细规划的大型项目，仍旧可能比计划的完工时间推迟许多。例如，澳大利亚在 1957 年对悉尼歌剧院的规划是于 1963 年完工，预算是 700 万美元。但是，悉尼歌剧院的建设一直拖到 1973 年才完成，最终花费高达 1.02 亿美元。Glaser 等（2007）以德国上市公司为样本对管理层（企业决策群体）的过度自信进行研究发现，管理层是过度自信的。郝颖等（2005）根据 Malmendier 和 Tate（2005a）的研究思路，对我国上市公司高管过度自信的现实表现及其与企业投资决策的关系进行研究，发现在实施股权激励的上市公司中，1/4 左右的高管人员呈现出过度自信的倾向。

3. 高管过度自信的原因

Forbes（2005）对"硅谷"互联网企业的调查表明，企业家年龄、性别、决策权范围、企业规模、成立年限和融资状况等因素对企业家的心理认知产生影响。其中，作为企业发起人的高管，男性、年轻、决策权范围较大的高管及企业规模较大、成立时间较长、负债率较低的高管更加倾向于过度自信。公司高管更倾向于过度自信的原因主要有以下几个方面。

（1）难度效应。实验表明，人们容易把实际难度高的问题简单化，这是因为人们在面对难度越大的问题时，就越容易产生过度自信，这就是"难度效应"（difficulty effect）。Griffin 和 Tversky（1992）发现，人们在回答极度困难的问题时，倾向于过度自信；在回答容易问题时，倾向于缺乏自信。一般认为，造成这种现象的原因可能在于锚定效应，人们对一般的任务都有一定自信水平，并且其自信水平随着任务难度增加而调整，但由于锚定的存在自信水平调整不足，这导致了随着任务难度的增加，过度自信程度也随之增加的倾向。公司的经营过程是比较复杂的，高管需要在非常不确定的情况下预测和规划公司的现金流量；同时，高管所做出的重大投资或并购等决策比较复杂抽象，几乎无法在企业中进行一一对比，预期结果难以评估；此外，作为决策者比外部投资者掌握更多的信息，并认为这些信息是其做出正确决策的充分佐证，最终高管对项目的高估也难以发觉。

（2）参照组的缺乏。参考点比较明确时，决策者能够客观地评价已做出的决策。高管所进行的大规模投资、并购或资产重组在企业的生命周期中比较少，每个项目具有独特的特点，没有参考点，难以与过去的经验、其他企业进行比较。Camerer 和 Lovallo（1999）认为，如果 CEO[①]将自己与一般的经理人员而不是其他 CEO 进行比较，他会得出自己制定的投资项目或并购目标比平均水平好。

（3）控制幻觉。控制幻觉是指人们经常相信他们对某种无法控制的事件具有影响力或控制力。自我强化的文献证明，当他们相信对某类决策具有较强的控制权或较高的参与度，并能控制结果或对结果做出保证时，倾向于高估预期的收益或低估风险。Langer（1975）发现，事件的竞争性、是否具有选择权、对事件的熟悉程度及参与程度都影响人们的控制幻觉。控制幻觉的出现源于人们存在意图控制自身环境的动机，以获得更强的竞争力或更高的地位。高管对公司的重大战略决策具有最终的话语权，这样的位置会导致 CEO 相信自己能掌控公司命运，而低估经营失败的风险。Weinstein（1980）发现，选择了投资项目的 CEO，可能存在控制幻觉，并严重低估投资项目失败的可能性。同时，Frank（1935）发现，人们过度估计了其完成任务的能力，并且这种过度估计随着个人在任务中的重要性而增强，人们对未来事件存在不切实际的乐观主义。

（4）利益的相关性。Weinstein（1980）指出，人们对与自身利益高度相关的事件更易过度自信。高管的薪酬往往比社会平均报酬高出很多倍，而且大部分薪酬由公司股票和股票期权组成，其高低取决于公司的业绩与股价的表现；高管的晋升程度在一定程度上也取决于公司战略决策的结果及公司绩效，因此，个人人力资本的价值与股票价格、公司价值紧密相关，高管对公司的业绩更加敏感，他们会保证公司未来会有好的业绩。因此，他们对自己在经营战略中所做出的决策更容易过度自信。

（5）专业知识和经验。许多研究表明，专家比一般人更容易自信。在一定任务难度下，人们的专业知识与自信程度相关。当任务难度小时，专家一般比普通人校准得更好；当任务难度加大时，专家比新手更加容易过度自信。研究显示，投资者和证券分析师在他们有一定知识的领域中也容易过于自信，然而自信程度的提高和成功的投资并不相关；基金经理、股评家总认为自己有能力跑赢大盘；而高管特别是当其认为自己是专家时，会高估成功的概率。如 Ben 等（2007）对 CFO 的调查显示，有管理专长或受教育程度较高的高管更有可能高估自己的决策能力，因此，过度自信程度也随着他们管理专长或受教育程度的提高而增强。Landier 和 Thesmar（2009）也发现，受教育程度较高的、拥有自己想法的企业家倾向于更乐观。

有的学者对于经验与自信程度之间关系的研究有不同的看法。如 Kirchler 和 Maci- ejovsky（2002）的实验结果表明，个人的过度自信随着经验的增加而上升；

---

① CEO：chief executive officer，首席执行官。

但奚恺元（2006）则认为，和没有经验的人相比，有经验的人不太容易过于自信，因为他们更多地知道事情发展的多样性；Fraser和Greene（2006）的研究也表明，随着高管经验的逐渐积累，他们可以通过经营过程中反馈的新信息来了解自身经营公司的能力，以修正自己的决策偏差。

（6）高管的地位与反馈机制。研究表明，当人们的行为结果能得到快速而清晰的反馈时，人们的信心就会得到合适的调整。Gervais等（2005）研究发现，成功的投资者更容易变得过度自信，同样，成功地晋升为CEO的高管也很可能变得更过度自信；Larwood和Whittaker（1977）发现，公司高管特别倾向于自利性偏差。同时，公司从事的重大投融资决策的低频率及缓慢且带有噪声的反馈系统，使高管的自信心得不到合适的调整，过度自信造成的决策偏差也得不到及时的修正，更导致高管呈现过度自信的倾向。

（7）公司治理问题。高管过度自信的表现可能被看作具有更高能力水平的信号，更可能被公司选聘。Goel和Thakor（2008）的研究显示，在以价值最大化为目标的公司治理下，当与理性高管竞争时，过度自信高管有更高的可能性被董事会任命为CEO。这是因为高管的晋升原则上基于过去的表现，而这种表现最终依赖于高管承担的风险，即如果高管承担风险更大的任务则其晋升机会更多。Hayward和Hambrick（1997）研究认为，公司治理环境与高管过度自信程度相关，如警惕性较低的董事会往往会弱化对高管的监督，以致高管认识不到自己的决策偏差，董事长兼总经理和内部董事比例较高的公司中高管更容易过度自信。Paredes（2004）也认为，CEO过度自信是公司治理的产物，CEO过度自信的根源在于CEO过高的薪酬和对CEO过分的服从。Morck（2007）认为现代公司治理失败的主要原因之一是公司治理体系中董事会成员和其他高管对CEO的忠诚超过了对股东的忠诚及对法律的服从，证明了在公司治理实践中引入独立董事（表达不同的意见）与非执行总裁（产生权威替代效应）可以降低董事会和企业内部高管对CEO的过度忠诚，减少公司治理灾难的发生。Yermack（1996）认为，降低CEO对董事会成员的控制度有利于提高董事会的治理效率。

2.3 高管社会网络概述

2.3.1 高管的界定

高管是企业各项战略决策的制定者和资源的配置者，对企业的经营和发展起着重要的作用。随着经济的全球化趋势、企业经营环境的瞬息变化，决策者需要大量异质化的信息；企业战略决策的制定已远远超越个体高管的能力，因此，需要构建一个合作分工、团结协作的高管团队，才能适应环境的动态变化。Hambrick 和 Mason（1984）创造性地提出了"高层梯队理论"（upper echelons theory），他们认为单一个体做出复杂决策存在一定的局限性，可通过高管团队的可测量特征进行研究。Finkelstein 和 Hambrick（1996）把高管界定为"处于公司最高战略制定与执行层、负责整个公司的协调与组织、对公司经营管理拥有很大决策与控制权的高层经理群体"。

在对高管的具体界定上，国内外学者存在不同的观点。Hambrick 和 Mason（1984）将高管界定为"副总裁以上的经理群"；Elron（1997）将其界定为"从首席执行官到高级副总裁层次的高级管理人员"；Dwyer 等（2003）认为高管包括高层经理和中层经理。Martin 等（2013）把高管界定为 CEO，并对 CEO 的多样性进行研究；Baixauli-Soler 等（2015）认为应使用高管团队作为分析单位，即高管包括 CEO 及直接制定和执行公司风险决策的其他人员。孙海法等（2006）认为，高管应该包括董事长、总经理、副总经理、总经理助理及各职能部门经理在内的参与公司高层决策的高管。何霞和苏晓华（2012）认为，高管包括董事会、监事会成员及其他高级管理人员。

2018 年我国新修订的《中华人民共和国公司法》中第二百一十六条规定："高级管理人员，是指公司的经理、副经理、财务负责人，上市公司董事会秘书和公司章程规定的其他人员。"鉴于此，本书结合数据的可获得性及上市公司的实际情况，主要选择公司的董事长、总经理和财务总监作为高管进行研究。

2.3.2　社会网络与社会资本

1. 嵌入性

在经济社会学诞生之前，古典和新古典经济学家奉行"低度社会化"的观点。他们从功利主义传统出发，在"理性经济人"假设的前提下，认为人的行动是原子化的、低度社会化的，理性、自利的行为最少受到社会关系的影响，生产、分配和消费根本不受社会结构和社会关系的影响。与此形成鲜明对比，社会学将行动者遵从风俗、习惯或规范视作一个机械的、完全忽略了理性选择的过程，这又走向了另一个极端——"过度社会化"。但随着经济社会学及新经济社会学的诞生，这种完全割裂的态势被打破。而"嵌入性"理论正是新经济社会学研究中的一个核心问题。

嵌入性是社会学对抗、反击新古典经济学思想的扩张而诞生的概念。1944 年被誉为"嵌入性之父"的波兰尼（Polanyi）认为，市场嵌入社会是人类历史的本质和普遍逻辑，而经济学对市场的认识和理解是一种陈腐观念。他在其著作《伟大的转折》（*The Great Transformation*）中提出，人类经济通常潜藏于经济与非经济的制度之中，将非经济的制度纳入是非常重要的；他提出了经济体系与社会体系的嵌入性关系问题，即经济行为总是嵌入文化、习俗等非经济行为中。

格兰诺维特（Granovetter，1985）重新对嵌入性概念进行了阐述，他指出，社会关系制约着组织及其行为，把组织及其行为当作独立的个体来分析是一个严重的误解；在社会网络内，经济活动是人们在互动过程中做出的决定，"社会化不足"和"过度社会化"都不可取，而嵌入性理论可以成为连接经济学、社会学与组织理论的有效桥梁。格兰诺维特认为市场中的经济行动必定嵌入社会结构之中，而核心的社会结构就是人们生活中的社会网络，嵌入的网络机制是信任。格兰诺维特的观点成为嵌入性研究的新里程碑，其著作《经济行动与社会结构：嵌入性问题》也成为"新经济社会学"兴起的标志。

2. 社会网络

在方法论意义上，社会网络以"社会网络分析"出现，其被作为一种研究方法加以运用。有研究者认为，社会网络分析方法基于一种直觉性的观念，即行动者嵌入在其中的社会关系模式对他们的行动结果有着重要的影响。而社会网络分析工作者则力求揭示不同类别的模式。他们试图确定这些模式在不同条件下会出现及会导致怎样的后果，他们把社会网络分析界定为社会研究的一种方法，其具有四个特征：结构性思想、系统的关系数据、图形、数学或计算模型。而在本体论意义上，社会网络以系统的"社会网络理论"出现。格兰诺维特认为，社会网络中存在着一种高水平的信任和义务关系。

对于社会网络的概念，学者提出了不同的观点。例如，Aldrich 和 Zimmer（1986）认为，社会网络由提供诸如信息等各种资源的联系所组成，是行为主体获取资源、社会支持以便识别与利用机会的结构；Håkansson（1987）认为，网络应该包括三个基本要素，即结点、资源、活动，网络实际上就是这些结点之间的关系总和。而我国学者袁方（1997）认为，社会网络是一组已经或可能（直接或间接）连接的点，这些点的特征及它们之间关系的全体构成了社会网络；朱亚丽（2009）认为，社会网络是社会行动者个体（包括个体、团体或组织）及个体之间存在的直接或间接关系所组成的集合，社会网络的存在既能为个体行动者带来资源，也会对其行为产生约束。

3. 社会资本

早在 19 世纪末，奥地利经济学家庞巴维克（Bohm-Bawerk）就提出社会资本的概念，但他当时的出发点是与私人资本相对应的，社会资本被定义为那些用来在社会经济方面获得财货的手段。类似地，马克思在《资本论》中也提到了社会资本这一资本形式，指的是与私人资本相对应的无数个个别资本的总和。

美国经济学家劳瑞（Loury，1977）提出了社会学意义上的社会资本，并将其引入经济学。他认为，社会资本是存在于家庭关系与社区组织之中的一种社会资源。但劳瑞并没有对社会资本这一概念进行深入的剖析。法国著名社会学家Bourdieu首次完成了这一工作。Bourdieu（1980）认为，社会资本以关系网络的形式存在，是一种通过占有体制化的关系网络来获取资源的集合体；而体制化的关系网络被与某个团体的会员制联系起来，调动并利用这一资源需要具备这种身份；关注个人层面的社会资本并从工具性的角度定义社会资本是Bourdieu社会资本观的突出特点。至此，作为一种全新的分析视角，社会资本受到管理学、经济学和人类学等学科的广泛关注，但至今未形成一个统一的概念。目前，学术界对社会资本的理解主要分为资源能力论、功能论和结构论等。

（1）资源能力论。Bourdieu（1980）首次提出社会资本概念，指出社会资本是潜在或实际资源的集合体，可通过关系网络来获取资源。Nahapiet和Ghoshal（1998）从资源学说出发，认为社会资本是嵌入可利用的个体或社会单位关系网络中的潜在或实际的资源，按其结构可分为结构、关系和认知。美籍华裔著名社会学家Lin（1999）提出了基于"社会资源"的社会资本理论。他认为，社会资本是内嵌于社会关系网络中的资源；社会资本包括其他个体行动者的资源（如财富、权力、声望和社会网络等），个体行动者可以通过直接或间接的社会关系来获取这些资源；同时，社会资本是人们为了在嵌入性资源中获得回报，而在社会网络关系中进行投资，并使个人获益。张其仔（2000）基于社会规范的视角，认为社会资本是存在于社会网络结构中的资源，社会资本能够促进合作，保证契约的自我实现。边燕杰和丘海雄（2000）认为，社会资本是行动主体与社会的联系，以及通过这种联系获取稀缺资源的能力；他强调企业不是孤立的行动个体，而是与经济领域的各个方面发生种种联系的企业网络上的纽带；能够通过该联系而获取稀缺资源是企业的一种能力，这种能力就是企业的社会资本。他们从社会资本角度，将企业联系分为企业的纵向联系、横向联系和社会联系三类，其中，企业的纵向联系是指企业与上级领导机关、当地政府部门，以及下属企业、部门的联系；这种纵向联系主要是从"上边"获取稀缺资源。而企业的横向联系是指企业与其他企业的联系；这种联系的性质是多样的，如可以是业务关系、协作关系、借贷关系和控股关系等。另外，企业及其经营者生存在广阔的社会空间之中，经营者非经济的社会交往和联系是企业与外界沟通信息的桥梁及与其他企业建立信任的通道，是获取稀缺资源和争取经营项目的非正式机制。因此，企业及其经营者的社会联系是企业必要的财富。

（2）功能论。美国著名社会学科尔曼（Coleman，1988）从资本功能的角度界定社会资本，认为社会资本是具有多种形式的不同实体，而不是某种单独的实体。社会资本由构成社会结构的各要素组成，是社会关系内部的规则，并能为处在社会结构内的个人提供便利。同时，社会资本具有生产性，能决定个人是否实现既定目标。Putnam（1993）从可测度角度出发，将社会资本看作社会组织的特征，诸如网络、信任和规范。他认为，社会资本能够提高社会集体协调和合作行动的效率，由此将社会资本概念扩展到公民约束研究中；同时社会资本能通过调节个体行为创造社会价值，提高投资于人力资本和物质资本的收益。

（3）结构论。结构洞理论的缔造者 Burt（1997）从网络结构角度对社会资本展开研究。他指出，社会资本不仅是交往者所拥有的资源，同时也是交往者的社会结构，这就是著名的结构洞理论。它将人们的注意力从网络中的资源转向网络中的结构及其分配结果，从个体转向自我之间的联系。它认为人们在人际关系中为弥补信息的不对称性，得到了互补的信息资源，结构论的提出推动了社会关系网络的发展。Portes（1998）提出理性嵌入学说，认为人们在彼此熟悉和了解后，其信任和理解会产生结构嵌入。同时，他指出社会资本是个人在社会网络或更广阔的社会结构中获得短缺资源的能力。短缺资源包括了地位、权力、金钱、学识、信息资源和机遇等。因此，社会资本具有社会组织的特征。

2.3.3 高管社会网络的界定

随着社会学中社会网络理论不断发展、日趋完善，社会网络被引入各学科，丰富了社会学与其他学科之间的跨学科研究。本书将高管社会网络作为一个明确的概念提出，旨在用社会网络理论来分析高管这一企业组织架构的核心。高管社会网络依照作为分析对象的高管数目的不同，又可分为高管个人社会网络与高管团队社会网络。由于社会网络这一分析方法从一开始就被用来分析相互联系着的事物，虽然可以人为地划分出具体某个高管个人的社会网络大小、范围、强度等维度，但在运用这一概念时，不得不再次陷入无从下手的境地。社会网络本身研究的就是两个或者多个个体间的关系所蕴藏的资源，所以将高管个人社会网络作为研究对象较为不妥，这也可能是到目前为止研究高管个人社会网络的文献无从查找的原因。本书对此不加以区别，将高管社会网络从整体来界定。Shipilov 和 Danis（2006）首次提出了高管团队社会资本（TMG social capital）[①]的概念。他们采纳了社会资本功能主义的观点，将高管团队社会资本

---

① TMG：top management groups，高管团队。

界定为高管团队领导和成员通过建立在信任与规范基础上的社会关系网络获取及交换资源的能力。而李乾文等（2012）将高管团队社会网络定义为，高管团队与企业内部员工和外部拥有对企业潜在信息价值的利益相关者所构成的关系集合；研究发现，高管团队社会网络通过公司创业的价值增值中介作用可以转变为企业绩效。

综上，本书将高管社会网络界定为：公司高管与内部成员和外部存在利益关系或者潜在利益关系的相关者之间存在的直接或间接关系的集合。高管通过这一关系网络获取和交换自身需要的各种资源。例如，高管可以通过在政府部门、其他企业、行业协会、科研院所或高等院校等兼职或任职来搭建关系网络，并从中获取需要的资源，而高管人员一旦使用了这些资源，就形成了社会资本。

2.3.4 高管政治网络的界定

国外文献对于政治网络（political network）或者政治关系（political connection）的界定，主要可归纳为以下四种。

（1）以公司大股东及除公司独立董事之外的董事会成员是否与曾任或现任政府官员或者议员（对政府官员与议员不做明确区分）保持"密切联系"为界定标准（Boubakri et al., 2008）。其中，Faccio（2006）的定义最具代表性，他将政治关系界定为：企业至少有一个大股东（持有公司10%以上的投票权）或高管，如CEO、总裁、副总裁、主席和董事会秘书等曾是议员、部长、州长或与某位高官关系密切。

（2）以企业在政治竞选中是否对候选人提供捐赠（政治献金）为界定标准。Jayachandran（2006）、Knight（2007）、Claessens等（2008）、Cooper等（2010）、Goldman等（2009）等较多学者利用这一界定方法。

（3）以政府拥有公司的股权比例作为政治关系的界定标准（Adhikari et al., 2006）。

（4）以地理渊源为界定标准，当企业处于政治人物出生或所居住的城市的时候，认为该企业具有地缘（政治）关系（Faccio, 2007）。

目前，国内学者借鉴国外学者的做法并结合我国的实际情况对政治关系进行界定，但界定方式尚未统一，且对政治关系的称谓也不尽相同，主要包括政治行为（田志龙等，2003）、政治资源（胡旭阳，2006）、政治联系（罗党论和唐清泉，2009）、政治网络（巫景飞等，2008）、政治背景（陈任如和赖煜，2010）等。

本书对高管政治网络的界定为：公司的高管与拥有政治权力的个体之间形成的隐性关系网络。例如，公司的高管利用在政府部门或大型国有企业曾任、现任职经历或参政、议政（人大代表或政协委员等身份）等而搭建的关系网络。

2.3.5 高管社会网络的成因

从我国国情与现有文献来看，公司高管构建社会网络的原因主要包括以下五点。

1. 关系网根植于传统文化之中

人一出生就处于各种社会关系之中。其中，家人、父子等的血缘关系，是先赋性、天然的社会关系。在中国传统文化中，"个人"的观念常常被摒弃；在语文教科书中，典故和寓言大多教育人们好善乐施，鼓励人们为家庭奋斗。中国的家庭财产几乎是共有的，一般由家长直接支配，这种中国式的家庭观念在企业的经营中也时有体现。例如，在企业中，一般更容易信赖自己本家人，这是一种强关系。但是，企业不仅需要这种强关系，而且需要弱关系；因为弱关系带来的异质性信息对于企业自身发展发挥着重要作用。而弱关系是经由社会关系逐步扩散形成；这些关系网络的构建与维系仍然离不开中国传统的家庭观念。中国社会中"关系"文化根深蒂固，关系网络深深地根植于中国传统文化之中，不仅影响着人们的人际交往和社会生活，而且直接影响着中国的各种经济活动。边燕杰（1998）认为，"关系"是关系社会中利益相关者进行自我保护的一种机制。在经济转型时期的中国，政府干预市场的情况时有发生，而社会关系将会渗透到政府与市场、企业与市场乃至政府与企业之间，形成复杂的社会关系网络。企业往往会通过社会关系网络等非市场战略去获取稀缺资源，维系与促进自身发展和壮大。

2. 正式制度的不完善

正式制度包括国家中央和地方的法律、制度和契约等，非正式制度则是与法律等正式制度相对应的概念，包括各种规范和习俗等。正式制度与非正式制度之间相辅相成，正式制度发挥作用需要依靠非正式制度的辅助，非正式制度也必须在正式制度构建的制度环境中才能有效地发挥作用。例如，企业政治关系作为一种非正式制度，在正式制度不完善的环境下，可以弥补正式制度的不足，发挥更大的效用；Xin 和 Pearce（1996）以中国企业为样本研究发现，在转型经济中，政治关系可以弥补正式制度的缺失来保护和支持企业。目前，中国正处于经济转型时期，存在市场化进程不太均衡、法律制度政策不太健全、政府干预等问题，导致企业较难通过内部扩张或对外并购等常规方式维系企业的生存与发展；而通过构建社会关系网络可使企业获得更多的资源、优惠或投资机会；企业也可以通过社会关系网络来争取对自身有利的制度环境，从而获得某种竞争优势。

3. 产权性质差异

Faccio（2007）认为，国有企业的所有权性质导致政府在产业政策、行业规制、资源配置、政府订单等方面会给予国有企业更多的扶持和倾斜。在经济转型时期，民营企业的发展存在诸多不确定性，因此，与国有企业相比，民营企业可能更热衷于建立社会网络，投入更多的精力和财力来维系，期盼通过社会网络的构建获得更多的投融资机会，提高资本投资效率以增加企业价值。因此，产权性质的差异是企业寻求社会网络的内在动因之一。

4. 资源市场化程度低

对于任何组织而言，拥有充足的人才、资金、技术和物资等资源是至关重要的。樊纲等（2010）研究发现，我国改革开放虽然已经走过了40年，但由于制度环境、国家政策及地理位置等差异，我国各地区的市场化程度存在较大的差异；低效的非市场化会导致资源分配的严重不公平，迫使企业在发展过程中去寻求非市场战略来争取各种资源。目前，市场机制本身往往不完善或运行效率不高，政府仍掌握着许多资源配置的决定权、项目审批的许可权等，控制着许多投资机会、政府补贴等稀缺性资源，而这些都是企业所必需的资源。因此，企业倾向于与政府建立或者保持良好的关系，以便于获取这些资源。

5. 企业与产业因素

首先，企业、政府间的人事交换直接导致社会网络的产生。企业通过聘请前任政府官员、人大代表等进入企业董事会和高管团队，以实现商业与政府运作的交融。其次，企业高管的个人社会网络也有助于社会网络的建立；而企业战略目标在一定程度上影响着企业社会网络的形成；巫景飞等（2008）研究发现，实行创新战略的企业倾向于建立社会网络。此外，外生的产业因素，诸如行业壁垒、竞争压力、产能不足等，都倾向于使企业高管寻求社会网络的建立。

2.3.6 高管社会网络的相关理论

从经济学和管理学的角度来看，与高管社会网络相关的理论主要包括：高层梯队理论、弱关系力量理论、社会资源理论、结构洞理论、强关系力量假设、资源依赖理论和公共选择理论等，这些理论对高管构建社会关系网络有着不同的阐释。

1. 高层梯队理论

Hambrick 和 Mason（1984）提出高层梯队理论，他们认为组织的战略选择和绩效水平在很大程度上取决于公司高管的背景和特征。高管是决策的主要制定者，其所接受的教育形式和实际工作中的经验积累直接影响其管理风格与能力，而这些特征差异必然会对公司绩效产生不同的影响效应。例如，Tihanyi 等（2000）研究发现，高层管理团队平均受教育程度越高，对公司国际化多样性经营的影响程度越大；王瑛等（2003）研究显示，不同学历的高层管理团队成员，在不同任期内都会对公司战略选择及市场策略方面产生显著差异的影响。

根据高层梯队理论，高层管理团队的特征会影响公司绩效和战略选择。在转型经济中，公司往往面临了制度不完善所带来的环境干扰与资源约束。而作为高层管理团队特征之一的高管的工作经历，尤其是在政府、国有银行、国有公司及其他政府相关部门的相关工作经历，能使高管对转型经济中的公司环境有更透彻的认识，培养出妥善处理人际关系的能力；也便于从政府相关部门获取各种资源和优惠。如果高层管理团队存在这样的认知，便会引导公司构建社会关系网络，从而利用政府资源提高公司绩效。

2. 弱关系力量理论

格兰诺维特是社会关系网络理论的最主要创立者，其在 1973 年发表的《弱关系的力量》中提出的弱关系力量理论对社会网络的分析产生了重大影响。他首次提出了关系力量的概念，并将关系分为强、弱两种类型。格兰诺维特认为，强关系是在性别、年龄、受教育程度、职业身份、收入水平等具有相似的社会经济特征的个体之间发展起来的；而在具有不同的社会经济特征的个体之间发展起来的则是弱关系。因此，通过强关系获得的信息往往是雷同、重复、冗余的，相对有价值的信息也就较少；而弱关系主要是桥接不同的群体，可以获得异质性更高、重复性更小的信息；且弱关系由于分布范围较广，与强关系相比，在获得信息和其他资源方面更有优势。因此，格兰诺维特认为能够充当信息桥的必定是弱关系；当个人运用他们的个人网络找工作时，他们更经常通过弱关系而非强关系得到与之相配的工作。

3. 社会资源理论

社会学家林南在发展和修正格兰诺维特的弱关系力量理论时提出了社会资源理论。所谓社会资源是指那些嵌入个人社会网络中的社会资源（权力、财富和声望），并不为个人所直接占有，而是通过个人的直接或间接的社会关系来获取。林南提出了社会资源理论的三大假设：①地位强度假设，即人们的社会地位越高，获取社会资源的机会越多；②弱关系强度假设，即一个人的社会网络异质性越大，通过弱关系获取社会资源的概率越高；③社会资源效应假设，即人们的社会资源越丰富，工具性行动的结果越理想。林南认为，资源不但可以被个人占有，而且嵌入社会网络之中，通过关系网络可以获取；而弱关系在摄取社会资源时比强关系更有效，因此，弱关系更为重要。

4. 结构洞理论

Burt（1992）首次明确了结构洞的概念及其理论，拓展了格兰诺维特的弱关系力量理论，也进一步拓宽了社会资本的内涵。他认为，在竞争环境下的所有行为者之间存在联系薄弱甚至是联系中断的环节，使整个社会网络结构在整体上看就像一个个洞穴，将其称为结构洞。从普遍意义上讲，结构洞是社会关系网络间接联系中拥有互补的信息或资源的个体之间存在的空位。如果社会网络中的某个成员在网络结构洞上起着"桥"的作用，那么他就能获得经济利益：一是能够对结构洞周围的成员施加影响；二是如果结构洞周围网络成员的信息异质性高，那么他能获得低冗余性的信息，相当于获得了更多高异质性的信息资源。

5. 强关系力量假设

边燕杰（1998）提出的强关系力量假设对格兰诺维特的弱关系力量理论提出了挑战。边燕杰（1998）在分析中国的工作分配制度时，区分了在求职期间通过网络流动的是信息还是影响，以及求职者使用直接还是间接关系来获得信任与影响。他认为，在中国计划经济体制下，个人网络主要用于获得工作分配决策者的影响而不是用来收集就业信息，因为求职者即使得到了信息，但若没有关系强的决策人从侧面提供帮助，也有可能得不到理想的工作。边燕杰（1998）研究发现，求职者经常通过强关系而非弱关系寻找工作渠道；直接和间接关系都用来获取来自分配工作的实权人物的帮助；求职者和最终帮助者通过中介者建立了间接的关系，中介者与他们是密切的而非弱的关系；求职者使用间接关系比直接关系更可能得到较好的工作。因此，强关系而非弱关系可以充当着没有联系的个人之间的网络桥梁。

6. 资源依赖理论

资源依赖理论假设没有任何一个组织是自给自足的，任何组织都需要通过环境获取资源以维持生存；获取资源的需求产生了组织对外部环境的依赖。也就是说，因为环境的不确定性和缺乏足够的资源，作为一个开放系统的组织，为维持自身的生存和发展，保障自身的利益，必须从外部环境或其他组织那里寻求自己所需的资源。这些资源包括原材料、机器设备、资金及人力等有形资源，以及信息、政治等非市场资源。组织依赖于从控制资源的其他组织处获取资源，同时，组织也拥有主动性，可以通过参与政治、法律性活动来改变外部环境。

对于企业而言，拥有稀缺的、不可替代的资源是企业赢得竞争优势的关键。因为有限的资源不足以供所有人和组织消耗，那些能够获得较多资源的企业便拥有较大的主动性，并影响其他缺乏资源的组织。因此，企业会努力与控制关键资源的实体建立亲密关系以获取所需资源，减少和避免环境变化带来的冲击。例如，与政府相关部门或国有企业和银行等建立密切关系，因为政府部门常常控制着大量稀缺性资源及资源配置的决定权，公司需要这些资源，故而对政府产生了资源依赖性，即企业通过政治关联获取政府支持，以消除来自政府的不确定性，获取被政府控制的关键资源和更及时有效的信息，以节约公司收集信息的成本，提高其竞争力。

7. 公共选择理论

公共选择理论的创始人是美国著名经济学家布坎南，他将政治决策的分析同经济理论结合，将经济分析应用到社会政治法规的选择过程。公共选择理论以政治领域的"经济人"假设为理论根基，认为政治是一个经济学意义上的市场，政治和经济领域的基本行为单位都是独立的个人；政府机构是由一个个"经济人"组成的，政府及其公务人员除了追求公共利益目标之外，还具有自身的利益目标，包括内部工作人员的个人利益、以地方利益和政府部门利益为代表的小集团利益等。同时，公共选择理论运用个人主义的方法论来分析问题，认为个体是决策的基本单位，把个体视为集体行为的出发点，把个人的选择作为公共（或集体）选择的基础。正如布坎南所说，"人是自利的、理性的、追求效用最大化的人"，而政府只是在个人相互作用基础上的一种制度安排。所以，公共选择理论认为政治活动不过是利己心理作用下的个人或集团之间进行的一种交易过程。

在中国，随着经济体制的转型，国家权力被重新分配，地方政府的行政和经济权力得到扩大，事实上已成为区域经济的调控主体，直接或间接介入地方的经济活动中，并有了相当程度的经济剩余分享权和控制权。企业为自身利益考虑，可能会倾向于建立政治关系网络，以期得到更多的支持和保护。

2.4 国内外相关文献综述

根据本书的研究内容，主要从决策者非理性（投资者情绪和高管过度自信）

视角回顾和梳理高管政治关系、社会网络、内部控制与公司投资的相关研究文献，并进行了评述。

2.4.1 投资者情绪与公司投资的相关研究

心理学上通常将情绪分为积极情绪和消极情绪，并以此分类研究不同的情绪对公司决策的影响。行为金融学主要从两个视角研究投资者情绪：一是从微观层面探讨投资者情绪的形成及其如何引起资产错误定价；二是从宏观层面考察投资者情绪对股票收益、会计信息与公司投融资等产生的影响。关于投资者情绪与企业投资行为间的关系，凯恩斯认为，股票价格包含了非常重要的非理性因素，并导致企业权益融资成本和权益融资方式发生变化，进而影响公司的投资行为。

1. 投资者情绪对公司投资的影响机制研究

关于投资者情绪对公司投资行为的影响机制，主要包括两种观点：一种是股权融资渠道观或主动融资机制。该观点认为，投资者情绪是通过股票发行的市场择机行为来影响公司投资。具有长期视野、以最大化公司价值为目标的经理可以在股价偏高时发行新股，以此推动正净现值项目的实施，即偏高的股价可以降低融资约束，提高公司实际投资。二是迎合渠道假设或迎合机制，该观点认为，当投资质量信息不对称程度高时，短视的经理为了最大化股票短期价格，会主动迎合投资者的情绪或错觉配置资本，甚至投资于负净现值项目。基于迎合投资者情绪进行的投资虽然能在短期内推动公司股价上涨，但终将损害公司的长期价值。

在股权融资渠道观方面，Stein（1996）认为，投资者情绪影响公司股价，促使资本市场的融资条件发生变化，理性的高管会择机发行股票或回购股票，且不会影响投资项目的选择。但是，Stein（1996）的研究是基于不存在融资约束的假设。如果公司非常依赖外部权益融资，投资者情绪低落且公司股价又被严重低估，则高管会因外部融资成本过高、无法融通到资金而不得不放弃正净现值的投资项目。Baker等（2003）将公司按股权融资依赖程度进行分组研究发现，公司投资水平与股价之间呈正相关关系，且股权融资依赖程度越高，公司投资对股价波动就越敏感。Gilchrist等（2005）研究表明，在投资者情绪高涨时，企业发行新股能降低融资成本，从而扩大企业投资规模。Chang等（2007）利用澳大利亚资本市场的数据，证实了投资者情绪会通过股权融资渠道对公司投资行为产生影响。

在迎合渠道假设方面，Polk和Sapienza（2009）认为，由于信息不对称，潜在投资者只能通过观察公司投资行为来判断公司价值；当投资者对公司未来持过度乐观的态度时，如果拒绝投资于可盈利的项目，投资者会抛售企业股票，导致股票价格下降；另外，如果公司资产越难以估价，投资者情绪的持续时间就会越长，对公司投资行为造成的影响也就越大。因此，高管可能增加（减少）投资以主动迎合投资者高涨（低落）的情绪。

国内关于投资者情绪导致的股票误定价对公司投资行为影响机理的研究取得了一定的成果。刘红忠和张昉（2004）利用股票的交易量和收益率之比来度量流动性作为投资者情绪的代理变量，发现我国上市公司的实际投资支出与公司的成长前景及净财富水平都显著正相关，而与投资者情绪显著负相关；李捷瑜和王美今（2006）发现，投机泡沫和实际投资是否显著相关取决于公司股东的价值取向，在流通股比例大的样本中，公司迎合了投机性股东的需求，投机泡沫对真实投资具有显著的影响；刘端和陈收（2006）借鉴 Baker 等（2003）的方法，分别验证了中国股票市场存在主动融资机制和迎合机制。张戈和王美今（2007）研究发现，在中国股票市场反转时期迎合机制起着主导作用；同时指出中国股票市场仍然存在主动融资机制，高流通市值公司尤为突出；但现行投融资行政审批制度的政策约束会造成股票定价偏高、低成本发行新股融资、实际投资上升的传导时滞。潘敏和朱迪星（2011）构建了同时包含股权融资渠道模型与迎合渠道模型的经理人最优投资决策模型，实证检验发现，相对于市场下行周期，上行周期投资者的一系列认知偏差使投资者情绪波动通过股权融资渠道模型与迎合渠道模型对公司投资的影响更为显著。朱朝晖等（2012）研究发现，面对非理性投资者时，高管同时存在迎合和保守主义，且受到融资约束影响。迎合渠道是投资者情绪影响企业投资水平的主要渠道，高融资约束的公司对投资者情绪效应更敏感；只有在低融资约束下，部分公司才会在投资决策中持保守态度。

学者从高管股权激励视角考察了公司投资的迎合效应。例如，张庆和朱迪星（2014）实证分析了高管持股水平对企业迎合投资行为的影响，证实了高管持股水平会抑制企业的迎合倾向，且市场高估企业价值时高管持较高限制性股份的比例能降低企业的投资迎合程度；当市场低估企业价值时，高管提高持股比例可抑制企业的投资迎合。而靳光辉（2015）的研究结果显示，高管持股比例与股权激励计划中是否授予股票期权，并不显著影响迎合作用的发挥；而持股激励强度越大，高管迎合投资者情绪进行投资越显著，该效应尤见于高成长性公司。

学者还研究了公司研发投资对投资者情绪的迎合程度。例如，任碧云和任毅（2017）研究发现，投资者情绪与企业投资水平呈正相关，高涨的投资者情绪会促使企业投资增加，低落的投资者情绪会促使企业投资减少；在中国资本市场股权融资渠道理论和迎合理论同时适用，且迎合渠道发挥的作用更大；与固定资产投资相比，投资者情绪对企业研发投资的影响程度更大。翟淑萍等（2017）研究表明，投资者情绪对企业研发投资的影响支持了迎合假说，资本市场业绩预期压力能够抑制企业研发投资对投资者情绪的迎合程度；而这种效应只存在于公司规模小、盈利能力低及管理层持股比例高的公司，这说明公司规模、盈利能力和管理层持股比例是管理层迎合投资者情绪和维护资本市场形象动机的重要影响因素。

2. 投资者情绪对公司投资影响的经验证据

投资者情绪对公司投资的影响包含两个方面：一是投资者情绪可能扭曲公司投资决策，从而导致资源配置无效率；二是投资者情绪也许能缓解公司的融资约束，从而使一些有效的投资项目得以付诸实施。学者的实证研究支持两者间的关联性。Mitchell 和 Stafford（2000）研究发现，未来实现的股票收益越高，意味着现在股价被低估的程度越严重，说明现在的投资者非常悲观。Baker 等（2003）采用未来三年实现的股票收益作为投资者情绪的代理变量，研究发现，未来股票收益越高，即现在股价被相对低估，则投资者情绪越悲观，公司投资水平就越低。Sloan（1996）的研究表明，操控性应计额相对较高（低）的公司，未来将获得相对较低（高）的非正常收益，即意味着现在的股价相对被高（低）估；Polk 和 Sapienza（2009）借鉴 Sloan（1996）的研究，以操控性应计额作为错误定价的指标，研究发现公司投资对这类错误定价较敏感，股价被高估的企业倾向于进行更多的投资。Chang 等（2007）以操控性应计额和综合股票发行指数作为投资者情绪的替代指标，证实了投资者情绪对公司投资行为产生影响。Daniel 等（2002）研究发现，只有价值被高估的公司资本支出与投资者情绪正相关。Grundy 和 Li（2010）研究发现，投资者乐观情绪与公司投资水平显著正相关，而高管薪酬与公司投资水平间的关系不显著；在投资者情绪乐观情况下，高管持股与公司投资水平正相关；实证结果表明，高管的投资决策不只是迎合了投资者情绪，而且反映了他们自身在公司中的利益。Arif 和 Lee（2014）考察了公司总投资、未来股权回报和投资者情绪间的关系，研究发现，公司投资在投资者情绪乐观期间达到最高值，但随后会出现较低的股票回报率。但是，Li（2003）根据 Baker 和 Stein（2004）的研究，用市场流动性指标来度量投资者情绪，实证研究发现公司的投资水平与投资者情绪显著负相关。

在国内，刘红忠和张昉（2004）研究发现，我国上市公司的投资水平与投资者情绪显著负相关；刘端和陈收（2006）发现我国上市公司投资对市场估价的敏感性与高管短视程度有关，高管短视程度越大，则投资受市场估价影响越大；公司长期投资决策对以非均衡估价表示的市场错误定价更为敏感，而短期投资及其他非长期投资决策对市值账面价值比更敏感。

学者还从盈余管理、公司特征、信贷融资等角度考察投资者情绪对公司投资的影响。例如，谭跃和夏芳（2011）分别考察了平静与动荡时期盈余管理、投资者情绪对公司投资决策的不同影响，研究发现，平静时期盈余管理与投资者情绪造成的错误定价趋势可能趋同，而动荡时期趋势可能相异；平静时期高管通过盈余管理引导投资者情绪令股价走势利于投资决策，而动荡时期投资者情绪直接对公司投资决策起主导作用，高管通过盈余管理引导投资者情绪以影响投资决策的作用很小；在不同时期，由于融资约束与换手率水平的异质性，盈余管理与投资者情绪对投资决策的作用有所差别。葛永波等（2016）研究发现，投资者情绪与公司投资水平之间呈正相关，且对不同特征企业的投资行为影响不同；现金持有量越多的公司，其投资行为越容易受到投资者情绪的影响。黄宏斌和刘志远（2014）实证检验了信贷融资中介效应传导路径，发现投资者情绪可通过改变企业信贷融资规模进而影响企业后续的投资规模。

学者还研究了投资者情绪对公司投资效率的影响。例如，Zhu 等（2016）研究发现，投资者情绪与公司过度投资正相关，而与投资不足负相关；在股权高度集中的公司，控股股东不仅有能力和动机从少数股东处获取利益，而且能缓和投资者情绪对企业投资效率的影响。花贵如等（2010）研究发现，投资者情绪与企业过度投资显著正相关，与投资不足显著负相关；同时，投资者情绪对企业绩效的影响经历了"正向—负向—逐渐消退"的过程，投资者情绪对公司资源配置的影响是恶化效应与校正效应并存，总效应导致资源配置效率降低。而刘志远和靳光辉（2013）构建恶化效应与校正效应模型以考察投资者情绪对投资非效率的影响，实证结果表明，投资者情绪对投资非效率的影响受到股东持股比例及两权分离程度的调节作用；投资者情绪对过度投资的恶化作用在股东持股比例较分散、两权不分离的公司表现显著；而对投资不足的校正作用只在股东持股比例较高及中等程度两权分离的公司表现显著。

崔晓蕾等（2014）分别考察了不同程度自由现金流量和融资约束下投资者情绪对过度投资的影响差异，实证结果表明，投资者情绪对过度投资具有显著正效应，且过度投资行为受投资者情绪影响程度同自由现金流充实度呈正相关，与融资约束程度则呈负相关。而张前程和杨德才（2015）则从货币政策角度考察了投资者情绪对企业投资行为、投资效率的影响，结果显示投资者情绪对企业投资规模具有正向影响，且对民营企业的影响大于对国有企业的影响；提高货币政策宽松度能强化上述影响，强化作用体现在国有企业而非民营企业。投资者情绪对过度投资具有正向影响，对投资不足具有抑制作用，且对民营企业的影响大于对国有企业的影响；提高货币政策宽松度能强化投资者情绪对过度投资与投资不足的影响，强化作用仅限于国有企业。

2.4.2 高管过度自信与公司投资的相关研究

Roll（1986）最早提出了高管非理性问题，他针对并购时目标公司出现的溢价问题进行研究，首次提出了傲慢（hubris）假说，研究了高管过度自信对公司并购行为的影响。他指出，并购活动并不会为企业带来收益，仅是并购者高估了并购收益，对并购的协同效应过于自信，忽视了收购中的赢家诅咒，从而可能出现出价过高的现象。Graham等（2013）研究发现，CEO比普通人更乐观，更能规避风险；CEO的风险规避、时间偏好和乐观等心理特质对公司财务政策产生影响。基于高管更倾向于过度自信的研究文献及Roll（1986）的傲慢假说，学者相继研究与检验了高管过度自信对公司的投资、并购、融资、股利等财务决策的影响。应该说，高管非理性（过度自信）行为的存在，动摇了传统公司财务理论关于"理性经济人"假设的基石；从高管过度自信视角研究公司的投资和融资行为，不仅对经典资本结构理论提出了挑战，而且从一个新的视角阐释了公司的财务行为。

1. 高管过度自信与公司并购

Roll（1986）最早提出了傲慢假说，指出并购活动并不会为整个经济带来总体收益，仅是并购者对并购的协同效应过于自信，从而可能出现出价过高的现象。Malmendier和Tate（2008）研究发现，过度自信高管比理性的高管更可能从事多元化并购，且不可能创造价值；同时市场对过度自信高管所做出的并购宣告是负面反应。Doukas和Petmezas（2007）证实了高管过度自信程度随并购次数的增加而增加，从而使并购业绩逐次下降。Aktas等（2006）发现在并购期间并购公司的累积超常收益率（cumulative abnormal return，CAR）呈下降趋势，但过度自信CEO的公司CAR呈正趋势，而理性CEO的公司的CAR则呈负趋势，证明了高管学习假说的重要性。

吴超鹏等（2008）研究认为，高管过度自信将导致连续并购绩效逐次下降；当过度自信高管具有学习能力时，连续并购绩效的变化方面取决于过度自信效应与学习效应何者占优。姜付秀等（2009）发现，过度自信高管比理性高管从事更为激进的内外扩张方式，加大了企业陷入财务困境的可能性。宋淑琴和代淑江（2015）研究表明，高管过度自信能够显著降低并购后公司的财务绩效和市场绩效；在不同的并购类型中高管过度自信对并购绩效的影响存在差异，即相关并购中高管过度自信能够显著提高并购绩效，而非相关并购中高管过度自信则显著降低并购绩效。邓路等（2016）研究发现，过度自信的高管倾向于进行海外收购，且在收购时更偏好现金支付和负债融资，但海外收购给企业带来负的财富效应。陈建勋等（2017）利用扎根研究和案例分析方法，重新审视了过度自信的维度结构及其诱发机制和作用机制。研究结果表明，过度自信是蕴含理性成分（理性责任、洞察本质和实践理性）和非理性成分（过度乐观、固执己见和自我辩护）等六维混合结构，理性和非理性成分之间相互交织和动态变化，使过度自信呈现出一种复杂性特征；CEO在并购前期通过刻意理性行为，容易取得各界的信任和支持，降低了对其监督和约束的动力，也使过度自信的CEO更容易发起风险更大的跨国并购；如果组织内部具有较为完善的制衡体系，则能遏制CEO过度自信所带来的波动与震荡，使过度自信发挥积极效应；而如果组织缺乏制衡系统，则整个组织有可能被过度自信CEO的强势影响力所"绑架"，组织上会出现多个层面上的系统性偏差，从而带来消极效应。

2. 高管过度自信与内部投资行为

在公司内部投资决策方面，Heaton（2002）构建的模型显示，在不考虑信息不对称或委托代理冲突时，利用高管乐观假设可使关于自由现金流的过度投资与投资不足问题得以权衡，该假设也得到实证研究的支持。例如，Malmendier和Tate（2005a）实证研究发现，随着CEO过度自信程度的增强，公司的投资-现金流敏感程度升高；在具有股权依赖性的公司中，CEO过度自信对投资-现金流敏感性的影响更为显著。Glaser等（2007）、Lin等（2005）分别以德国、中国台湾上市公司为样本进行的研究结论支持了Heaton（2002）的模型；Ben等（2007）研究发现，过度自信的CFO低估公司现金流的波动，使用较低的贴现率，导致更多的投资和并购。Huang等（2011）以中国上市公司为样本研究发现，高管过度自信会导致公司投资-现金流敏感性的增强，但这种现象仅在国有控股公司中出现。

Gervais等（2005）基于高管过度自信构建的资本预算模型显示，高管过度自信能增加公司价值；因为注重风险规避的高管有时会放弃能增加公司价值的风险项目，而过度自信高管高估自身降低风险的能力，结果做出的资本预算决策能更有利于股东利益，过度自信高管能使公司主动提供迎合高管的薪酬契约，从而增加了公司价值与高管的财富。同时，过度自信高管能通过减少委托代理关系中的道德风险问题而增加公司利益。Lambert等（2012）引入了投资决策前高管对被投资资产与投资价值的一个评估阶段，通过实证研究表明过度自信对投资决策会产生重大的影响。他们还考察了投资决策中专业知识的作用，发现银行家的专业知识对其过度自信程度没有表现出明显影响。但面对投资和价值评估时，银行家的专业知识对其过度自信的影响会对他们的决策和判断产生显著影响。Chen和Lin（2012）考察了高管乐观程度对投资效率的影响，发现在研究样本中，大多数CEO是乐观的；当公司拥有更乐观的CEO时会进行更多的投资；当公司处于投资不足时，乐观的高管会通过缓解投资不足来改进其投资效率，以增加公司价值；研究还表明，在公司融资约束的情况下，乐观的高管也会倾向于增加公司投资。Shinsuke（2014）考察了内部资金对乐观和过度自信高管投资决策的影响。研究表明，乐观和过度自信高管的投资决策取决于内部资金水平与外部权益融资；当内部资金增加时会促使高管加大投资，外部权益融资会导致高管延迟投资；而理想的内部资金水平会促使高管最大化公司的市场价值。Yu（2014）研究表明，CEO的过度自信和过度投资可被解释为一个均衡的结果。产品市场竞争程度与 CEO 过度自信水平（和研发投资）呈倒"U"形关系，当产品市场趋向于完全竞争时，CEO 过度自信与过度投资将消失。

在国内，郝颖等（2005）研究发现，高管人员过度自信与投资现金流敏感度正相关，且该敏感度随股权融资数量的减少而上升，但其与融资约束大小无关，这与 Malmendier 和 Tate（2005a）的结论不同。王霞等（2008）研究发现，过度自信的高管倾向于过度投资，但过度自信的高管的投资对经营活动产生的自由现金流不敏感，而对融资活动产生的现金流敏感性更高。李云鹤和李湛（2011）研究表明，自由现金流代理假说与高管过度自信假说均可对公司投资-现金流敏感性问题做出解释。

学者开始从公司治理、公司特征、会计稳健性等方面研究高管过度自信与公司投资之间关系的调节效应。例如，马润平等（2012）研究表明，高管过度自信与公司过度投资之间显著正相关，而现有的公司治理机制并不能对这种非效率行为进行有效约束。但是，章细贞和张欣（2014）实证结果表明，高管过度自信促进了企业过度投资，而良好的公司治理能够抑制高管过度自信导致的过度投资行为。李婉丽等（2014）研究也发现，企业现金流充裕会促进过度自信高管的过度投资，较高的公司治理水平会减弱过度自信高管的过度投资倾向，同时也会削弱自由现金流对于过度自信与过度投资间关系的正向调节作用。陈夙和吴俊杰（2014）研究发现，高管过度自信会显著增加公司投融资风险，而良好的董事会结构却能降低公司投融资风险，尤其是董事会的独立性对高管过度自信影响企业投融资风险存在负向调节作用。胡国柳和周遂（2013）研究表明，与民营企业相比，国有企业中高管过度自信对过度投资的影响更为显著，而会计稳健性能够制约高管非理性行为，但国有企业的会计稳健性抑制效应显著弱于民营企业。田祥宇和阎逸夫（2017）研究发现，高管过度自信与非效率投资总额及过度投资显著正相关，与投资不足的关系不显著；而会计稳健性降低了公司的非效率投资，在高管过度自信程度高的样本组中，会计稳健性对高管过度自信引起的非效率投资的负向调节作用更显著。

侯巧铭等（2017）则从企业生命周期视角研究高管行为对企业非效率投资的影响，结果发现，随着企业生命周期的发展，高管代理行为逐渐加强，高管过度自信水平却逐渐减弱；高管代理行为和过度自信共同导致企业非效率投资。但在企业生命周期的不同阶段，高管代理行为和过度自信对企业非效率投资的影响存在差异，具体表现为：成长期阶段的企业非效率投资主要受高管过度自信的显著影响；在成熟期阶段，高管代理行为和过度自信均显著影响企业非效率投资；而衰退期阶段的企业非效率投资则主要受高管代理行为的显著影响。

3. 高管过度自信与技术创新投资

Galasso 和 Simcoe（2011）利用模型预测，过度自信的 CEO 会低估失败的可能性，更倾向于追求创新；实证结果表明，CEO 过度自信与技术创新之间显著正相关，这种效应在竞争激烈的行业中更为显著。Hirshleifer 等（2012）研究发现，CEO 过度自信的公司会有更大的收益波动，更多地投资于创新项目，获得更多的专利，取得更大的创新成功；然而，过度自信 CEO 只能在创新行业中取得更大的创新。

在国内，余明桂等（2013）研究发现，高管过度自信与企业风险承担水平显著正相关，而更高的风险承担水平有利于提高企业的资本配置效率和企业价值；该结论表明高管过度自信在企业投资决策中的作用并不完全是消极的。王山慧等（2013）研究发现，高管过度自信对企业技术创新投入具有显著的正向影响；但是，高管过度自信对技术创新投入的影响仅存在于高科技企业和国有企业中，而在非高科技企业和非国有企业中影响并不显著。林慧婷和王茂林（2014）研究表明，过度自信的高管更具冒险精神，提高企业创新投入，能够减少不确定性风险对研发投资的负向影响；在环境不确定性下，高管过度自信能够增强研发对企业价值的提升作用。这表明过度自信高管有助于企业加大对风险性创新项目的投入，抓住更多创新成长机会。易靖韬等（2015）研究表明，高管过度自信加大了企业创新项目的投入和产出，促进了企业创新绩效的提升；而这一促进作用受到企业异质性的影响，即高管过度自信对创新绩效的促进作用会因企业规模与负债的不同而存在显著差异；与非高新技术企业相比，高管过度自信与创新绩效的正相关关系在高新技术企业中更为显著。于长宏和原毅军（2015）建立了博弈模型，研究结果表明，科研人员对"自由探索"的热爱程度决定了 CEO 过度自信与企业创新投入之间的关系；只有当科研人员足够重视"自由探索"时，过度自信的 CEO 才会促使企业更加积极地进行技术创新。王铁男和王宇（2017）研究发现，CEO 过度自信对信息技术投资和公司绩效之间的关系具有显著的正向调节效应；研发投入在 CEO 过度自信对信息技术投资和公司绩效之间关系的正向调节效应中起中介作用；这表明过度自信的 CEO 是一种重要的信息技术投资补充性资源，其通过影响公司研发投入强度，使信息技术投资的潜力和其对公司绩效的影响得以更充分地发挥。郝盼盼和张信东（2017）研究认为，与固定资产投资相比，CEO 过度自信对研发投资扭曲的影响更显著；对于易受融资约束的中小企业，CEO 过度自信会造成其投资不足；而对于不易受融资约束的企业，CEO 过度自信并不会造成其过度投资。因此，CEO 过度自信对企业创新投入的促进作用只在企业不受融资约束时才成立。

2.4.3 政治关系与公司投资的相关研究

政治关系既可表现为政府影响公司决策即政治干预，也可表现为公司通过建立政治关系影响政府的决策过程以获取竞争优势。因此，政治关系可能同时扮演着"扶持之手"（helping hand）和"掠夺之手"（grabbing hand）的角色，福利经济学的"扶持之手"理论认为国家是善意的，政府干预是对市场资源配置能力不足的必要补充，其目的是使社会福利最大化。而公共选择理论将政治行为视为一种公共权力和利益的市场化交易过程，政治关系将扮演"掠夺之手"的角色。例如，Hay 和 Shleifer（1998）认为，政治家将资源配置给自己的政治支持者，打击政敌，以牺牲公共福利为代价；Bertrand 等（2006）研究发现，在选举年份，公司会雇用更多的员工，增加更多的工作岗位，以帮助现任官员在选择中再次获胜；Choi 和 Thum（2003）研究表明，政治家为某些公司提供经济利益，相应地，这些公司为巩固政体而进行一些投资。

目前与本书研究相关的文献主要包括政治关系的好处、政治关系与公司投资的研究现状等方面。

1. 政治关系的好处

在我国，政府广泛控制了稀缺性资源（如土地）并且拥有配置权，张建君和张志学（2005）提出政治关系使企业可以更容易获得稀缺性资源和融资便利、商业机会、税收优惠等好处。国内外学者关于政治关系给企业带来的好处的研究主要体现于以下几个方面。

（1）税收优惠。政治关系可以使公司通过获得较低税率或者减免税率等途径，降低企业的实际税率。Fisman（2001）研究发现，具有政治关系的企业能够免除多种税收，有效地降低企业的经营成本，提高企业绩效。Adhikari 等（2006）研究马来西亚的一组企业时发现，具有政治关系的企业实际税率比无政治关系的企业实际税率要低，从而政治关系与企业的实际税率负相关。

（2）融资便利。政治关系能够带给企业便利的融资环境，缓解企业融资困难，使企业获得更多银行贷款。Faccio（2007）认为，政治关系能够减少企业的融资约束，使企业更容易获得国有银行贷款。Bai 等（2006）研究表明，建立政治关系有利于中国的民营企业获得更多银行贷款。Faccio（2007）研究发现，政治关系的存在可以使企业在遇到经济困难时，更容易获得到政府的补助。Khwaja 和 Mian（2005）发现，具有政治关系的企业的贷款数量是没有政治关系的两倍，并且具有49%的高违约率。

罗党论和甄丽明（2008）指出，拥有政治关系的民营企业更容易取得银行贷款，受到的融资约束更少，且在金融发展落后、法治水平低的地区，这种效应就越显著。余明桂和潘红波（2008）发现，有政治关系的企业能够获得更多的银行贷款和更长的贷款期限。此外，吴文锋等（2008）研究表明，民营上市公司高管的地方政府背景与企业贷款融资便利性密切相关；胡旭阳（2006）发现，政治联系有助于民营企业从地方金融机构获得相应的信贷资源；唐建新等（2011）研究表明，在中国政治关系和银行关系可以给受到融资约束的民营企业带来银行贷款方面的融资便利。毛新述和周小伟（2015）研究表明，董事长或总经理的政治关联更有利于公司获取公开债务融资，该影响效应在民营企业中更为显著；而政治关联对私人债务融资影响不显著。这表明公司更倾向于通过政治关联获取公开债务融资，而不是银行借款等私人债务融资。

（3）可以作为企业产权保护的法律替代机制。La Porta 等（1997）认为，在大陆法系国家，法律制度对投资者保护程度较低，较高的股权集中度就是对投资者保护不足的一种反应。Butler 等（2008）认为政治关系可以部分替代正式法律制度，为民营企业发展提供产权保护，因此，民营企业家普遍热衷于与地方政府或官员搭建政治联系，以此作为一种替代性的产权保护机制。

在国内，余明桂和潘红波（2008）发现，民营企业中政治关系可以作为一种替代性的非正式机制，缓解落后的制度对民营企业发展的阻碍作用，帮助民营企业获得更多的信贷支持。章细贞（2011）研究发现政治关系有助于民营企业获得更多的长期债务，特别是在制度环境较差地区更为显著，表明政治关系是制度环境不完善条件下的一种替代机制。

（4）为企业带来更多的政府采购合同。具有政治关系的企业存在更多与政府签订采购合同的机会，会对政府资源的分配产生影响。Agrawal 和 Knoeber（2001）发现，如果公司中具有政府背景的董事越多，获得的政府采购就越多。Fisman（2001）认为公司与政府建立联系可以使企业获得更高的市场份额和订单。Goldman 等（2009）通过对美国政府采购合同的签订的研究发现，每次执政党改变时，支持该执政党的企业往往会获得更多的政府采购合同。

（5）降低行业壁垒，获得政府补贴。Roberts（1990）、Fisman（2001）、Faccio（2006）的研究表明，具有政治关系的公司股票价值会受到政治事件的影响，而政府救助便是影响的渠道；具有政治关系的企业在发生违规行为时，政府会对其放松监管，使其减少竞争压力。

陈冬华（2003）研究发现，与公司具有政治关系的地方政府影响越大，上市公司就越有可能获得更多的补贴收入；孙铮等（2005）发现在较强的政府干预下，具有政治关系的企业即使没有陷入困境也会得到政府更多的优惠补贴；余明桂等（2010）研究发现，有政治联系的民营企业能够获得更多的财政补贴，且在制度环境越差的地区，这种补贴获取效应越强；胡旭阳（2006）研究发现，企业家的政治资本对企业进入资本市场和获得金融业务经营许可证具有显著作用。而罗党论和刘晓龙（2009）发现，民营企业与政府的政治关系越强，进入高壁垒行业的可能性就越大；杜兴强等（2011）研究发现，民营上市公司关键高管的政治联系与进入管制行业的概率显著正相关，且关键高管的政府官员类政治联系越强，越可能进入管制行业。

（6）赢得声誉。孙铮等（2005）认为，政治关系是一种重要的声誉机制，表明企业具有相当的经济实力和规模，同时也说明企业得到社会和政府的认可。胡旭阳（2006）研究证实，民营企业家的政治身份可以向外界传递企业的良好品质，有利于企业获得额外的发展机会，促进民营企业的发展。

2. 政治关系与公司投资的研究现状

Faccio 等（2006）研究发现，当公司面临经济衰退时，具有政治关系的公司更容易获得政府救助，并得出政治关系对公司的资本投资具有正向影响的结论；Xu 等（2013）研究表明，家族企业倾向于投资不足而不是过度投资，其政治关系有助于缓解投资不足问题，且这种缓解效应在融资约束公司更为显著。Borghesi 等（2014）研究发现，CEO 的个人特征影响公司社会责任投资，如女性、年轻的 CEO 更有可能投资；CEO 进行社会责任投资可能是为了实现一个更广泛的战略，是为了树立好的形象或保持良好的政治关系，即政治关系影响公司社会责任投资，同时媒体的关注有助于促使公司进行社会责任投资。Chen 等（2010）研究表明，拥有政治关系的国有上市公司投资支出-投资机会敏感性更低，倾向于过度投资，但这种现象在私有上市公司中则相反；这说明国有上市公司的政治关系将扭曲投资行为，而私有公司的政治关系有助于减少过度投资而提高投资效率。

在国内，陈运森和朱松（2009）研究表明，政治关系会降低融资约束而提高投资效率，降低投资-现金流敏感度。张功富和宋献中（2009）发现政治关系与过度投资和投资不足均负相关，表明政治关系可以保护企业产权免受政府损害，减少非效率投资，改善资本投资效率；陈晓芸和吴超鹏（2013）研究发现，我国上市公司普遍存在过度投资行为，政治关系和社会资本不仅会缓解信息不对称导致的投资不足问题，而且抑制了现金流滥用引起的过度投资行为，即政治关系和社会资本改善了投资效率，提高了公司价值。李传宪（2015）研究表明，政治关联使扭转亏损上市公司的非效率投资增加，但通过债务重组方式扭转亏损会使非效率投资得到一定程度的抑制。徐业坤和李维安（2016）研究发现，地方政府政绩压力影响辖区内民营企业投资，政绩压力越大，则辖区内民营企业过度投资越严重；政治关联弱化了政绩压力对民营企业投资的推动作用，即地方政府面临较大的政绩压力时，政治关联民营企业过度投资程度相对较低。同时，地方性政治关联对政绩压力推动民营企业投资扩张的弱化作用更为显著。

但是，张兆国等（2011）研究发现，有政治关系的企业能以较低的成本获得更多的银行借款，更易导致无形资产和长期股权投资的投资过度，而对固定资产和研发投资的非效率投资未产生影响。蔡卫星等（2011）研究发现，具有政治关系的民营上市公司的投资支出更多。杜兴强等（2011）对国有上市公司进行的研究表明，政治关系显著增加了公司过度投资的概率。连军等（2011）发现，在市场化程度较低的地区，具有政治关系的民营企业资本投资在很大程度上受到政府"掠夺之手"的侵害，表现为较低的投资效率，不利于企业可持续发展；郭剑花和杜兴强（2011）的研究发现，在有政治联系的民营企业中，政治联系会改变政府补助的流向，降低政府补助资金的配置效率，影响民营企业的资本投资行为。李传宪（2015）研究发现，政治关联对获取亏损补贴收入及获取补贴程度具有显著影响，通过补贴方式扭转亏损会导致上市公司投资规模扩大，容易出现过度投资行为而降低投资效率；政治关联的存在会导致扭转亏损的公司投资不足。刘井建等（2017）研究表明，政治关联降低了短期债务对过度投资的抑制作用，但缓解了短期债务对投资不足的不利影响；政治关联类型存在效应差异，政府官员类政治关联的实权效应影响程度较高，而代表委员类政治关联主要谋取公平竞争机会，影响程度相对较弱。总体上，与投资不足相比，政治关联对过度投资的影响更高。

学者还研究了外部环境对政治关系与公司投资之间关系的影响。徐业坤等（2013）研究发现，有政治关联的企业投资水平受政治不确定性的影响更大，但在不确定性消除之后，其投资水平要高于非政治关联企业；且政治不确定性还会削弱有政治关联的企业的信贷资源优势而影响其投资支出，证实了地方官员的变更会影响有政治关联企业的资源获得及其投资行为。张祥建等（2015）研究国有企业混合所有制改革对企业投资效率的影响效应，发现单一因素（留存国有股控制或高管政治关联）带来的政策性负担效应和政治依附效应损害了企业投资效率；而双重因素（留存国有股控制和高管政治关联）带来的资源配置倾斜效应缓解了单一因素对企业投资效率的负面影响，但是，这种投资效率的优势是以牺牲社会总体资源配置效率为代价的。李强等（2016）研究发现，高管政治网络对企业环保投资具有显著的负向影响；相比于中央政治网络，高管地方政治网络对企业环保投资的负向影响更大；而环境规制会削弱高管政治网络对企业环保投资的负向影响，但市场竞争会起到强化作用。赵静和陈晓（2016）研究发现，国家采用的紧缩货币政策对民营企业的投资具有抑制作用，但是具有政治联系的企业较没政治联系的企业具有更高的投资率，特别是在政府干预较强的地区，货币政策调控作用受到一定的抑制。企业通过政治联系获得更多的资金用于投资，导致了银行信贷资源的错配，也使企业投资效率低。

学者还研究了政治关系对研发投资的影响。康华等（2013）研究表明，我国民营企业的政治关系有助于研发活动；政治关系对研发活动的影响存在地域差异，即市场指数较高的地区，政治关系与研发强度显著正相关；市场指数较低的地区，政治关系与研发强度无关，这说明政治关系与市场机制互为补充。陈爽英等（2017）研究发现，企业内部的已吸收冗余与企业研发投资呈倒"U"形关系，企业外部的政治关系强度对企业研发投资有正向促进作用，且企业政治关系强度进一步增强已吸收冗余与研发投资的倒"U"形关系。但是，李诗田和邱伟年（2015）研究发现，具有政治关联企业的研发支出水平更低；而企业所在省区市的制度环境越好，其研发支出水平越高。

2.4.4 社会网络及嵌入其中的社会资本的相关研究

Graen 和 Uhl-Bien（1995）认为，领导成员之间良好的关系可以带来相互的信任、尊重、义务和共同目标的内化。La Porta 等（1997）指出，社会资本是一个社会中人们的合作倾向，即在社会资本较高的社会中，人们倾向于通过合作与信任来获得社会效率的最大化，而不是互相算计与猜疑导致"囚徒困境式"无效率的结果。目前与本书研究相关的文献主要包括社会网络及嵌入其中的社会资本的影响效应，以及对公司投资的影响等方面。

1. 社会网络及社会资本的积极效应

目前学者的研究认为，社会网络及嵌入其中的社会资本有利于企业获取关键信息与资源，提升企业抗风险能力、创新能力和企业绩效，促进企业发展等。

例如，Cooke 和 Wills（1999）认为，成员之间资源与信息的交流可扩大公司信息获取的范围，加快公司内部知识体系的翻新速度，推动企业创新活动的开展。Peng（2004）研究发现，社会资本能够帮助企业快速获取所需资源，降低获取资源和搜寻信息所需的成本。Inkpen 和 Tsang（2005）认为，在市场经济机制不够发达时，资源和信息的获取不完全遵循市场规则，而社会资本能够帮助企业从外部获取关键资源。周小虎（2002）认为，高管社会资本是在社会价值规范下所拥有的社会关系网络的价值，具有较多社会资本的高管更有能力获取企业发展所需的稀缺关键资源，有利于提高企业经营绩效。

张敏等（2015）研究表明，社会网络有助于提高企业的风险承担能力；与总经理的社会网络相比，董事长构建的社会网络促进了负债融资和研发投入的增加，更能提升企业的抗风险能力。王霄和胡军（2005）认为，企业社会资本由认知性和结构性社会资本构成，企业所拥有的社会资本对创新具有重要的作用。马富萍和李燕萍（2011）以资源型企业为样本进行研究发现，高管的社会资本对企业信息资源、资金资源和知识资源的获取具有促进作用，从而对企业的技术创新和绩效产生正面影响。

Chung 等（2000）研究发现，企业社会资本能够帮助企业进行关键信息的搜索和探寻，降低交易成本，从而进行有战略性的社会活动，进而提高企业的经济绩效。Cooke 和 Clifton（2002）研究发现，充分利用社会资本的企业获得了更高的绩效。Baron 和 Tang（2009）通过问卷调查研究发现，企业家的社会感知能力、自我激励能力和表达能力与新创企业的绩效显著正相关。Shaw 等（2016）研究发现，董事特别是独立董事的社会资本和行业层面的专业知识提高了公司业绩，这表明董事会可以通过他们的连锁网络提供有益的资源。边燕杰和丘海雄（2000）把社会资本划分为纵向联系、横向联系和获取稀缺资源的能力，研究发现，社会资本对企业的经营能力和经济效益均有显著的提升作用。贺远琼等（2007）通过对我国广东、广西、湖北、河南和江西等地企业的深度访谈和问卷调查，发现高管的社会资本由非市场环境与市场环境中的社会资本构成，且高管的社会资本能够显著提高企业的经济绩效。詹宇波和刘畅（2011）将高管社会资本分为政治网络、经营网络和学校网络，研究发现，高管的社会资本与企业经营绩效显著正相关，但此关系会随着市场化的不断完善而逐渐减弱；同时，政治网络对绩效的作用高于经营网络和学校网络。林亚清和赵曙明（2013）通过问卷调查发现，高管社会网络的人力资源实践会促进企业业绩的提升，并能通过迅速调整战略与灵活配置资源来获取竞争优势。

Li 等（2014）研究发现，高管与其他企业或政府之间的联系可帮助所属企业获取发展机遇。Javakhadze 等（2016a）研究发现，高管所拥有的社会资本越多，越有利于公司的金融发展，且社会资本中的非正式关系会起到关键作用。巫景飞等（2008）基于社会资本的视角研究发现，企业高管拥有的政治网络积极促进了企业业务和地域多元化战略，高管政治网络可以帮助企业提前掌握政策动态，通过政治网络中的人际信任为企业带来发展所需的各种重要资源。

2. 社会网络及社会资本的消极效应

Portes（1998）认为，社会资本可以提高社会诚信水平，其渠道有两个：一是社会道德对人们不守信行为的内在约束；二是社会舆论对人们不守信行为的外部惩罚。但是社会资本也会带来负面效应，对此，Portes 和 Landolt（1996）、Portes（1998）将其归纳为四个方面：①社会资本在为成员提供有价值资源时，可能会使用成员资格排斥外来者，甚至合谋危害公众利益；②当后来者依赖先入者的社会资本获取资助时，先入者会因免费搭乘承受社会负担，自身也丧失了成功与积累的机会；③企业的内部高管在追求团队合作效率时会对个体施加控制，可能会抑制员工个性的自由发挥；④企业团队合作的基础是团队成员同舟共济，而内部规范的排斥和抑制试图摆脱这类困境的行为，会使成员形成低端锁定。

Uzzi（1996）认为，企业家社会关系网络影响企业家决策进而造成企业经济业绩变动的原因主要包括：社会关系网络为成员提供潜在机会；能提供公共信任、信息和联合问题解决的方案；存在限制成员与网络外部交易机会的可能性。通过实证研究表明，随着嵌入程度的不断增加，社会关系网络对组织业绩产生先正后负的影响。Uzzi（1997）研究认为，社会资本的过度嵌入会引起惰性和狭隘观念的产生。

Burt（1997）认为，虽然公司与外部的联系能够给企业带来多元化信息与资源，但无法保证这一资源一定会用于企业的发展。Guthrie（1997）对企业社会资本和竞争优势进行分析，结果表明，企业社会资本对竞争优势的积极作用会随着市场化进程的完善而减弱。Child 和 Tse（2001）认为，随着社会市场化进程的不断推进，关系网络对于竞争优势的好处不断减少，并且关系难以分享和保持。Park 和 Luo（2001）发现，企业家的社会资本与企业市场绩效呈正相关关系，但是对财务绩效不一定具有积极意义，因为维持这些社会关系所花费的成本费用抵消了净利润的增长。

周小虎和陈传明（2005）认为，企业获得社会资本是需要付出代价的，作为一种投资，在维护社会资本以获取资源的同时，可能会由成本过高导致社会负债。孙俊华和陈传明（2009）研究表明，企业家从政府关系中获得的社会资本对公司绩效呈现负向影响。李永强等（2012）采用提名法收集企业家社会关系网络数据，研究发现，企业家社会资本对企业创新绩效的负面影响主要体现在束缚创新思想的产生、维系强连带的投入过大和限制创新决策等方面。祁继鹏和何晓明（2015）研究发现，高管校友网络的社会资本、政协委员或人大代表网络的社会资本不利于企业并购后的绩效。

3. 社会网络及社会资本与公司投资的研究

Guiso 等（2008）认为，在社会资本信任度较高的地区，企业更容易通过股市和债券等融资市场获得资金支持，因而投资表现出稳定的增长趋势。Javakhadze 等（2016b）考察了高管社会资本对投资-现金流和 Q 的敏感性，结果显示，社会资本减少了公司对内源资金的依赖，降低了融资约束；社会资本与投资-Q 的敏感性正相关；社会资本对外部融资-Q 的敏感性具有正向影响，而对外部融资-现金流的敏感性产生反向影响。这表明社会资本导致更大的透明度、更严格的合同执行和更有效的管理决策,从而减少融资约束的影响。

潘越等(2009)研究发现,社会资本显著而广泛地影响着我国上市公司的投资决策。在社会资本水平较高的省区市,当地上市公司更倾向于对外投资,也更愿意与其他企业组成共同控制的合营企业,而且其多元化投资的意愿更强。同时,社会资本与政治关系在公司投资决策中起着相互替代的作用,即在公司没有政治关系可利用的情况下,社会资本会显著影响公司的各种投资决策;但当公司存在可以利用的政治关系时,具有政治背景的公司的投资决策对社会资本水平的依赖程度就会大大降低。乔坤等(2013)研究结果表明,企业高层管理团队的社会资本存量及强度显著影响企业的经营绩效和投资绩效,但对筹资绩效未产生影响。

学者研究了社会网络及其社会资本对公司投资效率的影响。例如,赵瑞(2013)研究发现,企业社会资本对公司的投资机会具有显著的提升作用,并能提高投资效率。张洪辉(2014)研究发现,社会资本高的地区,公司过度投资水平更低,而政府干预程度高的地区,公司过度投资水平更高;与政府干预相比,社会资本对公司过度投资的影响力明显要弱;存在政府干预的情况下,社会资本对公司过度投资的制约作用明显减弱。黎珍和陈乾坤(2017)研究发现,国有公司社会资本的提高能够有效降低过度投资水平,而政治关系促进公司的过度投资;公司存在政治关系下,社会资本能抑制公司的过度投资行为。陈运森(2015)从公司财务视角研究在社会网络中结构洞位置的不同对企业经营效率和投资效率的促进作用。研究结果表明,企业的网络结构洞越丰富,企业的经营效率和投资效率越高,而结构洞位置与企业效率的促进关系更主要发生在竞争激烈的行业中;拥有丰富的网络结构洞的企业在未来的业绩要好于结构洞较少的企业。

学者还研究了社会资本对研发投资的影响。例如,陈爽英等(2012)的研究表明,民营企业家政治关系、行会关系均显著削弱了研发投资强度,但公司治理完备性加大了研发投资强度;在社会资本与公司治理交互作用中,政治关系明显削弱股权集中度对研发投资强度的影响。但是,张洪辉(2014)研究发现,社会资本作为一种非正式、非强制的制度可以规范个体的行为,促进公司的研发投资;随着法律保护水平的提高,公司研发投资水平也相应提升。而社会资本和法律保护之间存在着替代作用,当法律保护增强时,社会资本对公司研发投资的正面作用减弱。

有的学者从董事社会网络资本视角研究公司投资和投资效率问题。例如,许为宾和周建(2017a)研究发现,董事会资本影响企业投资效率的作用机制是监督与资源效应;董事会资本水平的提升有助于改善企业投资效率,这种影响的关键在于资源效应;同时,董事会资本有助于为高管提供更好的决策建议,提升企业的合法性和声誉,赢得资金供给方的信任等。许为宾和周建(2017b)的另一研究结果表明,政府治理对企业投资效率的影响,部分可以视作通过企业董事会资本的中介效应发挥作用,即董事会人力资本在政府治理水平和投资效率之间发挥中介作用,董事会社会资本则对政府治理水平与投资效率之间的关系产生了遮掩效应。余明桂和宁莎莎(2016)认为,将独立董事纳入社会网络能给企业带来更多的信息和资源,研究表明,独立董事网络规模与投资效率无显著相关性,但是,独立董事社会网络构成的任职背景和时间非冗余性、网络密度均有助于抑制非效率投资。陈运森和郑登津(2017)研究发现,如果两个公司之间存在董事连锁网络关系,公司间的投资水平和投资变化都更加趋同,而且该趋同效应随着董事连锁网络的强度增加而加强;公司的信息环境越差,对董事连锁网络关系这一非正式信息传递渠道的需求就越高,董事连锁网络关系对公司间投资趋同的作用越明显;这表明公司间的董事连锁网络成为政策制定信息的非正式获取渠道和重要信息桥梁。钟军委等(2017)基于网络位置属性和社会连带关系的调节效应,从董事连锁网络的董事个人资本和企业组织资本两个层面考察了其对企业投资效率的影响。实证结果表明,董事连锁网络作为一种非正式制度有利于企业利润获取和资源配置;社会资本的董事连锁网络能够有效减少企业的非效率投资。

2.4.5　内部控制与公司投资的相关研究

随着美国COSO[①]发布《内部控制——整合框架》(1992年)、《萨班斯—奥克斯利法案》(Sarbanes-Oxley Act,SOX)和《企业风险管理整合框架》(2004年),我国财政部等五部委也相继颁布了《企业内部控制基本规范》和企业内部控制配套指引[②],意味着企业必须建立健全的内部控制制度并有效实施。内部控制的研究成为学者关注的焦点之一,与本书研究有关的现有文献主要包括内部控制对会计信息质量、资本成本和投资决策等方面的影响。

Doyle等(2007)研究发现,内部控制缺陷将导致应计质量的下降,因为这些应计项最后更少地变为现金流;并认为内部控制缺陷与应计质量间的相关性是由整个公司层面的控制缺陷所决定的,且难以进行整体"审计"。Ashbaugh-Skaife等(2008)研究认为,相对于没有报告内部控制问题的公司,报告内部控制缺陷的公司有更低的应计质量;公司内部控制水平提高后,财务报告的可靠性和会计

---

① COSO(The Committee of Sponsoring Organizations of the Treadway Commission)由全美反舞弊性财务报告委员会发起组织。

② 企业内部控制配套指引是指财政部等五部委制定的《企业内部控制应用指引第1号——组织架构》等18项应用指引、《企业内部控制评价指引》和《企业内部控制审计指引》。

信息的相关性均提高。Biddle 等（2009）研究发现，高质量财务报告能改善契约和监督来减少道德风险与逆向选择，因此，拥有高质量财务报告能减少这些摩擦而提高公司投资效率。

Beneish 等（2008）研究发现，按 SOX 第 302 条披露、未经审计的内部控制报告与异常报酬率负相关，加大了权益资本成本，而按第 404 条披露的内部控制报告对股票价格或资本成本不产生影响。Piotroski 和 Srinivasan（2008）研究了 SOX 颁布前后的境外公司上市行为发现，大型境外公司对选择在美国交易所和伦敦交易所上市的偏好没有改变，但是小型公司有所下降，源于无法承担遵从 SOX 而增加的成本。

Cheng 等（2013）考察了在 SOX 下披露内部控制缺陷的公司投资行为，发现在内部控制缺陷披露之前，当这些公司面临融资约束（无约束）时投资不足（过度投资）；但是，在内部控制缺陷披露之后，这些公司的投资效率得到了显著提高。Jaehong 等（2016）研究发现，内部会计控制薄弱的公司倾向于过度投资和投资不足，内部会计控制薄弱与公司投资效率呈负相关。这表明，内部会计控制薄弱导致会计质量低下，而低会计质量加剧企业与外部资本提供者之间的信息不对称；同时对高管监督不力，无法抑制管理层的低效投资决策。

Sun（2016）根据 SOX 要求出具的财务报告内部控制有效性的审计意见来考察公司投资水平是否与内部控制缺陷的披露有关，研究结果表明，那些收到不利的内部控制审计意见的公司投资水平明显低于那些获得标准审计意见的公司，且在内部控制缺陷披露后公司的投资会减少，而在缺陷被弥补后公司的投资会增加；进一步研究发现，这些公司投资减少的部分是风险相对较高的项目（如收购、研发等）。这表明内部控制评价和披露对企业的经营决策具有重大影响。

在国内，于忠泊和田高良（2009）研究发现，内部控制评价报告的披露与审核对会计信息稳健性、可操控应计利润和资源配置效率的促进作用不显著，自我评价报告的自愿性披露与审核没有对投资决策产生影响。他们认为，自愿性披露与审核没有显著地提高内部控制的效率，源于内部控制自愿性披露的信息含量很低。而杨德明等（2009）研究内部控制与代理成本之间的关系，发现高质量的内部控制能够降低大股东与中小股东之间、经理人与股东之间的代理成本；但内部控制显著降低代理成本的现象，仅在低审计质量样本中成立。这说明内部控制与外部审计之间存在一定的替代效应。

李万福等（2010）研究发现，提高公司内部控制披露水平有助于降低企业内部控制治理方面的信息不对称程度，减轻因信息不对称而产生的过度投资问题；内部控制信息披露能减少企业因过度投资带来的负面影响，降低企业陷入财务危机的可能性。李万福等（2011）研究发现，更低的内部控制质量加剧了过度投资和投资不足现象的发生；相对于内部控制较好的公司而言，内部控制较差的公司更可能出现在偏离正常投资水平的无法解释的极端投资组；内部控制缺陷越多对非效率投资的影响越严重。这表明企业内部控制质量的提高既能缓解公司过度投资，也能抑制公司投资不足，从而提高公司投资效率。方红星和金玉娜（2013）按照非效率投资的形成机理将其划分为操作性非效率投资和意愿性非效率投资，研究得出，公司治理和内部控制均能够对公司的非效率投资产生抑制作用；但两者存在明显的分工效应，即公司治理能有效地抑制意愿性非效率投资，而内部控制则能够有效地弱化操作性非效率投资。

张超和刘星（2015）研究结果显示，上市公司在披露内部控制缺陷信息前一期存在过度投资行为，而披露后一期的过度投资倾向有所减弱；对于审计监督较弱、披露充分性较低的上市公司，内部控制缺陷信息披露对过度投资与投资不足均产生了显著影响。这表明，尽管我国上市公司内部控制缺陷信息的可靠性还较弱，但缺陷信息披露行为对特定企业提高投资效率具有显著影响。杨金和池国华（2016）研究结果表明，内部控制对投资不足具有显著的治理效应，即能有效缓解投资不足，但该治理效应只存在于低融资约束和倾向于债务融资约束的情况下；而在高融资约束和倾向于股权融资约束情况下，该治理效应却并不显著。徐朝辉和周宗放（2016）研究发现，过度投资行为会显著增加公司信用风险，但内部控制质量水平的提高能有效抑制过度投资导致的信用风险。

学者从产权、股权视角考察内部控制对投资效率的影响。孙慧和程柯（2013）研究发现，提高内部控制质量可以显著地改善国有上市公司的投资效率；相较于地方政府控制的上市公司，中央政府控制的上市公司改善效果更为显著。干胜道和胡明霞（2014）研究发现，内部控制有效性与过度投资负相关，但是国有上市公司内部控制对过度投资的抑制作用受制于管理层权力，在管理层权力集中的情况下，内部控制对过度投资的抑制作用并不显著。王治等（2015）研究发现，高质量内部控制能够减少企业现金流量过度投资与投资不足的非效率投资现象；而民营企业高质量内部控制抑制企业非效率投资行为的效果要好于国有企业，地方国有企业的高质量内部控制抑制企业非效率投资行为的效果要好于中央国有企业。周中胜等（2016）研究发现，内部控制质量越好，公司的投资支出与投资机会的敏感性越高，公司的资本投资效率越高；内部控制质量对公司的投资支出与投资机会的敏感性的影响在国有控股公司和要素市场发达的地区表现得更为显著。左拙人和胡文卿（2017）研究表明，良好的内部控制能够缓解上市公司内外部信息不对称，它在协助异质性股权更好地抑制过度投资的同时缓解投资不足，从而实现对上市公司投资有效性的提升和投资扭曲程度的降低。

学者还从企业生命周期、经济增加值（economic value added，EVA）考核和外部环境等方面对内部控制与投资效率的关系进行研究。例如，刘焱（2014）从企业生命周期的不同阶段考察内部控制质量对过度投资的影响。研究结果表明，在成熟期和衰退期，内部控制质量能够显著地抵制公司的过度投资；但在成长期公司内部控制对过度投资的治理效应不显著。池国华等（2016）检验了内部控制和 EVA 考核对非效率投资的综合治理效应，结果显示，内控规范和 EVA 考核的实施对于过度投资均具有显著的治理作用，并且两者能够相互协调产生综合治理效应；对于投资不足，内控规范的实施对其具有显著的缓解作用，但目前 EVA 考核的治理作用有限，且两者未能表现出对投资不足的综合治理效应。廖义刚和邓贤琨（2016）研究发现，环境不确定性与公司非效率投资显著正相关，高质量的内部控制有助于缓解环境不确定性给公司投资效率带来的负面影响；此缓解效应仅在无政治联系的公司中显著存在，政治联系本身有助于缓解环境不确定性与非效率投资之间的正相关关系，表明政治联系与高质量内部控制在一定程度上存在替代效应。

学者还研究了内部控制对创新投资的影响。钟凯等（2016）实证研究结果发现，内部控制信息强制披露之后，企业创新投资显著增加；高质量内部控制对于企业创新投资及其效率具有促进效应。这是因为高质量内部控制主要通过缓解融资约束的渠道，为企业创新投资获取更多的融资支持，从而发挥积极效应。

2.4.6 文献评析

Shefrin（2001）认为，与行为金融学相比，行为公司财务的研究文献还没有大量出现；但正如 Thaler（1999）指出，今后将会在公司财务领域看到更多的行为公司财务研究成果。上述研究文献表明，国内外学者将心理学、行为学的研究成果引入，在理论上放松了经典财务理论中关于"理性经济人"的假设，从决策主体非理性视角对公司投资决策、资本配置效率问题进行理论与实证研究已成为行为公司财务的一个重要研究课题。而中国作为转轨经济国家，企业与政府、其他企业、行业协会、高校科研院所间的关系网络也是我们必须重点关注的问题，近几年关于社会网络、政治关系的研究文献数量呈上升趋势也反映了这一现象。

1. 目前研究所取得的进展

从上述对国内外研究文献的回顾中可以看出，目前国内外研究取得的进展主要表现在以下几个方面。

（1）关于投资者情绪与公司投资的研究。学者对于投资者情绪的存在性和成因已经达成了共识。关于投资者情绪对公司投资的作用机制，国外学者提出了主动融资机制和迎合机制等两种，并得到了部分学者的支持；基于我国资本市场的具体情况，国内学者对投资者情绪影响公司投资的机理进行研究，也未得出一致性的结论。学者普遍认为，投资者情绪的高涨会提高公司投资水平，但是，也有学者的研究表明，公司投资水平与投资者情绪负相关（Li，2003；刘红忠和张昉，2004）。关于投资者情绪对公司投资效率的影响，学者的研究表明，投资者情绪与公司过度投资正相关，与投资不足负相关而产生非效率投资；而张前程和杨德才（2015）研究认为，投资者情绪能够抑制公司投资不足现象而提升投资效率。

（2）关于高管过度自信与公司投资的研究。学者普遍认为，过度自信的认知偏差在企业高管中大量存在。高管往往高估自身能力，高估项目回报，低估项目风险与成本，过分依赖自有信息和过往经验。研究表明，过度自信高管可能会进行更多的并购和投资、增加投资-现金流敏感性、加大技术创新投入等；但有的学者认为，高管过度自信对公司投资-现金流敏感性的影响，仅在国有控股公司中存在，或影响效应与融资约束大小无关，或对经营活动产生的自由现金流不敏感（Huang et al.，2011；郝颖等，2005；王霞等，2008），出现研究结论不一致现象。至于高管过度自信对公司资本配置效率的影响，学者普遍认为高管过度自信会导致过度投资和投资不足，降低投资效率；但也有学者研究表明，当公司处于投资不足时，乐观的高管会通过缓解投资不足来改进其投资效率，或过度自信高管拥有更高的风险承担水平，有利于提高公司的资本配置效率，增加公司价值（Chen and Lin，2012；余明桂等，2013）。

（3）对于政治关系，学者一致认为企业政治关系是一种普遍现象。政治关系同时扮演着"扶持之手"和"掠夺之手"的角色，企业拥有政治关系可以克服不完善法制对自身发展的阻碍，能为企业发展带来诸如融资便利、税率优惠、政府救助和降低行业壁垒等好处；但相应地，政治关系也为企业带来政府干预、代理成本、自身盲目过度自信等负面影响，损害企业价值。学者还对政治关系进行细分。例如，将政治关系按照不同客体分为政府官员类政治关系和代表委员类政治关系；按照不同层级划分为地方政治关系和中央政治关系；按照企业所有权性质不同划分为国有企业政治关系与民营企业政治关系，考察不同产权、不同层级、不同类型政治关系的影响效应的异质性。学者关于政治关系对公司投资影响的研究取得了丰硕的成果，他们普遍认为，企业拥有政治关系加大了公司的投资规模，引起过度投资，降低了公司资本配置效率；但是，也有学者认为，政治关系有利于缓解投资不足，提高公司投资效率；且政治关系对投资效率的影响因政治关系类型、产权性质的不同而有所差异（Xu et al.，2013；Chen et al.，2010；陈运森和朱松，2009；陈晓芸和吴超鹏，2013）。

（4）关于社会网络及嵌入其中的社会资本的研究。学者普遍认为，社会网络及其社会资本可以提高社会诚信水平，有利于企业获取关键信息与资源，提升企业抗风险能力、创新能力和企业绩效等；但也有学者认为，企业构建关系网络、获取社会资本需要付出一定的代价和成本，获得的竞争优势会不断减少，不利于企业绩效的提高（Child and Tse，2001；Park and Luo，2001；周小虎和陈传明，2005；孙俊华和陈传明，2009）。学者认为，社会网络及社会资本显著影响公司的投资决策，社会资本越高的公司越可能会抑制过度投资，提高公司投资效率；但也有学者研究认为，企业社会资本越丰富越易产生过度投资行为（张润宇等，2017）。对于董事会资本的影响效应，学者的研究结论相对较一致，认为董事会资本，尤其是董事连锁网络能够有效地减少企业的非效率投资。

（5）关于内部控制与公司投资的研究。内部控制的设计与实施涉及企业的每一个员工，贯穿于企业的各个部门、各项经济业务活动之中。学者普遍认为，内部控制的有效实施有助于提高会计信息质量，降低信息不对称程度和代理成本；高质量的内部控制能缓解公司过度投资，抑制投资不足，进而提高公司资本配置效率；也有学者研究表明，内部控制对投资效率的影响因外部环境、产权、企业生命周期不同而异（王治等，2015；周中胜等，2016；刘焱，2014；廖义刚和邓贤琨，2016）。但是，学者也指出，内部控制自愿性披露的信息含量很低，自我评价报告的自愿性披露与审核对会计信息稳健性、投资决策未产生影响（于忠泊和田高良，2009）。

综上，学者从决策主体非理性视角对政治关系、社会网络与公司投资、资本配置效率之间关系的研究取得了丰硕的成果，但是，研究结论存在一定的分歧。

2. 目前研究所存在的局限性

现有的相关研究很有价值，但研究结论不一，有待完善与深入探究。

（1）现有文献较多从主动融资机制或迎合机制单方面研究投资者情绪对公司投资行为的作用机制。投资者情绪有可能通过这两种机制共同作用于公司投资行为，而 Baker 等（2003）、Polk 和 Sapienza（2009）等仅从单方面进行考察，也未考虑公司治理、会计信息反馈等因素对上述两种机制产生的调节作用。此外，目前学者采用多个操控性指标来度量投资者情绪，但如何较科学合理地度量投资者情绪仍是一个难题。

（2）目前关于代理人非理性影响企业投资行为的研究承袭了行为公司财务的一般分析框架，即基于投资者非理性、高管理性或高管非理性、投资者理性的基本假设展开，研究结论仍存在争议；同时，未考虑两者非理性之间的情绪感染效应对公司投资行为的影响。因此，当高管存在过度自信的认知偏差、而市场震荡加剧投资者情绪的波动性时，如何影响公司的投资行为有待我们进一步考察。另外，投资者情绪结合高管过度自信如何影响公司资本投资，在投资者情绪高或低的情况下这种影响效应是否存在差异，以及对于处于不同投资水平的上市公司决策者非理性的影响是否不同，这些都有待后文的实证检验。

（3）高管政治网络仍然属于有争议的研究领域，有待继续探究。首先，目前对于政治网络的研究，学者较多选择了企业最终产出变量（绩效），而较少对过程产出变量（战略决策）进行研究。从逻辑上考虑，政治网络首先影响企业的投融资等战略决策的制定，随着战略决策的实施而最终体现于企业绩效。与企业绩效相比，研究政治网络与企业投融资等战略制定之间的关系更为直接。因此，有必要对高管政治网络如何影响公司投资行为及资本配置效率进行研究。其次，国内学者较多研究政治关系对过度投资的影响，较少考察政治关系与投资不足之间的关系。最后，由于中国特定的制度背景和政治环境，国有企业与民营企业所面临的生存条件、发展目标及肩负使命等差异较大，目前国内的研究更多是以民营企业为研究样本，较少涉及国有上市公司。因此，政治关系对产权不同企业资本配置效率的影响有何不同，有待进一步研究。

（4）目前对于政治关系的研究均是在代理人理性的假设前提下展开的，结合投资者情绪、高管过度自信影响公司资本配置效率的研究尚少，因此，在代理人非理性的视角下，政治关系对公司投资行为及资本配置效率会产生怎样的影响，这是值得我们研究的问题。

（5）现有文献分别研究了投资者情绪、社会网络及嵌入其中的社会资本对公司投资决策的影响，但对于资本市场非有效、投资者非理性的情况下，高管社会网络对公司投资行为影响的研究仍然较少。因此，有必要探究投资者情绪波动下，高管所拥有的社会网络和社会资本对公司资本投资是否产生影响，产生怎样的影响，背后的作用机理如何。这些问题都有待进一步研究。

（6）现有文献较多地考察了企业实施内部控制的经济后果。它们认为高质量的内部控制有利于缓解委托代理冲突和信息不对称问题（李万福等，2011），从而提高会计信息质量，降低代理成本等。但内部控制的有效实施抑制非效率投资的研究结论存在争议。公司高管作为决策主体，其决策行为不仅受外部环境、内部监督机制等制约，还会受到自身心理、情绪和偏好等影响，可能会产生过度自信和乐观、从众行为等认知偏差。上述研究文献大部分表明，高管过度自信会加大公司投资规模，不利于资本配置效率的提升。因此，必须寻求有效的治理机制以监督、制衡过度自信高管的决策行为，而内部控制在公司治理中担当的是内部管理监督系统的角色。因此，从微观主体非理性视角，考察高质量的内部控制能否有效地减缓高管过度自信的认知偏差，进而提高公司资本配置效率，十分值得进一步研究。

2.5 本章小结

本章首先界定公司资本投资与资本配置效率的定义与度量方法。其次，阐述了行为主体在不确定情况下进行决策和判断往往受到心理因素的影响而产生了直觉驱动偏差与框架依赖等认知偏差，并对投资者情绪、过度自信的定义与表现进行归纳，剖析了高管更倾向于过度自信的原因，为高管过度自信的提出奠定了心理学基础。再次，对高管社会网络、社会资本、政治网络等概念进行界定，阐述了高管社会网络的成因与相关理论。最后，对投资者情绪、高管过度自信、政治关系、社会网络及社会资本、内部控制与公司投资之间关系的相关研究文献进行系统梳理与评价，指出现有研究文献的进展与争议，提出了本书的研究方向。

第 3 章 高管政治网络与公司资本配置效率的实证研究

从第 2 章的研究文献综述可知，国内外学者从决策主体非理性视角考察了政治关系、社会网络和内部控制等对公司资本投资的影响，研究取得了一定的进展，但研究还不够深入，研究结论不一。因此，基于中国制度背景，本书从投资者情绪、高管过度自信视角，就高管政治网络、社会网络与公司投资决策、资本配置效率之间的关系进行理论与实证检验，以期能在一定程度上阐释中国上市公司的投资行为和资本配置效率。在研究过程中，首先从行为主体理性的视角考察高管政治网络对公司资本配置效率的影响，在此基础上放松"理性经济人"假设，从行为主体非理性视角考察高管政治网络、社会网络对公司资本投资的影响效应。本章主要探讨高管政治网络与公司资本配置效率之间的关系，即在理论分析的基础上，提出本章的研究假说，构建实证检验模型，就不同产权性质、不同层级、不同类型的高管政治网络对公司资本配置效率影响的差异性进行理论与实证研究。

3.1 问题的提出

Hambrick 和 Mason（1984）提出的高层梯队理论认为，高管对于企业的生存和发展极为重要。而任何一位高管都是社会人，都嵌入于一组特定的社会关系网络中，而"关系"文化在我国自古以来作为一种隐性契约广泛存在。边燕杰和丘海雄（2000）认为，社会资本是企业通过纵向联系、横向联系和社会联系获取稀缺资源的能力，其中，纵向联系是积累和发展社会资本的最重要渠道，因为纵向联系的取向主要是向上的，即企业与上级领导机关、当地政府部门的联系，目的是从"上边"获取稀缺资源。高管团队成员利用自身的纵向联系之间的相互交流、补充和互动而构建起更广泛、共享的政治关系网络，使高管所拥有的社会资本更丰富，获取稀缺资源的能力更强，这无疑对企业的持续发展产生重要影响。已有研究表明，高管政治网络与关系已成为一种有价值的"租"，可以使公司减少运营风险与摩擦，获取更多的稀缺资源，如债务融资便利、税收优惠、政府援助等；但也需要一定的成本代价，可能受到更多的政府干预，由此承担了更多政府的社会和政治目标，从而对企业的战略决策、资本配置产生影响。中国资本市场是一个新兴市场，政府行为显著影响着资源配置，公司高管如何构建政治网络与关系以制定有效的政治战略，可能关系到资本配置的帕累托最优的实现。

第 2 章的研究文献表明，国内外学者从不同视角对公司资本配置效率进行验证，研究结论不一；对于政治关系与公司投资关系的研究，学者主要以关键高管的政治关系为研究对象，较少考察由高管团队成员拥有的政治关系进行互补和共享而构建的政治网络的影响效应；也较少同时考察不同产权性质、不同层级、不同类型高管政治网络的资本配置效应的异质性。但是，国有上市公司由于承担着更多的政策性负担，对高管的选聘更强调政治资源，具有政治网络的公司的经营可能更关注社会和政治目标而不是价值创造，导致资本配置效率低；与国有上市公司相比，民营上市公司面临相对不平等的竞争环境，会主动寻求更多的政治保护而参政、议政，具有政治网络的民营上市公司可能更关注企业价值的创造而提高资本配置效率。鉴于此，本章以不同产权性质上市公司为研究对象，从社会资本视角研究不同层级、不同类型的高管政治网络所拥有的社会资本对公司资本配置效率的影响效应。

3.2 理论分析与研究假说

3.2.1 高管政治网络与公司资本投资水平

公司出于竞争优势与利益上的考虑，将制定合适的政治战略影响政府公共政策的决策过程，并与政府建立良好的关系，从非市场环境方面形成对自己有利的竞争环境。高管政治网络是公司高管与拥有政治影响力的个体之间形成的隐性关系网络，如高管利用在政府部门或大型国有企业任职经历、参政和议政（人大代表或政协委员等身份）等而搭建关系网络，在国外还包括通过选举捐款等获得的关系网络（Roberts，1990；Claessens et al.，2008）。Krueger（1974）指出，企业家花费时间和金钱与政府官员建立关系，可以为企业家带来利益。边燕杰和丘海雄（2000）认为企业的纵向联系（政治关系）是积累和发展社会资本的最重要渠道；高管所拥有的政治网络或政治关系是一种重要的声誉机制（孙铮等，2005），可为公司的税率、银行贷款等方面提供更多的优惠和便利（Adhikari et al.，2006；Khwaja and Mian，2008；余明桂和潘红波，2008）；在遇到经济困难时更易获得政府的援助（Faccio et al.，2006）和补贴收入（陈冬华，2003），从而有助于公司摆脱困境等（Dombrovsky，2008）。

政治网络所扮演的"扶持之手"在一定程度上给公司带来更多的投资资本和投资机会，促使公司加大资本投资支出。尤其在中国转轨经济背景下，政治网络的形成源于国有股份与政府之间天然的"血缘"关系;与民营上市公司相比,国有上市公司高管的政治网络也可能引来更多的政府干预。政府通过干预引导公司不断地增加新项目投资而扩大公司规模,从而可以有效地解决就业、社会稳定和政绩等问题;而且随着公司规模的扩大,公司上交的税收也更多,从而增加了政府的财政收入。据此,本章提出以下假说。

假说 3.1:高管政治网络对公司投资水平产生正面影响,且对国有上市公司投资水平的影响要强于民营上市公司。

3.2.2 所有权、高管政治网络与公司资本配置效率

研究表明,政治网络可能同时扮演着"扶持之手"和"掠夺之手"的角色。张洪辉和王宗军(2010)的研究发现,政府干预程度与公司过度投资水平正相关,国有上市公司的过度投资行为是为了实现各级政府目标而发生的。因此,国有上市公司将加大资本投资,给政府所在地提供更多的就业岗位,创造更多的税收,以满足政府的经济利益。国有上市公司与政府之间的政治网络程度越强,公司承担的政策性负担可能会越重,出现过度投资的可能性也就越大。同时,由于个别国有上市公司存在过多委托代理环节与所有者缺位等问题,缺乏有效的激励和监督机制,加剧了国有上市公司的过度投资行为(芮明杰和宋亦平,2001)。刘星和窦炜(2009)的研究表明,国有上市公司中同时存在过度投资和投资不足这两种非效率投资行为,但是与投资不足行为相比,国有上市公司的过度投资行为更为严重(周春梅,2011);而政治网络对于国有上市公司过度投资的影响比投资不足更为显著,会降低国有上市公司的投资效率(Chen et al.,2010)。鉴于此,本章提出以下假说。

假说 3.2:国有上市公司高管政治网络对公司过度投资的影响大于投资不足。

当前,中央与地方政府实行"分税制",地方政府拥有更多财政自主权,已经逐渐成为一种独立的财政实体。在地方政府成为独立的经济利益体之后,其财政支出占国家财政总支出的比重不断上升,但其财政收入占国家财政总收入的比重却未能一起提高。根据财政部公布的《2011年公共财政收支情况》,地方财政支出从2000年以来稳步上升,但地方财政收入同比增长十分缓慢;2011年地方财政支出占全国财政支出的比重为84.8%,但其财政收入占全国财政收入的比重仅为50.5%,而且这是自1999年以来,地方财政收入占全国财政收入的比例首次超过50%。因此,地方政府更有可能扮演"掠夺之手"的角色来解决财政赤字问题。与之对应,中央国有上市公司承担着更多的社会职能,与国家利益联系更为密切,直接受到中央政府的各种支持与补贴,同时由于中央国有上市公司在国有经济的战略性布局和国有上市公司改革中占主导地位,中央政府的监控力度较大,更有

可能处于公众聚焦中心，接受公众、媒体和中央监管机制的监督，如审计署等部门的压力，这些因素制约了其内部人对公司资源的滥用。因此，中央国有上市公司中高管政治网络的存在对其非效率投资的影响可能低于地方国有上市公司。鉴于此，本章提出以下假说。

假说 3.3：与中央国有上市公司相比，地方国有上市公司高管政治网络对过度投资的影响更大。

与国有上市公司相比，民营上市公司在投资、融资机会等方面存在先天劣势，面临一些制约性因素，最明显的表现是严重的融资约束及有价值投资机会的缺乏等。一方面，民营上市公司可能面临更为严重的信息不对称而导致融资约束，使公司资本投资出现不足；另一方面，民营上市公司缺乏高价值的投资机会，只能投资于净现值为负的项目，导致企业产生了过度投资的现象（Chen et al.，2010）。面对不平等的竞争环境，民营上市公司会主动寻求更多的政治保护而参政和议政；政治网络的构建在一定程度上可以缓解民营上市公司与资本市场之间的信息不对称和契约不完备问题，缓解企业的融资约束；而且随着民营上市公司声誉的提升，政府也可能提供更多有前景的投资机会，从而扩大其市场资源配置空间，使之更关注企业价值的创造而提高资本配置效率。由此，本章提出以下假说。

假说 3.4：民营上市公司高管政治网络与公司资本配置效率的提升呈正相关关系。

3.2.3　不同类型政治网络与公司资本配置效率

杜兴强等（2009，2010）将政治联系区分为政府官员类政治联系和代表委员类政治联系，并分别赋值进行研究。研究表明，不同类型的政治联系的影响效应是不同的。由于人大代表、政协委员、党代表的政治联系与政府官员实质上并不相同，不能简单地与真正的政府官员对等。政府官员控制稀缺资源的配置等能力可能要高于同等级的代表委员，能够直接参与资本的配置；而代表委员只能依靠"关系"来间接地获取这种能力。因此，在国有上市公司中，政府官员类政治网络对资本配置效率的影响可能要高于代表委员类。

但是，与国有上市公司相比，民营上市公司中不同类型高管政治网络的作用明显不同。民营上市公司高管成为人大代表、政协委员的意愿十分强烈，一旦选举成功，他势必会利用这种新形成的政治网络为公司谋求利益。杜兴强等（2009）对我国民营上市公司进行研究时发现，不同政治联系方式对民营上市公司的会计业绩的影响差异很大，代表委员类政治联系比政府官员类政治联系更能促进公司的会计业绩。杜兴强等（2010）进一步研究了中国民营上市公司中政府官员类政治联系与代表委员类政治联系对企业真实业绩的影响，发现代表委员类政治联系显著提升了真实业绩，且高管代表委员类政治联系强度越强，真实业绩越佳。这些研究成果与 Fan 等（2007）、Boubakri 等（2008）的研究结论一致。因此，对民营上市公司来说，代表委员类政治网络对公司资本配置效率的影响可能要高于政府官员类政治网络。鉴于此，本章提出以下假说。

假说 3.5a：国有上市公司中政府官员类政治网络对公司资本配置效率的影响大于代表委员类政治网络。

假说 3.5b：民营上市公司中代表委员类政治网络对公司资本配置效率的影响大于政府官员类政治网络。

3.3 研究设计

3.3.1 样本与数据来源

本章以 2001～2009 年 A 股非金融类上市公司为初选样本，剔除 ST（special treatment，特别处理）、PT（particular transfer，特别转让）公司、数据异常和缺失的公司与最终控制人不明的公司后，最终获得 5586 个样本公司。其中，2001 年 348 个，2002 年 433 个，2003 年 508 个，2004 年 612 个，2005 年 568 个，2006 年 754 个，2007 年 747 个，2008 年 836 个，2009 年 780 个。参照徐莉萍等（2006）的研究，根据国泰安数据库中"企业关系人性质分类标准"和所有权的实际行使主体，本章将样本公司划分为国有上市公司样本和民营上市公司样本两类，而国有上市公司样本又分为中央国有上市公司和地方国有上市公司样本两类。其中，中央国有上市公司主要是指由国务院、国务院国有资产监督管理委员会、商务部、交通运输部、工业和信息化部和水利部等直接控制的公司；地方国有上市公司是指地方政府或地方国有资产监督管理机构直接控制的公司；民营上市公司是指最终控制人为民营企业和个人的公司。据此，国有上市公司样本为 3778 个，其中，中央国有上市公司和地方国有上市公司样本分别为 1486 个和 2292 个；民营上市公司样本为 1808 个。

样本公司的财务数据主要取自国泰安数据库，高管政治网络的数据经手工收集于 Wind 数据库的深度资料，部分缺失数据经查阅各上市公司资讯网和上海证券交易所、深圳证券交易所网站公布的年报及相关信息取得。

3.3.2 模型构建

根据辛清泉等（2007）、张洪辉和王宗军（2010）等计量过度投资与投资不足程度的方法，本章也采用 Richardson 模型来估算公司的资本配置效率。

$$\text{Inv}_{it} = \gamma_0 + \gamma_1 Q_{it-1} + \gamma_2 \text{Lev}_{it-1} + \gamma_3 \text{CF}_{it-1} + \gamma_4 \text{Age}_{it-1} + \gamma_5 \text{Size}_{it-1} + \gamma_6 \text{Ret}_{it-1} \\ + \gamma_7 \text{Inv}_{it-1} + \sum D^{\text{ind}} + \sum D^y + \delta_{it} \quad (3.1)$$

其中，Inv_{it} 为 i 公司 t 期的资本投资水平；Q_{it-1}、Lev_{it-1}、CF_{it-1}、Age_{it-1}、Size_{it-1}、Ret_{it-1} 分别为 i 公司 $t-1$ 期的投资机会、财务杠杆、现金持有量、上市年限、公司规模、股票年度收益率；D^{ind}、D^y 分别为行业哑变量和年度哑变量；γ 为各变量的系数；δ_{it} 为随机误差项。式（3.1）的回归残差 δ_{it} 可能为正或为负，正表示过度投资（Overin），负表示投资不足（Underin）。为便于理解，本章采用 $|\delta|$ 表示其程度。

根据式（3.1）的残差，本章构建了如下模型[式（3.2）]，以对上述假说 3.1~假说 3.5 进行验证。

$$\text{Inv}_{it} \text{ 或 Overin}_{it} \text{ 或 Underin}_{it} = \alpha_0 + \alpha_1 \text{MPN}_{it} + \sum \beta \text{Var}_{it}^{\text{con}} + \varepsilon_{it} \quad (3.2)$$

对于假说 3.1 的检验，式（3.2）中被解释变量为公司资本投资水平（Inv_{it}），而对于其他假说的检验，被解释变量则为过度投资（Overin_{it}）或投资不足（Underin_{it}），解释变量是高管政治网络（MPN_{it}）、政府官员类政治网络（MPNG_{it}）和代表委员类政治网络（MPND_{it}）。

Var^{con} 为控制变量，根据 Ang 等（2000）、Richardson（2006）、辛清泉等（2007）等的研究，结合本章的研究特点，选取了自由现金流量（FCF）、管理费用率（ADM）和大股东占款（ORE）、银行关系（Bank）作为控制变量，并设置了行业哑变量（D^{ind}）和年度哑变量（D^y），α、β 为各变量的系数，ε_{it} 为随机误差项。

3.3.3 研究变量的界定

借鉴前人的研究基础和本章的研究内容，并结合中国资本市场的实际情况，本章选择了以下变量进行研究。

1. 被解释变量的度量

（1）资本投资水平（Inv）。以公司的资本性支出来度量，即使用会计报表上的本期固定资产（包括资产负债表中的在建工程和工程物资）、长期投资和无形资产的本期增加额作为资本性支出的替代变量，并使用期初总资产对其进行标准化。因此，上市公司当期的资本投资水平表达式为

Inv_{it} =（固定资产原价 + 工程物资 + 在建工程 + 长期投资 + 无形资产）的本期增加额）/期初总资产

（2）过度投资（Overin）与投资不足（Underin）。用企业实际的资本投资水平

(Inv) 与式 (3.1) 估算出的资本投资水平之差（回归残差 ξ ）来表示；回归残差 δ_{it} 可能为正或为负，如果 $\xi>0$ 则表示公司过度投资（Overin）；若 $\xi<0$ 则表示公司投资不足（Underin）。为便于理解，本章采用 $|\delta|$ 表示其程度，其值大小则用来度量公司过度投资与投资不足的程度。

2. 解释变量的度量

（1）高管政治网络（MPN）。目前学者对政治关系的度量指标主要采用以下三种方法。

第一，虚拟变量法。这是目前政治关系相关研究中被广泛采用的一种度量方法。该方法根据高管是否具有某种政治背景来判定其是否存在政治关系，只要公司高管中至少有一位存在某种政治背景，即被认定为政治关系，取值为 1，否则为 0（Fisman，2001；Faccio，2006）。但是，虚拟变量法主要是用定性方法来考察高管政治关系是否存在，未能刻画高管所拥有的政治关系强度的高低，也未对不同类型政治关系进行明确区分。鉴于此，国内学者根据中国国情与上市公司的现实特征，对政治关系的度量进行拓展，主要体现在对不同政治关系类型（杜兴强等，2009）和不同政治关系层级（罗党论和唐清泉，2009；余明桂和潘红波，2008；吴文峰等，2008）进行度量。

第二，赋值法。为了度量政治关系强度的高低，学者根据高管曾任或现任的最高行政级别（如科级、处级、厅级、省级等）或工作部门（如中央政府机关、地方政府机关、行业主管部门、人大、政协、军队等），以及担任人大代表、党代表及政协委员的级别分别赋予不同的分值，然后取最大值或进行加总，该方法称为赋值法（胡旭阳，2006；梁莱歆和冯延超，2010；文芳，2011）。这种方法更强调对政治关系的定量衡量，并能较好地反映政治关系的强度。但该方法具有一定的主观性，且在收集和整理高管的背景资料信息方面的工作量较大。

第三，其他替代变量法。Claessens 等（2008）提出采用"企业捐赠金额占政治候选人所获捐赠总额的比例"或"企业一定时期内的公益捐赠次数（或金额）"作为替代变量来度量政治关系程度。王永进和盛丹（2012）提出通过考察董事会成员和总经理是否为官员或党员，运用主成分分析法构建企业政治关系指数。该方法相对客观和简单，且能够比较不同公司政治关系程度的差异；但由于不具有广泛的可行性，只能作为度量政治关系替代指标的一种有益尝试。

国内学者采用赋值法度量政治关系时，往往只对某个关键高管（董事长或总经理）的政治关系进行赋值，较少考察高管团队成员拥有的政治关系的互补和共享而构建的政治网络。鉴于此，本章选择公司董事长、总经理、财务总监三个关键岗位的公司高管（巫景飞等，2008），采用赋值法对高管政治网络指标进行界定。首先，对公司董事长、总经理、财务总监等三名高管逐一进行赋值。一是在党委

（含纪委）、政府、人大或者政协常设机构、法院、检察院等部门任职或曾经任职，则按照如下标准赋值：①省（部）级正职、副职及以上赋值为4；②厅（司、局）级正职、巡视员及副职、助理巡视员赋值为3；③处（县）级正职、调研员及副职、助理调研员赋值为2；④科（乡、镇）级正职、主任科员及副职、副科级及以下赋值为1。二是担任过党代表、人大代表或政协委员（但不包括人大或政协常设机构），按照如下标准赋值：中央级赋值为4，省级赋值为3，市级赋值为2，县级赋值为1。三是取两类赋值中的最大值相加，作为该名高管的政治网络的分值。其次，将三名高管在上述赋值中获得的分值相加，形成该公司高管政治网络强度的指标；且该分值越高，说明该公司高管构建的政治网络程度越强，其中所包含的社会资本也越丰富，获取稀缺资源的能力越强。

（2）政府官员类政治网络（MPNG）。对三名高管个人在党委（含纪委）、政府、人大或者政协常设机构、法院、检察院等部门任职或曾经任职的级别进行相应赋值（如上所述）后，取三名高管得分的最大值相加求和，作为度量该公司政府官员类政治网络的强度。

（3）代表委员类政治网络（MPND）。对三名高管个人曾是或者现在是人大代表、政协委员、党代表的级别进行相应赋值（如上所述）后，取三名高管得分的最大值相加求和，作为度量该公司代表委员类政治网络的强度。

3. 控制变量的选择

根据相关理论和文献，本章设置了以下控制变量，这些控制变量主要是公司特征变量，主要用来控制不同的公司特征对资本投资的影响。

（1）投资机会（Q）。投资机会是度量企业发展的指标，企业投资机会越多，表明企业的发展前景越可观，市场竞争能力越强，从而投资水平也越高。由于中国证券市场尚不太规范，托宾Q比率可能并不是企业投资机会的良好替代。因此，在投资的决定因素模型中，使用上年度主营业务收入增长率作为投资机会的衡量指标。

（2）财务杠杆（Lev）。负债比率是度量公司财务杠杆的指标之一，用以表明企业全部负债占全部资产的比重，反映了企业偿付债务本金和支付利息的能力。公司的资产负债率越高，其需要偿还高额的利息及尽力避免举借新的债务，会导致公司减少资本投资。本章使用上年度年末的资产负债率来度量。

（3）现金持有量（CF）。研究发现，公司投资同其内部资金存在正相关关系，尽管这种正相关性可能是由信息不对称导致的融资约束引起，也可能是委托代理问题所致。因此，本章用上年度年末经营现金净流量与期初总资产的比率来度量。

（4）上市年限（Age）。一般来说，公司上市年限越长，公司越有可能处于成熟期或衰退期，相应地会减少投资活动，从而降低资本投资水平。本章选取截至上年度年末公司上市年限表示该指标。

（5）公司规模（Size）。公司规模代表公司可支配资源的数量和质量。公司的规模越大，公司越可能进行大规模的投资活动。本章使用上年期末总资产的自然对数来度量。

（6）股票年度回报率（Ret）。股票年度回报率越高的上市公司，一般其投资水平相对较高。2007年中国证券监督管理委员会（以下简称证监会）发布的《上市公司信息披露管理办法》第二十条规定，上市公司年度报告应当在每个会计年度结束之日起4个月内编制完成并披露。因此，本章选取从上一年度的5月到本年度的4月这一时间段，这样可以使年度盈余信息更为合理，即

$$\text{Ret}_{i,t-1} = \prod_{j=(t-1,5)}^{j=(t,4)} (1+r_{i,j}) - \prod_{j=(t-1,5)}^{j=(t,4)} (1+r_{m,j}) \quad (3.3)$$

其中，$r_{i,j}$为第i个公司加权平均法计算的第j月考虑现金红利再投资的月个股回报率；$r_{m,j}$为第i个公司加权平均法计算的在第j月的月度市场回报率。

（7）自由现金流量（FCF）。公司自由现金流量的高低，将显著地影响公司资本投资效率（Richardson，2006；Ang et al.，2000）。本章将界定公司的自由现金流量等于公司当年经营现金流量减折旧、摊销和预期的当年新增投资之后的余额与平均总资产的比例。

（8）管理费用率（ADM）。管理费用率越高，说明管理层可能存在大量的在职消费的现象，减少了上市公司的现金流和投资所需资金，由此降低了公司资本投资水平，容易引起投资不足。本章使用公司管理费用占主营业务收入的比例来度量。

（9）大股东占款（ORE）。大股东占款水平越高，越可能会导致公司投资资金短缺，进而降低公司投资水平。本章选取年末的其他应收款占总资产的比例来度量。

（10）银行联系（Bank）。若公司高管现在或曾经在银行任职，该值取1；否则取0。

此外，本章还设置了行业哑变量和年度哑变量，用来控制外部因素对企业资本投资的影响。上述控制变量的符号、含义与计算方法如表3.1所示。

表3.1 控制变量的含义

变量符号	含义	计算方法
Q	投资机会	上年度主营业务收入增长率
Lev	财务杠杆	上年度年末的资产负债率

续表

变量符号	含义	计算方法
CF	现金持有量	上年度年末经营现金净流量/期初总资产
Age	上市年限	上年度年末公司上市年限
Size	公司规模	上年期末总资产的自然对数
Ret	股票年度回报率	上一年度的5月到本年度的4月，经市场调整后、以月度计算的股票年度收益率
ADM	管理费用率	公司管理费用/主营业务收入
ORE	大股东占款	其他应收款/总资产
FCF	自由现金流量	公司当年经营现金流量减折旧、摊销和预期的当年新增投资之后的余额与平均总资产的比例
Bank	银行联系	若公司高管现在或曾经在银行任职，该值取1；否则取0
D^{ind}	行业哑变量	根据证监会关于行业的分类标准，再将制造业细分，共有21个行业，设置20个行业哑变量
D^y	年度哑变量	共有9年，设置8个年度哑变量

3.4 实证检验结果分析

3.4.1 公司资本配置效率的估算

根据上文，为研究我国上市公司高管政治网络对资本配置效率的影响，本章将利用式（3.1）中的模型对上市公司资本配置效率进行估算。首先对主要变量进行描述性统计及相关性分析。

表3.2列示了样本公司主要变量的描述性统计。从中可知，资本投资水平的均值为0.079，表明样本公司在样本期间大多新增了资本性投资。最小值和最大值之间的差异，说明各上市公司之间的投资水平差异较大。

表 3.2 式（3.1）变量的描述性统计结果

变量	观测值	平均值	中位数	标准差	最小值	最大值
$Inv_{i,t}$	5586	0.079	0.049	0.019	−0.117	0.867
$Q_{i,t-1}$	5586	0.233	0.183	0.386	−0.984	3.649
$CF_{i,t-1}$	5586	0.059	0.064	0.124	−1.380	1.814
$Lev_{i,t-1}$	5586	0.481	0.494	0.171	0.008	0.990
$Age_{i,t-1}$	5586	7.760	7.000	3.921	1.000	19.000
$Size_{i,t-1}$	5586	21.432	21.323	1.024	10.642	27.987

续表

变量	观测值	平均值	中位数	标准差	最小值	最大值
$Ret_{i,t-1}$	5586	0.027	−0.023	0.550	−4.259	4.993
$Inv_{i,t-1}$	5586	0.097	0.073	0.092	−0.049	1.051

表3.3列示了研究变量间的Pearson相关性及Spearman相关性检验结果。其中，上三角为Pearson相关系数，下三角为Spearman相关系数。从中可以看出，资本投资水平与各变量之间均具有显著性关系，资本投资水平（Inv）与投资机会（Q）、现金持有量（CF）、公司规模（Size）、股票年度回报率（Ret）等变量显著正相关，与财务杠杆（Lev）和上市年限（Age）显著负相关。

表3.3 式（3.1）变量的相关性分析

变量	$Inv_{i,t}$	$Q_{i,t-1}$	$CF_{i,t-1}$	$Lev_{i,t-1}$	$Age_{i,t-1}$	$Size_{i,t-1}$	$Ret_{i,t-1}$	$Inv_{i,t-1}$
$Inv_{i,t}$	1.000	0.093**	0.335**	−0.217**	−0.234**	0.052*	0.190**	0.519**
$Q_{i,t-1}$	0.205**	1.000	0.088**	0.079**	−0.101**	0.054*	0.090**	0.142**
$CF_{i,t-1}$	0.450**	0.218**	1.000	−0.187**	−0.089**	0.127**	0.069**	0.291**
$Lev_{i,t-1}$	−0.273**	0.078**	−0.177**	1.000	0.267**	0.287**	−0.016	−0.051*
$Age_{i,t-1}$	−0.333**	−0.142**	−0.071**	0.278**	1.000	0.146**	0.003	−0.233**
$Size_{i,t-1}$	0.078**	0.106**	0.170**	0.308**	0.197**	1.000	0.052*	0.147**
$Ret_{i,t-1}$	0.193**	0.160**	0.116**	−0.038	−0.021	0.093**	1.000	0.059**
$Inv_{i,t-1}$	0.656**	0.268**	0.378**	−0.118**	−0.302**	0.159**	0.075**	1.000

*表示在0.05水平（双侧）上显著相关，**表示在0.01水平（双侧）上显著相关

表3.4报告了Richardson模型的回归结果，其中，模型（3.1）～模型（3.5）分别是全样本、国有上市公司样本、地方国有上市公司样本、中央国有上市公司样本、民营上市公司样本的回归结果。从模型回归结果来看，D-W检验值均十分接近2，可推断回归方程的残差序列不存在自相关；调整后的R^2分别为0.423、0.312、0.324、0.300、0.262，说明模型具有较高的拟合度；从F检验值来看，回归方程整体上是显著有效的。

表3.4 公司资本投资模型的回归结果

变量	全样本	国有上市公司样本 全样本	地方国有上市公司样本	中央国有上市公司样本	民营上市公司样本
	模型（3.1）	模型（3.2）	模型（3.3）	模型（3.4）	模型（3.5）
常数项	−0.274** (1.885)	−0.077 (−1.897)	−0.052 (−1.216)	−0.023 (−0.633)	−0.014 (−0.290)

续表

变量	全样本	国有上市公司样本 全样本	国有上市公司样本 地方国有上市公司样本	国有上市公司样本 中央国有上市公司样本	民营上市公司样本
	模型（3.1）	模型（3.2）	模型（3.3）	模型（3.4）	模型（3.5）
$Q_{i,t-1}$	0.002** (1.852)	0.007** (1.948)	0.005*** (2.428)	0.009** (1.846)	0.031*** (3.358)
$CF_{i,t-1}$	0.117*** (6.313)	0.091*** (5.630)	0.072*** (4.390)	0.056*** (3.260)	0.058*** (3.531)
$Lev_{i,t-1}$	−0.095*** (−7.070)	−0.054*** (−5.344)	−0.050*** (−4.775)	−0.022*** (−2.217)	−0.056*** (−4.870)
$Age_{i,t-1}$	−0.002*** (−3.381)	−0.002*** (−5.181)	−0.002*** (−3.652)	−0.001** (−2.039)	−0.002*** (−3.562)
$Size_{i,t-1}$	0.008*** (3.427)	0.005*** (3.739)	0.006*** (2.710)	0.001** (1.998)	0.004** (1.964)
$Ret_{i,t-1}$	0.034*** (9.299)	0.011*** (3.601)	0.011*** (3.803)	0.012*** (5.052)	0.013*** (4.244)
$Inv_{i,t-1}$	0.473*** (19.314)	0.428*** (24.366)	0.399*** (22.707)	0.347*** (17.316)	0.309*** (15.099)
D^{ind}	控制	控制	控制	控制	控制
D^y	控制	控制	控制	控制	控制
R	0.658	0.560	0.578	0.561	0.526
调整后的 R^2	0.423	0.312	0.324	0.300	0.262
D-W 检验值	1.948	2.016	1.960	1.956	1.995
F 检验值	45.799***	14.595***	33.287***	20.941***	19.325***
N	5586	3778	2292	1486	1808

表示在 0.05 的水平上显著，*表示在 0.01 的水平上显著
注：括号内为 t 值

由表 3.4 可以看出，模型（3.1）的投资机会（Q）的系数为正，且在 0.05 的水平上显著，而现金持有量（CF）、公司规模（Size）、股票年度回报率（Ret）及上一年的资本投资水平（Inv）的系数均为正，且在 0.01 的水平上高度显著；财务杠杆（Lev）和上市年限（Age）的系数均为负，且在 0.01 的水平上高度显著。模型（3.2）～模型（3.5）各变量系数的显著性与模型（3.1）基本一致。因此，可以用该模型得出的回归残差来估算公司资本配置效率。当回归残差大于 0 的时候，为过度投资；当回归残差小于 0 的时候，为投资不足。根据所得残差绝对值的大小，可以判断资本配置效率的高低，回归残差的绝对值越大，则资本配置效率越低；回归残差绝对值越小，则资本配置效率越高。

3.4.2 高管政治网络分布情况统计分析

1. 高管政治网络的年度分布情况

表 3.5 列示了全样本、国有上市公司样本、民营上市公司样本的高管政治网络的年度分布情况。从中可知，全样本中具有高管政治网络的样本数为 1494 个，占样本总数的 26.75%，国有上市公司样本、民营上市公司中具有高管政治网络的样本数分别为 1110 和 384，占各自样本总数的 29.38%和 21.24%，相对而言，国有上市公司高管构建政治网络的程度更强；但是，民营上市公司中高管政治网络的比例呈现波动式上升趋势，说明我国越来越多的民营上市公司积极地寻求政治网络的构建。

表 3.5 高管政治网络的年度分布情况表

年份	全样本 样本数	全样本 高管政治网络样本数	全样本 比例	国有上市公司样本 样本数	国有上市公司样本 高管政治网络样本数	国有上市公司样本 比例	民营上市公司样本 样本数	民营上市公司样本 高管政治网络样本数	民营上市公司样本 比例
2001	348	99	28.45%	264	82	31.06%	84	17	20.24%
2002	433	120	27.71%	328	101	30.79%	105	19	18.10%
2003	508	131	25.79%	377	108	28.65%	131	23	17.56%
2004	612	165	26.96%	453	136	30.02%	159	29	18.24%
2005	568	181	31.87%	378	142	37.57%	190	39	20.53%
2006	754	196	25.99%	508	145	28.54%	246	51	20.73%
2007	747	195	26.10%	491	140	28.51%	256	55	21.48%
2008	836	211	25.24%	535	143	26.73%	301	68	22.59%
2009	780	196	25.13%	444	113	25.45%	336	83	24.70%
合计	5586	1494	26.75%	3778	1110	29.38%	1808	384	21.24%

2. 不同类型高管政治网络的分布情况

表 3.6 列示了不同类型高管政治网络的分布情况。从 Panel A 政府官员类政治网络来看，在全样本中，具有县处级及以上高管政治网络占比为 89.32%，其中县处级占比 46.15%，厅局级占比 33.08%。分样本中差异最大的是科级及以下与省部级及以上的政治网络的分布，与国有上市公司样本相比，民营上市公司样本中科级及以下占比高 11.43%，而省部级及以上所占比例低 9.54%。

第 3 章 高管政治网络与公司资本配置效率的实证研究

表 3.6 不同类型政治网络的分布情况表

类型	全样本 样本数	全样本 比例	国有上市公司样本 样本数	国有上市公司样本 比例	民营上市公司样本 样本数	民营上市公司样本 比例
Panel A：按政府官员类政治网络强度划分							
1（科级及以下）	125	10.68%	57	7.10%	68	18.53%
2（县处级）	540	46.15%	370	46.08%	170	46.32%
3（厅局级）	387	33.08%	271	33.75%	116	31.61%
4（省部级及以上）	118	10.09%	105	13.08%	13	3.54%
合计	1170	100%	803	100%	367	100%
Panel B：按代表委员类政治网络强度划分							
1（县级及以下）	38	6.57%	28	6.62%	10	6.45%
2（市级）	110	19.03%	77	18.20%	33	21.29%
3（省级）	157	27.16%	106	25.06%	51	32.90%
4（省级以上）	273	47.23%	212	50.12%	61	39.35%
合计	578	100%	423	100%	155	100%

注：本表数据因进行了约分，可能存在比例合计不等于 100%的情况

从 Panel B 代表委员类政治网络来看，在全样本中，市级及以上代表委员类政治网络占全样本数的比例高达 93.42%；而省级以上代表委员类政治网络的比例为 47.23%，其中，国有上市公司样本中该比例为 50.12%，而民营上市公司样本中则为 39.35%，表明国有上市公司样本中代表委员类政治网络的强度明显高于民营上市公司样本。

3.4.3 描述性统计分析

表 3.7 列示了研究变量的描述性统计，从中可知，资本投资水平（Inv）的均值和中位数分别为 0.079 和 0.049，表明样本公司在该期间大多新增了投资，但各公司之间的投资水平差异较大。具有高管政治网络（MPN）的均值为 3.240，从其最大值、最小值和标准差来看，样本公司构建高管政治网络的程度存在很大差距；从不同类型政治网络来看，政府官员类政治网络（MPNG）均值为 1.170，代表委员类政治网络（MPND）均值为 1.731，说明在中国上市公司中，相比较于政府官员类政治网络，代表委员类政治网络强度普遍更高。过度投资（Overin）和投资不足（Underin）的子样本分别为 2045 个和 3541 个，各占样本总数的 36.61%和 63.39%，这说明我国样本公司中投资不足现象更为普遍，但从其均值和中位数

来看，过度投资程度均高于投资不足。进一步的分样本统计可知，在国有上市公司中，具有高管政治网络样本的过度投资和投资不足均值分别为 0.072 和 0.037，不存在高管政治网络样本的过度投资和投资不足均值分别为 0.066 和 0.036，由此可见，国有上市公司高管政治网络的存在更可能促进公司的过度投资和投资不足现象的产生。而在民营上市公司中，具有高管政治网络样本的过度投资和投资不足的均值分别为 0.043 和 0.033，不存在高管政治网络样本的过度投资和投资不足的均值分别为 0.056 和 0.037，这说明民营上市公司高管政治网络的存在可能在一定程度上缓解其过度投资和投资不足。本章将正残差与负残差分别作为过度投资与投资不足程度的计量，其统计性描述如表 3.7 所示。

表 3.7 研究变量的描述性统计

变量	均值	中位数	最小值	最大值	标准差	观测值
Inv	0.079	0.049	−0.117	0.867	0.019	5586
Overin	0.059	0.032	0.000	1.120	0.085	2045
Underin	0.036	0.030	0.000	0.352	0.030	3541
MPN	3.240	0.000	0.000	24.000	5.971	5586
MPNG	1.170	0.000	0.000	12.000	1.026	5586
MPND	1.731	0.000	0.000	12.000	1.701	5586
FCF	−0.017	−0.023	−0.730	0.928	0.107	5586
ADM	0.096	0.068	−0.637	1.956	0.132	5586
ORE	0.038	0.016	0.000	1.081	0.067	5586
Bank	0.030	0.000	0.000	1.000	0.193	5586

3.4.4 相关性分析

表 3.8～表 3.10 列示了全样本、国有上市公司样本、民营上市公司样本主要变量的相关系数。其中，表中上三角为 Pearson 相关系数，下三角为 Spearman 相关系数。

表 3.8 全样本主要变量的相关系数

变量	MPN	MPNG	MPND	FCF	ADM	ORE	Inv	Overin	Underin
MPN	1.000	0.519**	0.857**	−0.041**	0.001	−0.007	0.058**	0.037**	−0.040*
MPNG	0.605**	1.000	0.004	0.020	0.037**	0.008	0.036**	0.039*	0.054*

续表

变量	MPN	MPNG	MPND	FCF	ADM	ORE	Inv	Overin	Underin
MPND	0.773**	0.024	1.000	−0.060**	−0.021	−0.013	0.046**	0.020	0.014
FCF	−0.041**	0.010	−0.068**	1.000	−0.061**	−0.032*	1.000	0.024**	−0.099**
ADM	0.008	0.035**	−0.022	−0.044**	1.000	0.368**	−0.124**	0.039*	−0.032*
ORE	−0.003	0.035**	−0.029*	−0.049**	0.344**	1.000	−0.223**	−0.064**	−0.089**
Inv	0.069**	0.025	0.063**	−0.167**	−0.129**	−0.307**	1.000	0.289**	0.623**
Overin	0.057**	0.043*	0.032	0.034**	0.061**	−0.135**	0.373**	1.000	
Underin	0.041*	0.058**	0.013	−0.091**	−0.048**	0.126**	0.523**		1.000

*表示在 0.05 水平（双侧）上显著相关，**表示在 0.01 水平（双侧）上显著相关

表 3.9　国有上市公司样本主要变量的相关系数

变量	MPN	MPNG	MPND	FCF	ADM	ORE	Inv	Overin	Underin
MPN	1.000	0.609**	0.532**	0.032*	0.008	0.041**	0.006	0.043**	0.013
MPNG	0.721**	1.000	−0.033*	0.015	0.008	0.011	0.043**	0.061**	0.039
MPND	0.579**	−0.017	1.000	0.013	−0.033*	−0.007	0.017	0.020	−0.011
FCF	0.044**	0.037*	0.012	1.000	−0.057**	0.005	−0.402**	0.301**	−0.162**
ADM	0.023	0.042**	−0.020	0.010	1.000	0.454**	−0.124**	0.037	−0.053*
ORE	0.029	0.026	0.002	0.048**	0.342**	1.000	−0.256**	0.107**	−0.121**
Inv	0.022	0.028	0.031*	−0.385**	−0.146**	−0.358**	1.000	−0.616**	0.252**
Overin	0.034*	0.061*	−0.005	0.229**	0.095**	−0.138**	0.356**	1.000	
Underin	−0.002	0.050	−0.043	−0.232**	−0.071**	0.166**	−0.098**		1.000

*表示在 0.05 水平（双侧）上显著相关，**表示在 0.01 水平（双侧）上显著相关

表 3.10　民营上市公司样本主要变量的相关系数

变量	MPN	MPNG	MPND	FCF	ADM	ORE	Inv	Overin	Underin
MPN	1.000	0.541**	0.819**	−0.033	−0.056*	−0.064**	0.143**	−0.123**	−0.120**
MPNG	0.541**	1.000	0.085**	−0.022	0.005	0.021	0.017	−0.024	0.055
MPND	0.819**	0.085**	1.000	−0.033	−0.077**	−0.111**	0.155**	−0.090*	−0.150**
FCF	−0.033	−0.022	−0.033	1.000	−0.055*	−0.039	−0.354**	0.027	−0.247**
ADM	−0.056*	0.005	−0.077**	−0.055*	1.000	0.350**	−0.056*	0.034**	−0.005*
ORE	−0.064**	0.021	−0.111**	−0.039	0.350**	1.000	−0.254**	−0.022*	−0.041**
Inv	0.143**	0.017	0.155**	−0.354**	−0.056*	−0.254**	1.000	0.264**	0.631**
Overin	−0.125**	0.058	−0.111**	0.037	0.060**	−0.090**	0.300**	1.000	
Underin	−0.106**	−0.076**	−0.087**	−0.218**	−0.030**	−0.053	0.522**		1.000

*表示在 0.05 水平（双侧）上显著相关，**表示在 0.01 水平（双侧）上显著相关

在表 3.8 中，高管政治网络（MPN）、政府官员类政治网络（MPNG）与过度投资（Overin）、投资不足（Underin）之间均具有显著的相关性，表明上市公司中高管政治网络的存在可能显著影响公司的资本配置效率。控制变量中，自由现金流量（FCF）与过度投资（Overin）之间显著正相关，与投资不足（Underin）之间显著负相关，说明我国上市公司中，自由现金流量越高，过度投资越严重，这与 Jensen 和 Meckling（1976）的理论分析和 Richardson（2006）的经验证据一致；管理费用率（ADM）与过度投资（Overin）显著正相关，与投资不足（Underin）显著负相关；大股东占款（ORE）与过度投资（Overin）之间显著负相关，但与投资不足（Underin）之间的相关性则呈现不一致。

表 3.9 中，高管政治网络（MPN）、政府官员类政治网络（MPNG）与过度投资（Overin）之间均显著正相关；这初步表明，在国有上市公司中，高管政治网络的存在可能显著地促使公司过度投资。但是，高管政治网络（MPN）与投资不足（Underin）之间的相关性并不显著，说明在国有上市公司中高管政治网络对投资不足的影响可能并不明显。

表 3.10 中，高管政治网络（MPN）和过度投资（Overin）、投资不足（Underin）之间均显著负相关。这初步说明，民营上市公司中高管政治网络能够缓解过度投资和抑制投资不足，提高民营上市公司的资本配置效率。此外，代表委员类政治网络（MPND）与过度投资（Overin）、投资不足（Underin）之间均显著负相关，说明民营上市公司中代表委员类政治网络缓解过度投资和抑制投资不足的作用可能要显著高于政府官员类政治网络。这有待于下文的实证检验。

3.4.5 回归结果分析

1. 高管政治网络与公司投资水平的回归结果分析

表 3.11 报告了假说 3.1 的检验结果。其中，模型（3.6）～模型（3.8）分别是全样本、国有上市公司样本、民营上市公司样本的回归结果。由 F 检验值可知，模型回归结果是显著有效的；D-W 检验值均接近 2，说明模型不存在序列自相关问题；调整后的 R^2 显示模型的拟合效果尚可。

表 3.11 高管政治网络与资本投资水平的回归结果

变量	全样本 模型（3.6）		国有上市公司样本 模型（3.7）		民营上市公司样本 模型（3.8）	
	系数	t	系数	t	系数	t
常数项	0.073***	10.011	0.071***	7.856	0.072***	5.703
MPN	0.014***	4.662	0.024***	10.953	0.007***	2.779

续表

变量	全样本 模型（3.6）		国有上市公司样本 模型（3.7）		民营上市公司样本 模型（3.8）	
	系数	t	系数	t	系数	t
FCF	0.114***	8.868	0.063***	4.485	0.093***	4.562
ADM	−0.017***	−2.784	−0.026**	−1.855	−0.014***	−3.104
ORE	−0.180***	−9.621	−0.204***	−8.109	−0.148***	−5.177
Bank	0.002	0.262	−0.007***	−5.913	0.010	1.164
D^{ind}	控制		控制		控制	
D^y	控制		控制		控制	
调整后的 R^2	0.128		0.166		0.128	
D-W 检验值	1.928		1.960		1.935	
F 检验值	27.335***		14.672***		9.062***	
N	5586		3778		1808	

表示在 0.05 的水平上显著，*表示在 0.01 的水平上显著

在模型（3.6）中，高管政治网络（MPN）的系数为 0.014，且在 0.01 的水平上显著，说明高管政治网络强度越高，公司的资本投资水平越高。在模型（3.7）、模型（3.8）中，高管政治网络（MPN）的系数均为正且显著，但国有上市公司样本中的系数更大、更显著，表明国有上市公司高管政治网络对公司投资水平的影响大于民营公司，假说 3.1 得到印证。

就控制变量而言，自由现金流量（FCF）与资本投资水平（Inv）显著正相关，即公司自由现金流量越高，公司可使用的现金流越多，投资水平越高；管理费用率（ADM）和大股东占款（ORE）系数为负且显著，这可能源于管理层的在职消费较多、大股东将公司资金挪作他用而使公司资金不足，从而削减了公司的投资支出。

2. 高管政治网络与过度投资的回归结果分析

表 3.12 报告了不同所有制下高管政治网络（MPN）与过度投资（Overin）关系的估计结果。其中，模型（3.9）～模型（3.13）分别是全样本、国有上市公司样本、地方国有上市公司样本、中央国有上市公司样本、民营上市公司样本的回归检验结果。从中可知，五个模型的回归结果是显著有效的，不存在序列自相关问题，模型具有一定的拟合度。

表 3.12 高管政治网络与过度投资的回归结果

变量	全样本	国有上市公司样本			民营上市公司样本
		全样本	地方国有上市公司样本	中央国有上市公司样本	
	模型（3.9）	模型（3.10）	模型（3.11）	模型（3.12）	模型（3.13）
常数项	0.057*** (4.729)	0.058*** (3.773)	0.038** (2.188)	0.037 (0.216)	0.076 (2.682)
MPN	0.002** (2.149)	0.008** (2.190)	0.010*** (2.618)	0.000 (0.897)	−0.012** (−2.483)
FCF	0.058*** (3.265)	0.058*** (4.468)	0.035*** (3.037)	0.074* (0.067)	0.034* (1.093)
ADM	0.010 (1.516)	0.012 (1.581)	0.012 (0.373)	0.007 (0.921)	−0.002 (−0.158)
ORE	−0.038*** (−4.504)	−0.065*** (−3.939)	−0.232** (−3.013)	−0.109** (0.021)	−0.028 (−0.203)
Bank	0.019* (1.836)	0.014 (1.052)	0.114*** (5.533)	−0.022 (0.351)	0.021 (0.930)
D^{ind}	控制	控制	控制	控制	控制
D^y	控制	控制	控制	控制	控制
调整后的 R^2	0.078	0.072	0.129	0.105	0.147
D-W 检验值	1.974	1.999	1.841	2.023	1.985
F 检验值	5.408***	4.597***	6.929***	6.033***	3.200***
N	2045	1349	862	487	696

*表示在 0.1 的水平上显著，**表示在 0.05 的水平上显著，***表示在 0.01 的水平上显著
注：括号内为 t 值

在模型（3.9）中，高管政治网络（MPN）的系数为正且在 0.05 的水平上显著，说明具有高管政治网络的公司过度投资水平较高，影响了公司资本配置效率的提高。在模型（3.10）、模型（3.11）中，国有上市公司样本和地方国有上市公司样本中高管政治网络（MPN）的系数显著为正，而在模型（3.12）中，中央国有上市公司样本中高管政治网络（MPN）的系数为正但不显著。这说明，国有上市公司高管政治网络的存在加大了公司过度投资水平，且在地方国有上市公司中表现得更大更为显著。上述结果印证前文的假说 3.3。

在模型（3.13）中，民营上市公司样本高管政治网络（MPN）的系数为负且在 0.05 的水平上显著，说明高管政治网络在民营上市公司中能够抑制过度投资，提高公司的资本配置效率。这与 Chen 等（2010）研究结论一致，印证前文的假说 3.4。

就控制变量而言，自由现金流量（FCF）与过度投资（Overin）显著正相关，说明公司自由现金流量越充足，越容易导致过度投资的发生，与Richardson（2006）的经验证据相一致；大股东占款（ORE）的系数为负，表明大股东占款过多会明显减少过度投资的发生。

3. 高管政治网络与投资不足的回归结果分析

表3.13报告了不同所有制下高管政治网络与投资不足之间的估计结果。其中，模型（3.14）～模型（3.18）分别是全样本、国有上市公司样本、地方国有上市公司样本、中央国有上市公司样本、民营上市公司样本的回归检验结果。从中可知，五个模型的回归结果是显著有效的，不存在序列自相关问题，模型具有一定的拟合度。

表3.13 高管政治网络与投资不足的回归结果

变量	全样本	国有上市公司样本 全样本	地方国有上市公司样本	中央国有上市公司样本	民营上市公司样本
	模型（3.14）	模型（3.15）	模型（3.16）	模型（3.17）	模型（3.18）
常数项	0.038*** (15.93)	0.034*** (−9.013)	0.032*** (−6.945)	0.028*** (−3.691)	0.035*** (−7.240)
MPN	−0.003 (−1.420)	−0.001 (−0.697)	−0.002 (−1.429)	−0.002 (−0.315)	−0.004*** (−3.401)
FCF	−0.076*** (−16.049)	−0.082*** (−13.741)	−0.073*** (−9.544)	−0.053** (−2.039)	−0.49*** (−5.582)
ADM	−0.001 (−0.066)	−0.003 (−0.556)	−0.013** (−2.028)	−0.009 (−1.247)	−0.003 (−1.445)
ORE	0.032*** (4.569)	0.030** (3.460)	0.040*** (2.975)	0.016** (2.068)	0.026* (1.768)
Bank	−0.003 (−1.053)	−0.001 (−0.424)	0.000 (−0.077)	0.001 (−0.914)	−0.005* (−1.877)
D^{ind}	控制	控制	控制	控制	控制
D^y	控制	控制	控制	控制	控制
调整后的R^2	0.175	0.214	0.217	0.265	0.252
D-W检验值	1.955	1.928	1.961	2.1	2.033
F检验值	24.930***	23.432***	7.037***	5.362***	11.489***
N	3541	2429	1430	999	1112

*表示在0.1的水平上显著，**表示在0.05的水平上显著，***表示在0.01的水平上显著
注：括号内为t值

从模型（3.14）～模型（3.17）的回归结果看，高管政治网络（MPN）的系数均不显著，这说明在我国国有上市公司中，高管政治网络对公司投资不足的影响不明显。与表 3.12 中的模型（3.10）的回归结果对比可知，在我国国有上市公司中，高管政治网络对公司过度投资的影响大于投资不足，上述结果印证前文的假说 3.2。

从模型（3.18）的回归结果看，民营上市公司样本中高管政治网络（MPN）的系数为负且高度显著，表明高管政治网络在民营公司中能够抑制投资不足，提高公司投资效率。这源于高管政治网络的构建可能有助于民营企业提升自身的信誉和知名度，缓解企业的融资约束与投资不足问题，提高公司的资本配置效率。这一结果印证了前文的假说 3.4。

就控制变量而言，自由现金流量（FCF）与投资不足（Underin）呈显著负相关，说明公司自由现金流量越多，越能抑制投资不足现象的发生；大股东占款（ORE）的系数为正且显著，表明大股东占款越多越会加大投资不足程度。

4. 不同类型政治网络与过度投资的回归结果分析

表 3.14 为不同类型高管政治网络（MPN）与过度投资（Overin）的回归结果。其中，模型（3.19）、模型（3.21）、模型（3.23）、模型（3.25）、模型（3.27）分别为全样本、国有上市公司样本、地方国有上市公司样本、中央国有上市公司样本、民营上市公司样本政府官员类政治网络（MPNG）与过度投资（Overin）的回归结果；模型（3.20）、模型（3.22）、模型（3.24）、模型（3.26）、模型（3.28）分别是对应样本的代表委员类政治网络（MPND）与过度投资（Overin）的回归结果。从各模型回归结果来看，D-W 检验值均接近 2，可推断回归方程的残差序列不存在自相关；调整后的 R^2 表示模型具有一定的拟合度；由 F 检验值可知，模型回归结果是显著有效的。

表 3.14 不同类型高管政治网络与过度投资的回归结果

变量	全样本		国有上市公司样本						民营上市公司	
			全样本		地方国有上市公司样本		中央国有上市公司样本			
	模型(3.19)	模型(3.20)	模型(3.21)	模型(3.22)	模型(3.23)	模型(3.24)	模型(3.25)	模型(3.26)	模型(3.27)	模型(3.28)
常数项	0.054*** (4.548)	0.057*** (4.783)	0.056*** (3.713)	0.059*** (3.853)	0.029** (1.854)	0.037** (2.253)	0.035 (1.188)	0.038 (1.297)	0.067*** (3.256)	0.072 (3.521)
MPNG	0.001 (0.422)		0.012*** (4.741)		0.030*** (11.127)		0.001 (0.443)		−0.001 (−0.204)	
MPND		0.002* (1.651)		0.003*** (3.727)		0.007*** (4.469)		−0.005 (−1.336)		−0.005*** (−3.385)

续表

变量	全样本		国有上市公司样本						民营上市公司	
			全样本		地方国有上市公司样本		中央国有上市公司样本			
	模型(3.19)	模型(3.20)	模型(3.21)	模型(3.22)	模型(3.23)	模型(3.24)	模型(3.25)	模型(3.26)	模型(3.27)	模型(3.28)
FCF	0.059*** (3.284)	0.059*** (3.291)	0.078*** (3.196)	0.078*** (3.220)	0.051** (2.692)	0.017 (0.543)	0.073* (1.815)	0.078** (1.934)	0.038** (2.112)	0.034 (0.996)
ADM	0.010 (1.481)	0.011 (1.563)	0.012 (1.574)	0.012 (1.619)	−0.022 (0.778)	0.021 (0.709)	0.005 (0.073)	0.007 (0.102)	−0.002 (−0.101)	−0.004 (−0.191)
ORE	−0.039*** (−4.554)	−0.039*** (−4.584)	−0.065*** (−3.949)	−0.065*** (−3.946)	0.208*** (3.037)	0.199*** (2.727)	−0.110 (−1.282)	−0.103 (−1.206)	0.023 (0.441)	0.025 (0.486)
Bank	0.019** (1.790)	0.019* (1.838)	0.014 (1.013)	0.015 (1.050)	0.062*** (3.226)	0.085*** (4.198)	−0.022 (−0.925)	−0.024 (−0.991)	0.019 (1.208)	0.020 (1.282)
D^{ind}	控制	控制	控制	控制	控制	控制	控制	控制	控制	控制
D^y	控制	控制	控制	控制	控制	控制	控制	控制	控制	控制
R	0.279	0.281	0.304	0.303	0.485	0.347	0.325	0.329	0.373	0.383
调整后的R^2	0.063	0.064	0.072	0.072	0.205	0.105	0.054	0.057	0.093	0.101
D-W检验值	1.975	1.976	2.000	1.999	1.964	1.952	2.026	2.028	2.048	1.956
F检验值	5.371***	5.454***	4.613***	4.613***	7.774***	4.094***	2.044***	2.100***	3.015***	3.213***
N	2045	2045	1349	1349	862	862	487	487	696	696

*表示在0.1的水平上显著，**表示在0.05的水平上显著，***表示在0.01的水平上显著

注：括号内为t值

从表3.14中的政府官员类政治网络（MPNG）与过度投资（Overin）的回归结果来看，模型（3.21）、模型（3.23）中政府官员类政治网络（MPNG）的回归系数分别为0.012、0.030，且均在0.01的水平上显著，说明国有上市公司中政府官员类政治网络加大了过度投资水平，这种影响在地方国有上市公司中表现得更大、更显著。模型（3.22）、模型（3.24）中代表委员类政治网络（MPND）的回归系数分别为0.003、0.007，且均通过0.01水平上的显著性检验，这同样说明国有上市公司代表委员类政治网络会加剧过度投资现象，且这种影响在地方国有上市公司中也更大、更显著。

在模型（3.21）中，政府官员类政治网络（MPNG）的系数为0.012，大于模型（3.22）中代表委员类政治网络（MPND）的系数0.003；模型（3.23）中政府官员类政治网络（MPNG）的回归系数为0.030，同样也大于模型（3.24）中代表委员类政治网络（MPND）的系数0.007。这表明国有上市公司中政府官员类政治网络对过度投资的影响大于代表委员类政治网络，且在地方国有上市公司中表现得更大、更显著。

在模型（3.27）中，政府官员类政治网络（MPNG）与过度投资（Overin）之间关系为负相关但不显著；模型（3.28）中，代表委员类政治网络（MPND）的系数为–0.005，且在0.01的水平上显著。说明在民营上市公司中，政府官员类政治网络对公司过度投资现象不产生显著影响，而代表委员类政治网络能够抑制公司过度投资水平。

5. 不同类型高管政治网络与投资不足的回归结果分析

表3.15为不同类型高管政治网络（MPN）与投资不足（Underin）的回归结果。其中，模型（3.29）、模型（3.31）、模型（3.33）、模型（3.35）、模型（3.37）分别为全样本、国有上市公司样本、地方国有上市公司样本、中央国有上市公司样本、民营上市公司样本政府官员类政治网络（MPNG）与投资不足（Underin）的回归结果；模型（3.30）、模型（3.32）、模型（3.34）、模型（3.36）、模型（3.38）分别为相应公司样本代表委员类政治网络（MPND）与投资不足（Underin）的回归结果。从中可知，各模型的回归结果是显著有效的，不存在序列自相关问题，模型具有一定的拟合度。

表3.15 不同类型高管政治网络与投资不足的回归结果

变量	全样本 模型(3.29)	全样本 模型(3.30)	国有上市公司样本 全样本 模型(3.31)	国有上市公司样本 全样本 模型(3.32)	地方国有上市公司样本 模型(3.33)	地方国有上市公司样本 模型(3.34)	中央国有上市公司样本 模型(3.35)	中央国有上市公司样本 模型(3.36)	民营上市公司样本 模型(3.37)	民营上市公司样本 模型(3.38)
常数项	0.038*** (16.066)	0.039*** (16.495)	0.033*** (8.982)	0.034*** (9.068)	0.033*** (7.110)	0.033*** (6.969)	0.027*** (3.607)	0.028*** (3.759)	0.037*** (7.824)	0.036*** (7.399)
MPNG	0.001 (1.518)		0.001 (0.785)		–0.002 (–0.497)		0.001 (1.311)		–0.001 (1.439)	
MPND		–0.001 (–1.169)		–0.002 (–1.006)		–0.002 (–0.501)		–0.001 (–0.228)		–0.001*** (2.884)
FCF	–0.076*** (–16.012)	–0.076*** (–16.054)	–0.082*** (–13.734)	–0.082*** (–13.755)	–0.075*** (–9.614)	–0.075*** (–9.614)	–0.074*** (–7.681)	–0.074*** (–7.693)	–0.049*** (–6.640)	–0.049*** (–6.652)
ADM	–0.001 (–0.871)	–0.001 (–0.987)	–0.003 (–0.544)	–0.003 (–0.058)	–0.006 (–0.862)	–0.006 (–0.884)	–0.009 (–1.259)	–0.008 (–1.221)	–0.002 (0.441)	–0.003 (0.645)
ORE	–0.031*** (–4.521)	–0.031*** (–4.564)	–0.030*** (–3.439)	–0.030*** (–3.436)	–0.038*** (–2.775)	–0.037*** (–2.719)	–0.017** (–2.091)	–0.016** (–2.052)	–0.026** (–2.441)	–0.026** (–2.402)
Bank	0.003** (2.478)	0.003*** (2.667)	–0.001 (–0.462)	–0.003 (–0.460)	–0.002 (–0.102)	–0.001 (–0.139)	0.002 (0.122)	0.001 (0.103)	–0.005 (–1.529)	–0.005 (–1.636)
D^{ind}	控制	控制	控制	控制	控制	控制	控制	控制	控制	控制
D^y	控制	控制	控制	控制	控制	控制	控制	控制	控制	控制

续表

变量	全样本		国有上市公司样本						民营上市公司样本	
			全样本		地方国有上市公司样本		中央国有上市公司样本			
	模型(3.29)	模型(3.30)	模型(3.31)	模型(3.32)	模型(3.33)	模型(3.34)	模型(3.35)	模型(3.36)	模型(3.37)	模型(3.38)
R	0.420	0.420	0.473	0.473	0.440	0.440	0.516	0.515	0.496	0.500
调整后的R^2	0.169	0.169	0.214	0.214	0.175	0.175	0.242	0.241	0.224	0.228
D-W检验值	1.958	1.956	1.930	1.929	1.965	2.021	2.102	2.100	1.996	2.003
F检验值	14.407	14.373***	13.437***	13.453***	10.117***	10.118***	10.972***	10.901***	11.107***	11.357***
N	3541	3541	2429	2429	1430	1430	999	999	1112	1112

表示在 0.05 的水平上显著，*表示在 0.01 的水平上显著
注：括号内为 t 值

由表 3.15 可知，各模型中政府官员类政治网络（MPNG）的回归系数均不显著，表明在各样本公司中，政府官员类政治网络对公司投资不足不产生显著影响；而从代表委员类政治网络（MPND）与投资不足（Underin）的回归结果来看，只有模型（3.38）中代表委员类政治网络（MPND）的系数为负，且在 0.01 水平上显著，说明在民营上市公司中，代表委员类政治网络能够缓解公司投资不足问题。

综上所述，不同类型政治网络与公司资本配置效率之间的关系表现为以下两点。

在国有上市公司中，政府官员类与代表委员类政治网络均加大了公司过度投资水平，且政府官员类政治网络的影响要大于代表委员类政治网络，但这两类政治网络对投资不足不产生显著影响。这说明国有上市公司中政府官员类政治网络对公司资本配置效率的影响大于代表委员类政治网络。这一结果印证了上文假说 3.5a。

而在民营上市公司中，代表委员类政治网络能抑制公司过度投资、缓解投资不足；政府官员类政治网络对过度投资和投资不足不产生显著影响。这说明在民营上市公司中代表委员类政治网络对公司资本配置效率的影响大于政府官员类政治网络。这一结果印证了上文假说 3.5b。

3.4.6 稳健性检验

1. 对假说 3.1～假说 3.4 的稳健性检验

为了检验上述结论是否稳健可靠，本章采用替换高管政治网络度量指标的方

法来进行分析,即采用虚拟变量法度量,采用 MPN-DUM 代替式(3.2)中的 MPN,若存在高管政治网络,MPN-DUM 取值为 1;否则为 0;并对上文的假说 3.1～假说 3.4 进行重新检验,回归结果见表 3.16～表 3.18,从中可知,回归结果与前述结论基本一致,说明上述假说结果稳健可靠。

表 3.16 高管政治网络与资本投资水平的稳健性检验结果

变量	全样本	国有上市公司样本	民营上市公司样本
	模型(3.39)	模型(3.40)	模型(3.41)
常数项	0.037*** (9.514)	0.075*** (8.118)	0.079*** (6.261)
MPN-DUM	0.020** (1.820)	0.024*** (7.314)	0.007*** (1.727)
FCF	0.040*** (6.122)	0.062*** (4.348)	0.036* (1.817)
ADM	−0.026** (−2.504)	−0.026* (−1.810)	−0.024* (−1.859)
ORE	−0.181*** (−8.967)	−0.213*** (−8.408)	−0.165*** (−5.779)
Bank	−0.006* (−1.920)	−0.006*** (−4.474)	0.007 (0.881)
D^{ind}	控制	控制	控制
D^y	控制	控制	控制
调整后的 R^2	0.185	0.152	0.117
D-W 检验值	1.988	1.987	1.918
F 检验值	25.847***	22.238***	8.266***
N	5586	3778	1808

*表示在 0.1 的水平上显著,**表示在 0.05 的水平上显著,***表示在 0.01 的水平上显著
注:括号内为 t 值

表 3.17 高管政治网络与过度投资的稳健性检验结果

变量	全样本	国有上市公司样本			民营上市公司样本
		全样本	地方国有上市公司样本	中央国有上市公司样本	
	模型(3.42)	模型(3.43)	模型(3.44)	模型(3.45)	模型(3.46)
常数项	0.054*** (3.729)	0.058*** (3.806)	0.026* (1.599)	0.044** (2.479)	0.076*** (3.604)
MPN-DUM	0.002** (2.435)	0.012*** (3.422)	0.045*** (7.607)	−0.006 (−0.773)	−0.016** (−1.916)
FCF	0.062*** (3.243)	0.078*** (3.194)	0.033 (1.080)	0.025*** (3.543)	−0.035 (−1.034)

续表

变量	全样本	国有上市公司样本 全样本	国有上市公司样本 地方国有上市公司样本	国有上市公司样本 中央国有上市公司样本	民营上市公司样本
	模型（3.42）	模型（3.43）	模型（3.44）	模型（3.45）	模型（3.46）
ADM	0.011 (1.422)	0.012 (1.583)	0.025 (0.830)	0.002 (0.031)	−0.002 (−0.084)
ORE	−0.042*** (−3.413)	−0.064*** (−3.918)	−0.208*** (−2.922)	−0.114** (−1.327)	−0.027 (−0.514)
Bank	0.019*** (2.734)	0.015 (1.064)	0.083*** (4.184)	−0.023 (−0.956)	0.020 (1.234)
D^{ind}	控制	控制	控制	控制	控制
D^y	控制	控制	控制	控制	控制
调整后的 R^2	0.094	0.092	0.145	0.110	0.098
D-W 检验值	2.023	1.999	1.996	2.025	2.001
F 检验值	4.324***	4.601***	5.437***	3.079***	3.142***
N	2045	2045	1349	862	487

*表示在 0.1 的水平上显著，**表示在 0.05 的水平上显著，***表示在 0.01 的水平上显著
注：括号内为 t 值

表 3.18　高管政治网络与投资不足的稳健性检验结果

变量	全样本	国有上市公司样本 全样本	国有上市公司样本 地方国有上市公司样本	国有上市公司样本 中央国有上市公司样本	民营上市公司样本
	模型（3.47）	模型（3.48）	模型（3.49）	模型（3.50）	模型（3.51）
常数项	0.038*** (7.457)	0.033*** (8.982)	0.033*** (7.131)	0.032*** (4.227)	0.036*** (7.476)
MPN-DUM	−0.002 (−1.420)	−0.002 (−0.450)	−0.001 (−0.829)	0.002 (−0.315)	−0.003** (−1.953)
FCF	−0.076*** (−9.142)	−0.082*** (−8.734)	−0.075*** (−9.626)	−0.074*** (−7.603)	−0.049*** (−6.689)
ADM	−0.001 (−0.066)	−0.003 (−0.555)	−0.007 (−0.918)	−0.003 (−0.441)	0.003 (0.563)
ORE	−0.028*** (−3.242)	−0.030*** (−3.443)	−0.037*** (−2.691)	−0.021* (−1.666)	−0.026** (−2.451)
Bank	−0.003 (−1.062)	−0.001 (−0.422)	−0.002 (−0.082)	0.001 (0.211)	−0.005* (−1.637)
D^{ind}	控制	控制	控制	控制	控制
D^y	控制	控制	控制	控制	控制

续表

变量	全样本	国有上市公司样本			民营上市公司样本
		全样本	地方国有上市公司样本	中央国有上市公司样本	
	模型（3.47）	模型（3.48）	模型（3.49）	模型（3.50）	模型（3.51）
调整后的 R^2	0.184	0.214	0.175	0.240	0.225
D-W 检验值	1.964	1.928	1.964	1.982	1.995
F 检验值	12.124***	13.420***	10.135***	10.843***	11.177***
N	3541	2429	1430	999	1112

*表示在 0.1 的水平上显著，**表示在 0.05 的水平上显著，***表示在 0.01 的水平上显著

注：括号内为 t 值

2. 对假说 3.5 的稳健性检验

首先，采用虚拟变量法度量不同类型高管政治网络，采用变量 MPNG-DUM、MPND-DUM 替换式（3.2）中 MPNG 与 MPND。若存在政府官员类政治网络，MPNG-DUM 则取值为 1；否则取值为 0；若存在代表委员类政治网络，则 MPND-DUM 取值为 1；否则取值为 0。然后，对式（3.2）进行线性回归，对前文的假说 3.5 重新进行检验，回归结果见表 3.19、表 3.20。从中可知，回归结果与前述结论基本一致，说明前文结论是稳健的、可靠的。

表 3.19　不同类型高管政治网络与过度投资稳健性检验结果

变量	全样本		国有上市公司样本						民营上市公司样本	
			全样本		地方国有上市公司样本		中央国有上市公司样本			
	模型(3.52)	模型(3.53)	模型(3.54)	模型(3.55)	模型(3.56)	模型(3.57)	模型(3.58)	模型(3.59)	模型(3.60)	模型(3.61)
常数项	0.055*** (4.616)	0.054*** (4.607)	0.056*** (3.687)	0.059*** (3.884)	0.019 (1.179)	0.034*** (7.104)	0.033 (1.112)	0.039 (1.320)	0.073*** (3.538)	0.036*** (7.456)
MPNG-DUM	−0.002 (−0.473)		0.006 (0.928)		0.058*** (8.094)		0.011 (1.024)		−0.003 (−0.264)	
MPND-DUM		−0.002 (−0.381)		−0.008 (1.072)		0.032*** (4.516)		−0.020 (−1.367)		−0.020*** (−3.155)
FCF	0.059*** (3.294)	0.059*** (3.270)	0.077*** (3.191)	0.078*** (3.215)	0.044 (1.436)	0.075*** (9.623)	0.073* (1.800)	0.078** (1.940)	0.035** (2.025)	0.034*** (3.996)
ADM	0.010 (1.496)	0.010 (1.475)	0.012 (1.584)	0.012 (1.640)	0.026 (0.907)	0.007 (−0.919)	0.005 (0.065)	0.008 (0.112)	−0.003 (−0.152)	−0.004 (−0.191)
ORE	−0.038*** (−4.372)	−0.038*** (−4.530)	−0.065*** (−3.997)	−0.065*** (−3.935)	−0.215*** (−3.079)	−0.037*** (−2.685)	−0.112 (−3.306)	−0.103 (−3.198)	−0.025 (−0.483)	0.025 (0.486)

续表

变量	全样本		国有上市公司样本						民营上市公司样本	
			全样本		地方国有上市公司样本		中央国有上市公司样本			
	模型(3.52)	模型(3.53)	模型(3.54)	模型(3.55)	模型(3.56)	模型(3.57)	模型(3.58)	模型(3.59)	模型(3.60)	模型(3.61)
Bank	0.019(1.183)	0.019*(1.809)	0.014(1.004)	0.015(1.078)	0.079***(4.047)	−0.002(−0.092)	−0.022(−0.922)	−0.024(−0.999)	0.020*(1.271)	0.020(1.282)
D^{ind}	控制	控制	控制	控制	控制	控制	控制	控制	控制	控制
D^y	控制	控制	控制	控制	控制	控制	控制	控制	控制	控制
R	0.279	0.279	0.304	0.304	0.454	0.441	0.327	0.329	0.382	0.403
调整后的 R^2	0.063	0.063	0.072	0.073	0.173	0.174	0.055	0.057	0.146	0.131
D-W检验值	1.975	1.976	1.998	1.998	2.001	1.964	2.023	2.029	1.996	2.056
F检验值	5.373***	5.370***	4.624***	4.634***	6.340***	9.820***	2.074***	2.103***	3.087***	3.223***
N	2045	2045	1349	1349	862	862	487	487	696	696

*表示在0.1的水平上显著，**表示在0.05的水平上显著，***表示在0.01的水平上显著

注：括号内为 t 值

表3.20 不同类型高管政治网络与投资不足稳健性检验结果

变量	全样本		国有上市公司样本						民营上市公司	
			全样本		地方国有上市公司样本		中央国有上市公司样本			
	模型(3.62)	模型(3.63)	模型(3.64)	模型(3.65)	模型(3.66)	模型(3.67)	模型(3.68)	模型(3.69)	模型(3.70)	模型(3.71)
常数项	0.038***(16.275)	0.038***(16.458)	0.033***(9.008)	0.034***(9.092)	0.033***(7.104)	0.033***(7.098)	0.027***(3.627)	0.028***(3.745)	0.035***(5.104)	0.036***(7.456)
MPNG-DUM	0.001(0.324)		0.001(0.243)		−0.001(−0.375)		0.001(1.304)		−0.004*(−1.686)	
MPND-DUM		−0.001(−0.495)		−0.002(−1.103)		−0.002(−0.752)		−0.002(−0.428)		−0.003**(−1.894)
FCF	−0.076***(−16.025)	−0.076***(−16.040)	−0.082***(−13.736)	−0.082***(−13.752)	−0.075***(−9.610)	−0.075***(−9.621)	−0.074***(−6.661)	−0.074***(−7.842)	−0.049***(−6.640)	−0.049***(−6.680)
ADM	−0.001(−0.882)	−0.001(−0.902)	−0.003(−0.542)	−0.003(−0.571)	−0.006(−0.866)	−0.007(−0.908)	−0.009(−1.221)	−0.008(−1.234)	0.002(0.441)	0.003(0.563)
ORE	−0.031***(−4.567)	−0.031***(−4.555)	−0.030***(−3.461)	−0.030***(−3.413)	−0.037***(−2.734)	−0.037***(−2.690)	−0.017**(−2.081)	−0.016***(−3.054)	−0.026**(−2.441)	−0.026**(−2.440)
Bank	0.003***(2.484)	0.003**(2.533)	−0.002(−0.452)	−0.001(−0.448)	−0.003(−0.098)	−0.001(−0.127)	0.002(0.232)	0.001(0.323)	−0.005(−1.529)	−0.005*(−1.740)

续表

变量	全样本		国有上市公司样本						民营上市公司	
			全样本		地方国有上市公司样本		中央国有上市公司样本			
	模型(3.62)	模型(3.63)	模型(3.64)	模型(3.65)	模型(3.66)	模型(3.67)	模型(3.68)	模型(3.69)	模型(3.70)	模型(3.71)
D^{ind}	控制	控制	控制	控制	控制	控制	控制	控制	控制	控制
D^y	控制	控制	控制	控制	控制	控制	控制	控制	控制	控制
R	0.419	0.419	0.472	0.473	0.440	0.440	0.519	0.525	0.446	0.499
调整后的R^2	0.168	0.169	0.214	0.214	0.175	0.175	0.244	0.249	0.201	0.227
D-W检验值	1.957	1.957	1.929	1.929	1.964	2.056	2.314	2.040	1.996	2.002
F检验值	14.327***	14.332***	13.414***	23.453***	10.113***	10.130***	10.148***	10.562***	10.901***	10.965***
N	3541	3541	2429	2429	1430	1430	999	999	1112	1112

*表示在0.1的水平上显著，**表示在0.05的水平上显著，***表示在0.01的水平上显著
注：括号内为t值

3.5 本章小结

基于理论分析，本章提出了五个研究假说。假说3.1：高管政治网络对公司投资水平产生正面影响，且对国有上市公司投资水平的影响要强于民营上市公司。假说3.2：国有上市公司高管政治网络对公司过度投资的影响大于投资不足。假说3.3：与中央国有上市公司相比，地方国有上市公司高管政治网络对过度投资的影响更大。假说3.4：民营上市公司高管政治网络与公司资本配置效率的提升呈正相关关系。假说3.5：国有上市公司中政府官员类政治网络对公司资本配置效率的影响大于代表委员类政治网络，而民营上市公司中代表委员类政治网络对公司资本配置效率的影响大于政府官员类政治网络。在此基础上，以2001～2009年中国A股上市公司为研究样本，考察了不同产权性质公司高管政治网络与资本配置效率之间的关系。

检验结果显示：①高管政治网络在我国上市公司中普遍存在，拥有高管政治网络的公司增加了投资支出，且这种影响效应在国有上市公司中表现得更为明显。②高管政治网络对不同产权性质公司资本配置效率的影响存在差异性。在国有上市公司中，高管政治网络加大了公司过度投资，影响了公司资本配置效率的提高；与中央国有上市公司相比，地方国有上市公司高管政治网络对过度投资的正面影响效应更大、更显著；而在民营上市公司中，高管政治网络能缓解公司的过度投

资，抑制投资不足，促进了公司资本配置效率的提升。③对于不同类型高管政治网络而言，国有上市公司政府官员类政治网络比代表委员类政治网络更加剧了公司的过度投资，影响了公司资本配置效率的提高；而民营上市公司中，政府官员类政治网络与公司投资过度和投资不足均无明显关系，而代表委员类政治网络则能抑制公司过度投资、缓解公司投资不足。

本章的研究结论说明了高管政治网络对不同产权性质公司资本配置效率的影响效应不一，为国有上市公司过度投资行为提供了重要的经验证据，因此，各级政府应转变职能，简政放权，真正行使市场监管与服务职能，充分发挥市场在资源配置中的决定性作用；同时规范政企关系，加大对国有上市公司投资行为的监管力度，促进其资本配置效率的提升。

第4章　投资者情绪、高管过度自信与资本投资的实证研究

第3章研究了不同产权视角下高管政治网络对公司资本配置效率的影响,本章将从决策者非理性视角考察公司资本投资的问题。目前,国内外学者以投资者情绪或高管过度自信为假设前提,对公司资本投资影响的研究已经取得了一定的理论和实证研究成果,但还较少有探讨投资者情绪、高管过度自信对公司资本投资的影响机理的研究,以我国特殊的股票市场为背景的研究更少。那么,在投资者情绪、高管过度自信的双重非理性情况下,公司的资本投资会受到怎样的影响?这值得进一步的探讨。因此,本章根据情绪感染理论,阐述了投资者与高管之间的情绪感染及其对公司资本投资的作用机理,并且结合迎合理论提出本章的研究假说,在此基础上,研究投资者情绪和高管过度自信对公司资本投资的综合影响。

4.1　问题的提出

资本投资决策是公司重要的战略决策之一,对公司未来的发展至关重要。在传统的财务理论中,公司投资决策隐含资本市场有效性和理性决策者等假设。但是,随着认知心理学的引入和行为金融学的产生,这些假设在现实中的适用性受到了质疑。行为公司财务的研究表明,在不确定条件下,高管做出的投资决策往往受到心理因素和认知偏差的影响而偏离预期效用最大化的目标;而证券投资者往往受到自身心理、情绪的影响而产生非理性行为,导致股票价格的误定价。第2章的研究文献表明,国内外学者将心理学、行为学的研究成果引入,在理论上放松了对经典财务理论中关于市场有效性与理性决策者的假设,重点对投资者情绪、高管过度自信与公司投资决策的关系进行研究并取得了一定的成果。但是,关于决策者非理性影响公司投资行为的研究承袭了行为公司财务的一般分析框架,即基于投资者非理性、高管理性或高管非理性、投资者理性的基本假设展开。

学者研究表明,投资者情绪显著影响公司投资决策,高涨的投资者情绪会提高公司的投资水平(Baker et al.,2003；Polk and Sapienza,2009；Arif and Lee,2014；葛永波等,2016),但是,Li(2003)、刘红忠和张昉(2004)研究发现,投资者情绪与公司投资水平负相关。而过度自信高管可能会进行更多的并购和投

资，提高投资-现金流敏感性（Roll，1986；Malmendier and Tate，2005a，2008；Shinsuke，2014；姜付秀等，2009；马润平等，2012；侯巧铭等，2017）。但是，也有学者认为，高管过度自信对公司投资-现金流敏感性的影响，仅在国有上市公司中存在，或者与融资约束大小无关，或者对经营活动产生的自由现金流不敏感（Huang et al.，2011；郝颖等，2005，；王霞等，2008）。可见，投资者情绪、高管过度自信影响公司投资行为的研究结论仍存在争议。同时，学者较少考虑投资者与管理者非理性之间的感染效应对公司投资行为的影响。因此，有必要进一步研究，当高管存在过度自信的认知偏差，市场震荡加剧投资者的情绪波动时，投资者情绪是否会传染高管的情绪而影响公司投资行为。

4.2 投资者情绪、高管过度自信对资本投资的作用机理

4.2.1 投资者与高管的感染机制

人群互动的过程一直是很多心理学家和社会学家所关心的课题。法国心理学家古斯塔夫·勒庞（Gustave Le Bon）在其1895年出版的《乌合之众：大众心理研究》一书中提出了情绪感染理论。勒庞指出，在有人群的情况下，会出现一种群体心理，使处于人群中的人们的行为具有相互感染性。人群中某个人的行动势必"传染"给另外一个人，最终形成某种集体行为。他认为，群体通常处于一种期待注意的状态中，很容易受人暗示。最初的暗示，通过"相互传染"的过程得到传播，一旦被广泛传播，意识形态就渗透到群众中的个体的心理层次，使个体丧失独特的人格意识。近年来，社会心理学中有不少文献证实，在人与他人的互动中，个人会因对方的内心状态而不断调整自身并受对方的影响。社会学家Granovetter（1978）曾提出群众行为的门槛模型，认为面对任何特定情况，每个人内心都有个门槛值，它反映出个人决定参加某个特定事件时的临界点。此临界点除了与个人的偏好有关，还取决于有多少人会参与到该事件中。

社会心理学对集体行为的观察肯定了两种感染，即情绪的感染和行为的感染。这些感染吸引和影响了个体，最初有许多人是袖手旁观、漠不关心者，可能觉得某种行为有一点奇怪，感觉有必要细加观察，不久却突然兴奋起来，于是也参与进去。这是由于他的情绪和行为都已被传染。情绪的感染使个人的情绪与群众情绪一致起来，形成了群众心理。他不自觉地背弃了日常行为模式，失去了理智的控制，听命于本能冲动的支配。例如，看摇摆舞的年轻人欣赏舞者的表演时，会不自觉地跟着舞者舞动起来。行为的感染使一定的行动彼此相传，由一个个体传染到另一个个体。

如果将上述心理学的理论应用到资本市场中,那么投资者和高管便是资本市场这个群体中的成员。处于同一个经济运行系统中的两类成员,其中一类成员的情绪在某些时候会影响到另一类成员的情绪,从而导致另一类成员的行为的转变。当然,这种情绪的感染和传导是有一定的前提条件的,即投资者和高管处于同一个资本市场中,身处同一个体制下的经济运行环境中,也就是说投资者和高管面对的客观经济环境是相同的。同时,并不是说投资者所有的情绪都会影响高管的情绪,或者高管的所有情绪都会影响投资者的情绪,本章主要讨论前一种情绪的感染。只有投资者的情绪达到一定的影响度时,才会影响过度自信高管的情绪,最终可能导致公司资本投资行为的转变。

4.2.2 投资者情绪、高管过度自信对资本投资的影响机理

在投资者和高管共处的资本市场中,投资者乐观或悲观的情绪将影响资本市场股票价格的波动。作为该资本市场的参与者——高管,对公司的资本投资进行决策时,必然会考虑公司股票价格的表现。因此,公司股票价格是连接投资者与高管之间的桥梁,使高管和投资者之间产生互动。当投资者情绪的影响力达到一定程度时,或者达到了高管接受投资者情绪影响的临界点时,投资者的情绪可能会波及高管,从而导致高管的非理性,最终对公司的资本投资决策产生影响。例如,当投资者过度乐观时,会推动公司股价的大幅上涨,高管可能会无意识地受到这种乐观情绪的传染,同样认为公司的发展前景美好,于是就会择机增发股票以降低融资成本,并投资于一些本来净现值并不理想的项目,造成过度投资。当投资者悲观时,会导致公司股价的下跌,高管可能会感受到这种悲观的情绪,不看好公司的发展前景,从而导致投资不足。传导机制如图 4.1 所示。

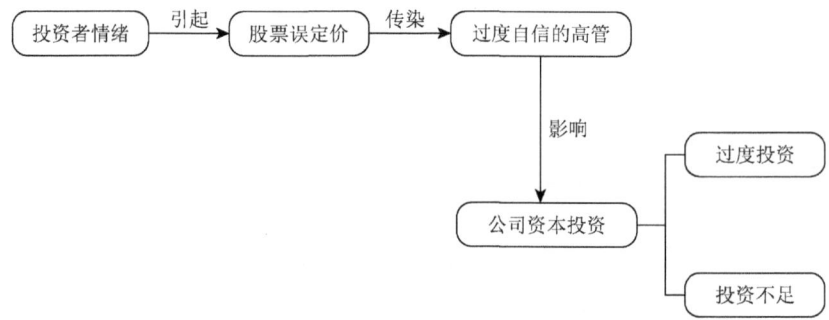

图 4.1 投资者情绪、高管过度自信对资本投资的影响机理

4.3 研究假说的提出

当投资者和高管都非理性时，投资者的情绪会感染和传递给高管，其影响的结果将导致公司的财务决策偏离理性的轨道。正如朱武祥（2003）所述，股票市场投资者和分析家的过度乐观将导致公司股票价格可能严重背离公司内在价值，同时，还诱导非理性的公司高管进一步加剧过度乐观和自信，更加低估投资风险，高估投资价值，更积极地进行高风险的投资扩张活动。那么，投资者情绪如何影响非理性高管的情绪，进而影响公司投资行为？其理论依据主要是迎合理论与情绪感染理论。

Baker 和 Wurgler（2004）提出了股利迎合理论，认为公司高管分配现金股利的决策是由投资者的股利需求驱动的，即投资者想要什么，公司高管就给他们什么，其实质是考虑投资者对股利的需求会受到情绪的影响，公司高管将会迎合这种情绪的可能性。行为公司财务的迎合理论表明，公司高管有可能为了迎合投资者的情绪而做出非理性行为，从而造成公司财务决策的扭曲。Barberis 和 Thaler（2003）研究认为，当高管缺乏关于市场的准确信息时，会在一定程度上顾虑到投资者的情绪，在投资者情绪处于高涨状态时大多会做出净现值为负的决策，导致公司投资扭曲；Polk 和 Sapienza（2009）发现，误定价与公司的投资呈显著正相关，说明在股价高涨时高管存在扩大投资迎合投资者需求的倾向；刘红忠和张昉（2004）、刘端和陈收（2006）的研究都表明，高管存在迎合投资者情绪的行为，从而导致公司的实际投资水平扭曲。

勒庞（2004）的情绪感染理论认为，在群体中每种感情与行动都有传染性，而群体的普遍特征之一是易受暗示和轻信；最初的提示，通过相互传染的过程，会很快进入群体中所有人的头脑，引起群体感情的一致性倾向。Hatfield 等（1993）证实了个体在交互过程中均具有情绪感染的特征，这一过程更多是无意识的机械反应，情绪感染最终会影响个体的情绪体验。杜建刚和范秀成（2007）验证了情绪感染在服务补救情景中是真实存在的，并论证了情绪对顾客满意度和行为的直接作用；金立印（2008）从情绪感染视角验证了服务接触中的员工沟通行为对顾客情感和行为反应具有显著影响。如果将情绪感染理论应用于证券市场之中，则投资者和高管是该市场群体中的两类成员。投资者乐观或悲观的情绪将引起资本市场股票价格的波动，而作为该资本市场的参与者——高管对公司投资进行决策时，必然会考虑公司股价的表现。因此，股票价格是连接投资者与高管的桥梁。当投资者情绪的影响力达到一定程度时，投资者的情绪可能会影响到高管，从而导致高管的非理性，最终对公司投资行为产生影响。

情绪感染理论和迎合理论可以较好地解释投资者情绪、高管过度自信对公司资本投资的影响。根据情绪感染理论，投资者的情绪会感染高管；根据迎合理论，受到影响的高管，有可能做出迎合投资者情绪的资本投资决策。投资者的非理性导致股票市场的误定价，过度自信高管观察到投资者情绪波动可能会加剧其认知偏差而影响公司投资决策。因此，本章提出如下假说。

假说 4.1：与一般高管相比，过度自信高管使投资者情绪与公司资本投资之间的敏感性增强。

股票市场瞬息万变，尤其中国股市是一个新兴市场，牛市、熊市交替频繁。处在跌宕起伏的股市中的投资者情绪抑或高涨，抑或低落，这些高涨或低落的情绪对高管情绪的感染效应可能存在差异。为了迎合投资者的不同情绪需求，过度自信高管将做出不同的资本投资决策。鉴于此，本章提出如下假说。

假说 4.2：当投资者情绪高涨或低落时，高管过度自信对公司资本投资产生不同的影响。

每个公司都有自身的战略规划与经营策略，公司间的投资规模不一。对于投资水平较高的公司，高管会把握尽可能多的投资机会，以实现公司价值的最大化。当投资者情绪高涨时，股价可能飙升，高管可能会受到这种繁荣景象的鼓动，迎合投资者的情绪而扩大公司投资规模。而对于投资水平较低的公司，由于投资受到一些条件限制，即使受到投资者情绪高涨的传染，公司高管可能也无法迎合投资者的情绪。由此，本章提出如下假说。

假说 4.3：对于投资水平不同的公司，投资者情绪和高管过度自信对公司资本投资的综合影响存在差异。

4.4　投资者情绪和高管过度自信指标的选取

4.4.1　投资者情绪指标的选取

1. 目前度量投资者情绪的指标

关于度量投资者情绪方面的文献比较丰富，目前国内外学者提出的投资者情绪的主要度量指标可以归结为以下三大类。

（1）根据市场调查结果来判断。这类指标主要是通过问卷的形式来调查投资者对未来市场行情的预期和看法，是一种主观地或直接地度量投资者情绪的指标。主要包括以下六种指数。

一是投资者智能指数。该指标由 Chartcraft 公司编制，主要是基于对 130 多家报纸的股评者情绪调查得来的，分为看涨、看跌和看平三种情绪。该指数被定义为看涨百分比数与看跌百分比数之差。Solt 和 Statman（1988）发现，该指数不能预测未来股价变化，但 Siegel（1992）使用该指标证明其能够预测市场收益。Clarke 和 Statman（1998）发现它与道琼斯工业指数和标准普尔 500 指数（以下简称 S&P500 指数）间不存在显著的统计关系。Fisher 和 Statman（2000）研究也发现，该指标与次月 S&P500 指数收益率呈负相关关系，但是不具有显著的统计性。Brown 和 Cliff（2004）将其作为情绪指标，发现资产定价与投资者情绪之间存在正向变动关系。

二是美国个体投资者协会指数。该指数是由美国个体投资者协会定期对其会员的情绪进行问卷调查，要求被调查者对未来一定期间的股市走向进行预测，在此基础上编制而来的。Fisher 和 Statman（2000）、Brown 和 Cliff（2005）研究发现，该指数能够有效地度量投资者情绪，并且能够预测未来收益。

三是友好指数。该指标是哈达迪公司在对全国主要基金公司、投资机构和主要报刊等每周的买进卖出建议进行统计并赋予其一定分值的基础上编制出来的。在股票市场上，Solt 和 Statman（1988）发现该指数对 S&P500 指数未来收益的预测能力并不显著。

四是《央视看盘》BSI 指数（bullish sentiment index，看涨情绪指数）和中证机构 BSI 指数。前者是在中央电视台网站中的《央视看盘》栏目所编辑的证券公司对未来涨跌趋势的观点的基础上，进行 BSI 指标的构建；后者则是根据《中国证券报》的"券商看市"和"咨询机构看市"栏目所公布的券商和证券机构对本周股票市场的走势观点构建的 BSI 指数。王美今和孙建军（2004）利用《央视看盘》构建 BSI 指数，其构造的理论模型发现投资者情绪的变化不仅显著地影响沪深两市收益，而且显著地反向修正沪深两市的收益波动，并通过风险影响收益。他们的研究表明，沪深两市不仅具有相同的投资者行为和风险收益特征，而且均未达到弱式有效，机构投资者是可能的噪声交易者风险源。饶育蕾和张轮（2005）分别用《央视看盘》和《中国证券报》相关栏目构造两个 BSI 指数来检验我国机构投资者的 BSI 水平与股票市场未来收益的关系，研究结果表明，这两者之间不具有显著性关系。刘超和韩泽县（2006）选择《央视看盘》投资者情绪调查数据作为投资者情绪的替代指标，分析其与上海证券交易所股票价格综合指数（以下简称上证综指）之间的关系，研究表明投资者情绪和上证综指有着比较强的相关性。

五是好淡指数。该指数与友好指数相类似，根据我国的《股市动态分析》杂志社对被访者对未来股市的预测的调查数据构建。程昆和刘仁和（2005）发现用好淡指数表示的情绪指标能反映股市的"牛、熊"状况，然后利用脉冲响应函数、方差分解和格兰杰因果检验分析了股市收益率、投资者中期情绪指数和投资者短期情绪指数三者之间的动态关系。研究表明，投资者中期情绪指数比投资者短期情绪指数更能影响股市收益率的变动，而且投资者中期情绪指数是股市收益率的格兰杰原因；投资者中期情绪指数基本上不受股市收益率与投资者短期情绪指数的影响；投资者短期情绪指数明显受到股市收益率波动的冲击，股市收益率是投资者短期情绪指数的格兰杰原因，而投资者中期情绪指数对投资者短期情绪指数影响很小。

六是消费者信心指数。消费者信心指数作为预测经济走势和消费趋向的一个先行指标，主要用来预测家庭消费支出。在美国，消费者信心指数主要由两大机构——密西根大学调查研究中心和会议委员会编制，前者编制的指数关注个体财务状况，后者编制的指数着重于宏观经济状况。而我国的消费者信心指数由国家统计局中国经济景气监测中心编制，从1998年8月开始定期发布。Fisher和Statman（2000）发现，密歇根消费者信心指数可以预测小盘股的未来收益，但与S&P500指数收益的统计关系并不显著。Qiu和Welch（2004）研究表明，与封闭式基金折价率相比，消费者信心指数能更好地度量投资者情绪，也可以更好地解释IPO（initial public offerings，首次公开募股）行为、小市值股票的超额收益。薛斐（2005）利用国内的数据来比较消费者信心指数与封闭式基金折价率，以寻求度量投资者情绪的更好指标。结果发现，消费者信心指数比封闭式基金折价率能更好地度量投资者情绪，更适合作为投资者情绪指数的代理变量。

（2）根据市场公开交易数据侧面反映投资者情绪。这是利用股票市场上有关交易量和价格的波动性特征来间接度量投资者情绪的一种方法，即通过投资者所参与的投资活动带来的股票市场的波动，从侧面反映投资者的情绪。主要包括以下六个指标。

一是封闭式基金折价率。封闭式基金折价率是指封闭式基金价格相对资产净值的负向偏离程度，是一个重要的情绪指标。封闭式基金折价率＝（基金价格–单位净值）/单位净值。其中，基金价格为一定时期末交易日的收盘价，单位净值为一定时期末交易日的单位净值。折价率为负，溢价率为正。一般认为，封闭式基金折价率与投资者情绪呈反向关系。Zweig（1973）较早发现封闭式基金折价率可作为投资者情绪的代理指标。de Long等（1990）提出噪声交易者模型，认为封闭式基金折价率可以反映噪声交易者情绪的变动，且投资者情绪是引起资产价格变动的系统风险因素。Neal和Wheatley（1998）证实了封闭式基金折价率可以作为个体投资者情绪的代理指标。Baker和Wurgler（2006）研究表明，封闭式基金折价率可以较好地反映市场情绪的变化。国内学者顾娟（2001）、金晓斌等（2002）、伍燕然和韩立岩（2007）等研究均表明，投资者情绪对国内封闭式基金折价现象具有较强的解释力。然而，该指标的适用性也存在着争议。Chen等（1993）、Brown和Cliff（2004）

及张俊生等（2001）的研究对封闭式基金折价率的适用性提出了质疑。

二是 IPO 数量及首日收益。IPO 市场一直被认为对情绪很敏感，IPO 发行量及上市首日的报酬率能较好地反映投资者的情绪，IPO 交易数量和报酬率越高，意味着投资者情绪越高涨，反之亦然。Ljungqvist 和 Wilhelm（2003）、Baker 和 Wurgler（2006）认为，上市首日的收益率（return of IPO，RIPO）及首次公开发行数目（number of IPO，NIPO）都可以被用来度量投资者情绪，且与投资者的情绪正相关。王春峰等（2007）研究发现，投资者情绪与新股发行价格、上市初期交易价格和 IPO 抑价正相关。韩立岩和伍燕然（2007）论证了投资者情绪是资产定价的重要因素。

三是股票成交量或流动性。这些指标常被用作预测股票报酬的因素。Campbell 等（1993）利用纽约证券交易所（New York Stock Exchange，NYSE）和美国证券交易所（American Stock Exchange，AMEX）的股票周资料，发现股价走势在高成交量时出现反转，在成交量低的时候出现价格连续反转的现象，表明高成交量时的股价下跌比低成交量时的股价下跌更可能与预期的股票回报率增加有关。但 Cooper（1999）以 NYSE 和 AMEX 股票为研究对象的实证结果却发现，成交量减少时的价格反转比成交量增加时的价格反转现象更多。Conrad 等（1994）使用证券价格研究中心（Center for Research in Security Prices，CRSP）所有股票周资料观察个股报酬的自我共变异数研究发现，低成交量的股票可以用来预测下期报酬，并且小公司的预测效果比大公司好；Chordia 和 Swaminathan（2000）研究 NYSE 和 AMEX 股票的日资料与周资料，研究结果显示前期成交量比前期报酬更能解释当期报酬；Lee 和 Swaminathan（2000）使用前期报酬及周转率来预测当期股价报酬；Baker 和 Stein（2004）则尝试建立模型以解释为何流动性增加的下一期会有较低的报酬，认为在现有的各种放空限制下，高流动性是市场被非理性投资者影响的现象；当市场情绪高时，噪声交易者会想更多地持有股票，导致交易量上升，股票周转率随之增高，此时价格被高估，而使未来有较低的预期报酬。刘红忠和张昉（2004）借鉴 Baker 和 Stein（2004）的模型，将股票流动性作为投资者情绪的代理指标，发现我国制造业上市公司投资水平与投资者情绪呈反向变动关系。

四是换手率也称周转率，指在一定时间内市场中股票转手买卖的频率，是反映股票流通性强弱的指标之一。一般来说，投资者情绪高涨时，投机性需求驱动投资者去追逐看起来容易快速获利的股票，因为市场交投越活跃，股票换手越频繁；反之，投资者情绪低落时，投资者的投机性需求大大降低，其交易行为会趋于保守，如长线持股或者由长线投资的基金去打理，因而投资者情绪低落时成交清淡，换手率偏低。因此，股票市场的流通股换手率反映市场投机性需求的强弱，可以作为投资者情绪度量的备选指标。

五是动量指标又称动量效应(momentum effect)或惯性效应,最早由 Jegadeesh 和 Titman(1993)提出,是指股票的收益率有延续原来的运动方向的趋势,即过去一段时间收益率较高的股票在未来获得的收益率仍会高于过去收益率较低的股票。基于股票动量效应,投资者可以通过买入过去收益率高的股票、卖出过去收益率低的股票获利,这种利用股价动量效应构造的投资策略称为动量投资策略。Rouwenhorst(1998)、Moskowitz 和 Grinblatt(1999)、王永宏和赵学军(2001)、吴世农和吴超鹏(2003)及吴世农和吴育辉(2003)等学者的研究均证实了动量效应的存在。Barberis 等(1998)、Hong 和 Stein(1999)建立模型证实了动量效应可以作为投资者情绪的代理指标,反映了投资者非理性的误定价现象。近年来,国内外学者尝试使用动量指标来度量投资者情绪,检验其对公司资本投资的影响。例如,Polk 和 Sapienza(2004)、Ovtchinnikov 和 McConnell(2009)利用前一年的动量指标度量投资者情绪,发现投资者情绪与公司投资水平间呈现显著的正向关系;吴世农和汪强(2009)利用上市公司半年期的动量指标度量投资者情绪,结果发现高管对投资者情绪同时存在迎合心理和保守心理,投资者心理和高管心理都会影响到公司的资本投资决策。

六是股零卖出买入比例。股零通常指小于 100 股的股票交易,经纪商对此类交易一般收取较高的手续费。该指数被认为可以度量小投资者情绪,如果指数上升(或下降),表示投资者情绪悲观(或乐观)。但是,Neal 和 Wheatley(1998)研究认为,该指标对未来收益不具有预测能力。

(3)综合度量指标。为了克服单一的替代指标不能全面反映投资者情绪的缺点,国内外学者尝试在个别指标度量的基础上,综合多项单一的投资者情绪度量指标,通过主成分分析法,构建度量投资者情绪的综合情绪指数。例如,Baker 和 Wurgler(2006)通过主成分分析法对封闭式基金折价率、交易量、股利收益、IPO 数量及上市首日收益等进行分析,并且剔除同期宏观经济周期变量的影响,构建了一个投资者情绪的综合度量指标。易志高和茅宁(2009)参照 Baker 和 Wurgler(2006)的研究方法并加以改进,在剔除宏观经济因素影响下,选用封闭式基金折价率、交易量、IPO 数量、上市首日收益、消费者信心指数和新增投资者开户数六项指标,运用主成分分析法构建一个度量中国股票市场投资者情绪的综合指数。黄德龙等(2009)使用换手率、A 股新开户比率和封闭式基金折价率三个指标构建了一个综合情绪指标,并且用综合情绪指标验证投资者情绪与市场收益之间的关系。

2. 投资者情绪替代指标的选取

本章主要研究投资者情绪引起的误定价是如何影响高管过度自信,从而影响到公司资本投资行为。研究表明,动量指标能较好地度量误定价。之所以没有采用其他方法，主要源于：①有些指标在国内股票市场上无法取得，或者一些指标仅适用于国外的股票市场。例如，投资者智能指数、美国个体投资者协会指数、友好指数等都是基于国外市场的调查而来的，可能不适用于我国的股票市场。由于我国股票市场交易制度的缺失，股票卖出买入比例指标无法取得。②账面市值比（book-to-market，B/M）普遍被认为可用来反映公司的未来增长机会，一般不用来衡量误定价，否则容易导致指标的混用。③消费者信心指数是基于消费者对消费水平和当前经济运行态势的定性判断，而且消费者的范畴远比投资者要大，用其来度量投资者情绪有待商榷。④好淡指数、《央视看盘》BSI 指数虽然基于对股票市场中的参与者进行调查的数据而构建，但是都是针对机构投资者的情绪，无法概括所有的投资者。⑤投资者情绪会在短期内有所波动，IPO 数量及首日收益指标适用于那些新近上市的公司，而对于那些上市已久的公司，由于时间的滞后性，该指标或许不具有代表性。⑥本章研究的是投资者情绪通过高管过度自信对微观主体即公司的投资行为产生影响，而封闭式基金折价率仅适用于度量市场总体情绪，不能具体到每个微观主体。⑦股票成交量和周转率常用来反映市场的活跃程度。

鉴于此，本章借鉴 Polk 和 Sapienza（2004）、Ovtchinnikov 和 McConnell（2009）的做法，拟采用上一年的动量指标作为度量投资者情绪的指标，即使用上一年的 1~12 月的股票累计月度收益作为投资者情绪的度量指标，其计算公式如下：

$$\text{IS}_{it-1} = \sum_{j=1}^{12} R_{it-1,j}$$

其中，IS 为投资者情绪；i 为公司；$t-1$ 为年份；j 为月份；R 为每个月最后一天的收盘价减去上个月最后一天的收盘价。

4.4.2　高管过度自信指标的选取

1. 目前度量高管过度自信的指标

高管过度自信作为一种心理特征，很难直接度量，这也是国内外学者进行相关实证研究所面临的主要难点。何种经济替代变量能更客观、更准确地度量高管过度自信，国内外学者不断进行尝试，主要包括以下几种方法。

（1）公司股票期权或持股状况。Carpenter（1998）较早提出该度量指标，将高管行权期内股票或股票期权是否发生变动作为判断高管是否过度自信的标准。Malmendier 和 Tate（2005a）根据高管行权行为来判断其是否过度自信或乐观，他们确定了三种过度自信度量标准：一是根据计算的行权期内 CEO 应该行权的最小溢价百分数（67%）的标准，判断 CEO 是否较标准的行权时间推迟行权；二是 CEO 是否持有期权到期满（典型期限为 10 年）；三是 CEO 是否习惯性增持公司的股票。满足其中一条，就将 CEO 确定为过度自信。Lin 等（2005）根据 Malmendier 和 Tate（2005a）方法，以 CEO 的股票持有量作为高管乐观的替代指标进行稳健性检验。郝颖等（2005）结合我国上市公司实际情况对该方法进行了修正，他们采用管理人员持股数量的变化来度量高管过度自信，即将在三年内持本公司股票数量不变的高管人员视为适度自信，三年内持股数量增加的高管人员视为过度自信。

（2）高管盈余预测偏差。Lin 等（2005）提出，以公司盈利的预测偏差来度量高管乐观。他们认为，乐观的高管在盈利预测时更有可能提供向上偏误的预测；如果 CEO 向上偏误预测的次数多于向下偏误预测的次数，就视其为过度乐观；余明桂等（2006）根据上市公司的年度业绩预告是否变化来判断高管是否过度自信。姜付秀等（2009）以样本期间的一季报、半年报、三季报、年报中披露的盈利预测的公司作为研究样本，若公司在样本期内至少有一次实际盈利水平低于预测盈利水平，则将该公司的高管定义为过度自信。

（3）并购次数。Doukas 和 Petmezas（2007）提出，以并购次数作为度量高管过度自信的指标。他们将公司三年内发起的并购次数达五次或五次以上的高管视为过度自信。因为他们认为公司高管进行多次并购，可能是由于高管高估并购的收益，低估收购的风险，即存在过度自信的心理偏差。吴超鹏等（2008）则是以首次并购成功与否来度量高管是否过度自信。

（4）市场情绪指数。这是相关部门发布的，主要包括消费者情绪指数、企业景气指数和企业家信心指数。前者由美国密西根大学根据对美国消费者定期的调查数据编制，后两者由我国国家统计局按季度公布。Oliver（2005）以消费者情绪指数来度量高管的过度自信；余明桂等（2006）使用企业景气指数的年度和季度平均值作为高管过度自信的替代指标。企业景气指数是根据企业家对企业当前生产经营的综合判断和对未来前景预期而编制的，其取值范围是 0～200，余明桂等（2006）以 100 作为临界值，企业景气指数大于 100 时，表明企业家对企业生产经营和未来发展持乐观态度。叶蓓（2010）以企业景气指数与企业家信心指数的比值作为高管过度自信的替代变量，研究高管过度自信与企业价值之间的关系。

（5）外界的评价。Malmendier 和 Tate（2005b）以商业期刊对 CEO 的描述评价来判断其是否过度自信，即如果商业期刊对 CEO 的报道中含有"自信""乐观"等字眼，则视为过度自信。Deshmukh 等（2013）的研究采用这种方法度量高管过度自信。

（6）高管个人特征。Barros 和 Silveira（2007）以高管的身份来度量其是否过度自信,他们认为作为创办者的高管,倾向于表现出更为显著的行为偏差;董事长或 CEO 是公司的创办者、继承人或控股股东,则视为过度自信。游家兴等(2010)从高管人口学出发采用主成分分析法,分别以我国上市公司总经理的年龄、任职时间、学历、教育背景及两职兼任等个人情况构建高管过度自信的替代变量。

(7) 管理层的薪酬比例。管理层薪酬的相对高低可以反映他们在公司中的地位和权威,而地位和权威本身正是诱发过度自信的重要因素(Weinstein,1980)。Hayward 和 Hambrick(1997)研究表明,与其他高管相比,CEO 的薪酬越高,说明其地位越重要,控制欲越强,也越易过度自信。他们以管理层薪酬差异作为高管过度自信的表征指标,即以高管中第一高的薪酬与第二高的薪酬的比例来度量。姜付秀等(2009)以薪酬最高的前三名高管薪酬之和与所有高管的薪酬之和的比值来度量高管过度自信,该值越高说明高管越过度自信。

2. 高管过度自信替代指标的选取

以上度量高管过度自信的替代指标既有合理性也有主观性。从数据的可获得性出发,本章借鉴余明桂等(2006)、叶蓓(2010)的方法,以企业景气指数与企业家信心指数的比值来度量高管过度自信,并在叶蓓(2010)的研究方法的基础上进行适当改进。因为企业景气指数反映的是企业家对本企业未来发展态势的预测,而企业家信心指数代表的是企业家对行业系统性因素的判断,而高管过度自信表现为超出平均水平的心理状态,所以用企业景气指数与企业家信心指数的比率可以较好地反映出企业家是否有超出行业平均水平的自信。叶蓓(2010)在其研究中采用的是该比率的绝对值,但本章采用大多数文献的做法,将高管过度自信设置为哑变量,即当企业家景气指数与企业家信心指数的比值大于 1 时,则视高管为过度自信,取值为 1,反之,取值为 0。

4.5 研 究 设 计

4.5.1 模型构建

为了检验上述假说,构建如下模型:

$$\text{Inv}_{it} = \alpha_0 + \alpha_1 \text{IS}_{it-1} + \alpha_2 \text{Con}_{it} + \alpha_3 \text{IS}_{it-1} \times \text{Con}_{it} + \sum \beta \text{Var}_{it}^{con} + \varepsilon_{it} \quad (4.1)$$

其中,Inv_{it} 为 i 公司 t 期的资本投资水平;IS_{it-1} 为 i 公司 $t-1$ 期的投资者情绪;Con_{it} 为 i 公司 t 期的高管过度自信;$\text{IS}_{it-1} \times \text{Con}_{it}$ 为投资者情绪与高管过度自信的交乘

项；Var^{con} 为控制变量。根据相关研究文献和本章的研究特点，本章设置了一些控制变量，即公司规模（Size）、投资机会（Q）、净财富水平（CFR）、公司成长性（Grow）、财务杠杆（Lev）、高管持股比例（Hold）及实际控制人产权类型（Control），并且设置了行业哑变量（D^{ind}）与年度哑变量（D^y）以分别控制行业差异与时间因素的影响。ε_{it} 为随机误差项；α、β 分别为各变量的系数。

4.5.2 研究变量的界定

1. 被解释变量

公司资本投资水平（Inv）。本章利用资本性投资支出的相对指标 Inv_{it}/K_{it-1} 来度量上市公司的资本投资水平，即使用会计报表上的本期固定资产原价、工程物资和在建工程三项资产之和的增加值来作为资本性支出的替代变量，并使用期初资产总额对其进行标准化。因此，上市公司当期的资本投资水平表达式为

Inv_{it}/K_{it-1} =（固定资产原价 + 工程物资 + 在建工程）本期增加额/期初资产总额

2. 解释变量

（1）投资者情绪（IS）。如前所述，用动量指标来度量。Barberis 等（1998）、Hong 和 Stein（1999）证实了动量效应可以反映投资者非理性的误定价现象。因此，本章采用上一年的动量指标作为度量投资者情绪（IS）的指标，即用上一年度的 1~12 月的累计股票月度收益来度量。

（2）高管过度自信（Con）。如 4.4.2 小节所述，用企业景气指数与企业家信心指数的比值来度量；该比值大于 1 则将高管定义为过度自信，Con 取 1，否则取 0。其中，企业景气指数和企业家信心指数均选用当年四个季度的均值。

3. 控制变量

根据相关理论和文献，本章设置了以下的控制变量。

（1）公司规模（Size）。公司规模代表公司可支配资源的数量和质量。公司规模越大，越有可能进行大规模的投资活动。本章使用期末总资产的自然对数表示该指标。

（2）投资机会（Q）。依据新古典综合理论，利用托宾 Q 比率来度量企业未来的投资机会，本章使用的是滞后一期的数据。Malmendier 和 Tate（2005a）研究表明，投资机会越多，企业投资额越大。托宾 Q 比率 = 公司市场价值/公司重置成本 =（年末流通市值 + 非流通股份×每股净资产 + 长期负债合计 + 短期负债合计）/年末总资产。本章的托宾 Q 比率使用的是滞后一期的数据。

(3) 净财富水平（CFR）。一般认为，企业现金流量越充裕，企业就会有更多的资源用于投资。在现有的实证研究中，一般采用企业内部的净现金流量作为反映企业净财富的指标。上市公司的净现金流量由三部分组成，经营活动净现金流量、投资活动净现金流量和融资活动净现金流量，其中，经营活动现金流量较稳定。因此，本章将经营活动净现金流量作为公司净财富的度量指标，并且用期初资产总额对其进行标准化，即 CFR = 期末经营活动净现金流入/期初资产总额。

(4) 公司成长性（Grow）。成长性是度量企业发展速度的指标，企业发展速度越快，表明企业的发展前景越好，市场竞争能力越强，从而投资水平也越高。本章使用税后利润增长率作为公司成长性的度量指标，即税后利润增长率 =（本期税后利润/上期税后利润）−1。

(5) 财务杠杆（Lev）。资产负债率是度量公司财务杠杆的指标之一，用以表明企业全部负债占全部资产的比重。资产负债率反映企业偿付负债本金和支付负债利息的能力。资产负债率 = 期末总负债/期末总资产。

(6) 高管持股比例（Hold）。高管持股是一项激励政策，有利于将高管的切身利益和股东的利益紧紧地联系起来，使高管能够站在股东的角度为企业谋求最大利益，在一定程度上缓解委托代理问题，从而对公司的投资产生影响。该指标使用公司所有高管的持股比例来度量。

(7) 实际控制人产权类别。目前我国上市公司的实际控制人产权类别主要包括国有控股、民营控股、外资控股、集体控股等。本章将该变量设置为虚拟变量，若上市公司为国有控股则取值为 1；否则，取值为 0。

上述变量的符号、含义与计算方法如表 4.1 所示。

表 4.1 研究变量的含义与计算方法

变量符号	含义	计算方法
Inv	公司资本投资水平	（固定资产原价 + 工程物资 + 在建工程）本期增加额/期初资产总额
IS	投资者情绪	上一年度的 1～12 月的累积股票月度收益
Con	高管过度自信	企业景气指数与企业家信心指数的比值大于 1，定义为过度自信并取 1，否则取 0
Size	公司规模	期末总资产的自然对数
Q	投资机会	上一年度的（年末流通市值 + 非流通股份×每股净资产 + 长期负债合计 + 短期负债合计）/年末总资产
CFR	净财富水平	期末经营活动净现金流入/期初资产总额
Grow	公司成长性	（本期税后利润/上期税后利润）−1

续表

变量符号	含义	计算方法
Lev	财务杠杆	资产负债率＝期末总负债/期末总资产
Control	实际控制人产权类别	如果是国有控股，则 Control 取 1，否则取 0
Hold	高管持股比例	所有高管的持股比例
D^{ind}	行业哑变量	以综合类行业作为基准变量
D^y	年度哑变量	以 2009 年作为基准变量

4.5.3 数据来源与样本选择

本章以 2005～2009 年 A 股上市公司为样本选择的对象。为了保证数据的有效性，对数据进行处理。首先，剔除金融类公司和 ST 股公司；其次，剔除资产负债率大于 1 或小于 0 的公司；最后剔除数据缺失的公司。最终获得 6166 个样本观测值，其中，2005 年 1169 个，2006 年 1159 个，2007 年 1178 个，2008 年 1291 个，2009 年 1369 个。样本公司的财务数据来自中国经济研究中心（China Center for Economic Research，CCER）经济金融数据库（以下简称 CCER 数据库）；而企业景气指数和企业家信心指数则来源于国家统计局网站公布的季度数据。

为了检验假说 4.1，本章采用的数据对象为整个样本数据源，即 2005～2009 年的经过筛选的 6166 个样本数据；为了检验本章的假说 4.2 和假说 4.3，需要对样本数据进行分组。其中，为了研究投资者情绪高涨与低落时上市公司资本投资水平的变化（假说 4.2），本章将全样本按照投资者情绪高低（IS＞0 和 IS≤0）进行分组；为了研究上市公司投资水平不同时，两者非理性对资本投资的影响（假说 4.3），本章将全样本按照投资水平高低（Inv＞0 和 Inv≤0）进行分组。所选取的样本情况如表 4.2 所示。

表 4.2　2005～2009 年样本情况表

项目	2005 年	2006 年	2007 年	2008 年	2009 年	合计
全样本（A）	1169	1159	1178	1291	1369	6166
IS＞0（B）	180	166	935	1215	20	2516
所占比例（B/A）	15.40%	14.32%	79.37%	94.11%	1.46%	40.80%
IS≤0（C）	989	993	243	76	1349	3650
所占比例（C/A）	84.60%	85.68%	20.63%	5.89%	98.54%	59.20%
Inv＞0（D）	978	965	171	841	876	3831

续表

项目	2005年	2006年	2007年	2008年	2009年	合计
所占比例（D/A）	83.66%	83.26%	14.52%	65.14%	63.99%	62.13%
Inv≤0（E）	191	194	1007	450	493	2335
所占比例（E/A）	16.34%	16.74%	85.48%	34.86%	36.01%	37.87%

从投资者情绪指标的各年分布数据来看，投资者情绪高涨占主导的年份主要集中在2006年和2007年（对应表格中2007年和2008年的数字），投资者情绪低落占主导的年份主要是2004年、2005年和2008年（对应表格中2005年、2006年和2009年的数字）。这与我国股市的波动相对应，反映了2004～2008年我国股市"牛、熊相交替"的现实。

2004年1月，印发了《国务院关于推进资本市场改革开放和稳定发展的若干意见》，首次就发展资本市场的作用、指导思想和任务进行了全面明确的阐述，将发展中国资本市场提高到国家战略任务的高度，提出了九个方面的纲领性意见，俗称"国九条"，这是我国全面整顿股市的开始。但是，由于此时国有股权问题仍然没有完全解决，相关政策的制定并没有收到预期的效果，此时股市波动的特征是单边下跌，上证综指从2242点下跌至998点，下跌幅度达55.5%。虽然这中间有小幅的上升，但是上证综指上升至1780点后还是继续走上了漫漫"熊途"，2005年6月，上证综指跌破了1000点，这恰好阐释了表4.2中2005年、2006年两年IS≤0的样本公司所占比例达到了80%以上这一统计结果。

2005年9月，中国证监会正式发布并实施《上市公司股权分置改革管理办法》，上市公司股权分置改革步入操作阶段。由于股权分置改革的推动和人民币的预期升值，中国股票市场出现了单边上涨、一片繁荣的景象，而且股票市场上升趋势势不可挡。即使财政部在2007年5月出台了调高证券（股票）交易印花税税率的政策，股市调整了一个多月，仍然保持牛市状态，并且在2007年10月上证综指突破了6000点大关。表4.2中2007年和2008年IS＞0样本公司所占比例达到了70%以上，这也反映了2006年和2007年两年牛市的繁荣景象。

2007年，美国爆发的次贷危机引发了2008年的世界性金融海啸，我国股市从2007年末开始，股价急速下降，进入了下跌幅度最大的一个周期。以上海证券交易所为例，上证综指从最高点6124点快速下跌至2008年10月28日的1664点，下跌幅度达72.8%。当然，这个时期还受到诸多不利因素的影响。例如，国际油价的大幅攀升、国内居民消费价格指数的不断上涨等，这些不利因素冲击着尚未成熟的中国股市，股市由牛市转为熊市。表4.2中，2009年IS≤0的样本公司占比高达90%以上，表明我国股市进入了极度低迷的状况。

4.6 实证检验结果分析

4.6.1 描述性统计分析

表 4.3 列示了研究变量的描述性统计，公司投资水平（Inv）的中位数和均值分别为 0.014 和 0.030，说明样本公司在研究期间大多新增了资本性投资，但更新速度不快；其最小值和最大值显示了各样本公司的投资水平差异较大。投资者情绪（IS）的中位数和均值均为负数，可能说明了中国股票市场熊市的持续时间超过牛市的持续时间，而其最小值和最大值之间的差异较大，主要是由于金融危机爆发，2008 年的整体动量指标波动较大，这也意味着投资者情绪波动幅度较大。高管过度自信（Con）的均值为 0.834，说明本章的过度自信样本占样本总数的83.4%。就控制变量而言，投资机会（Q）、公司规模（Size）和净财富水平（CFR）的均值都大于中位数，从最大值、最小值及标准差来看，各样本公司间的投资机会、公司规模和净财富水平都存在一定差异；公司成长性（Grow）的中位数为正，而均值为负，并且各公司间的成长性差异甚远。鉴于样本存在极端值，对研究变量在 0.010 和 0.990 分位数之外的观测值进行截尾处理。

表 4.3　研究变量的描述性统计

变量	均值	中位数	最小值	最大值	标准差	观察值
Inv	0.030	0.014	−1.174	8.577	0.248	6166
IS	−0.920	−0.780	−211.440	217.940	12.308	6166
Con	0.834	1.000	0.000	1.000	0.372	6166
Q	1.432	1.192	0.370	11.348	0.742	6166
Size	21.596	21.464	18.157	28.003	1.132	6166
CFR	0.066	0.061	−2.075	1.814	0.116	6166
Grow	−0.726	0.071	−521.897	174.388	13.682	6166
Lev	0.497	0.511	0.009	0.997	0.182	6166
Control	0.337	0.000	0.000	1.000	0.473	6166
Hold	0.025	0.000	0.000	0.784	0.098	6166

4.6.2 变量的相关性分析

表 4.4 给出了研究变量的 Spearman 相关系数。从表 4.4 中可知，投资者情绪（IS）和高管过度自信（Con）、公司资本投资水平（Inv）具有显著性关系，这说

明投资者情绪、高管过度自信的综合作用可能对公司资本投资水平产生影响。而个别控制变量,如投资机会（Q）、高管持股比例（Hold）与公司资本投资水平（Inv）的相关系数并不显著,以上的分析仅是初步的结果,还未加入投资者情绪和高管过度自信的交乘项（IS×Con）及行业哑变量、年度哑变量进行回归分析。因此,本章的研究假说 4.1 还有待下文的多元回归结果来进行验证。

表 4.4　研究变量的相关系数

变量	Inv	IS	Con	Q	Size	CFR	Lev	Hold	Control
Inv	1.000								
IS	−0.146**	1.000							
Con	0.110**	−0.155**	1.000						
Q	0.010	0.392**	−0.012	1.000					
Size	0.146**	0.044**	0.008	−0.291**	1.000				
CFR	0.164**	−0.020	0.007	0.048**	0.128**	1.000			
Lev	0.048**	0.006	0.049**	−0.211**	0.336**	−0.123**	1.000		
Hold	0.021	−0.028*	0.024	0.069**	−0.025*	0.014	−0.048**	1.000	
Control	−0.030*	−0.051**	0.003	0.147**	−0.263**	−0.044**	−0.085**	0.197**	1.000
Grow	−0.012	0.032*	−0.044**	−0.027*	0.117**	0.203**	−0.040**	0.049**	0.002

*表示在 0.05 水平上显著相关,**表示在 0.01 水平上显著相关

4.6.3　回归结果分析

表 4.5 报告了样本的回归结果。其中,模型（4.1）是全样本数据的回归结果,用于检验假说 4.1。由 F 检验的结果可知,模型回归结果是显著有效的；D-W 检验值接近或等于 2,说明模型不存在序列自相关问题；调整后的 R^2 的值显示模型的拟合效果尚可。投资者情绪的系数为−0.117,且在 0.05 水平上高度显著,意味着投资者情绪对公司资本投资呈显著的负面效应,这与刘红忠和张昉（2004）的研究结论一致。投资者情绪和高管过度自信的交乘项的系数为 0.127,且在 0.01 的水平上高度显著,表明过度自信高管与一般高管在投资者情绪与公司资本投资水平之间的敏感系数相差 0.127,验证了假说 4.1,即与一般高管相比,过度自信高管使得投资者情绪与公司资本投资水平之间的敏感性增强,意味着投资者情绪的高涨将感染到过度自信高管的情绪,两者的综合作用导致公司资本投资规模扩大。

为了检验投资者情绪（IS）的波动程度不同对公司投资影响的差异性,将全样本划分为投资者情绪高涨（IS>0）样本组和投资者情绪低落（IS≤0）样本组,其中,投资者情绪低落样本占总样本的 59.2%,表明我国股票市场处于低迷时期较长。

模型（4.2）、模型（4.3）分别列示了该分组样本的回归结果，从中可知，两个模型回归结果显著有效，模型的拟合效果尚可，不存在序列自相关问题。由模型（4.2）可知，当投资者情绪高涨时，投资者情绪和高管过度自信的交乘项的系数为0.128，且在0.01的水平上显著；而当投资者情绪低落时，该交乘项的系数为-0.198，且不显著。这说明，在投资者情绪高涨与低落时，投资者情绪和高管过度自信对公司资本投资的影响存在差异；相比较而言，当投资者情绪高涨时，其对过度自信高管的情绪感染效应更强，导致了公司投资水平的提高，为假说4.2提供了检验证据。

表4.5 投资者情绪、高管过度自信与公司资本投资水平的回归结果

变量	全样本	按 IS 分组		按 Inv 分组	
		IS>0	IS≤0	Inv>0	Inv≤0
	模型（4.1）	模型（4.2）	模型（4.3）	模型（4.4）	模型（4.5）
常数项	−0.862*** (−12.567)	−0.878*** (−5.725)	−0.887*** (−11.818)	−0.761*** (−7.912)	−0.145** (−2.466)
IS	−0.117** (−2.450)	−0.134*** (−2.778)	0.237 (0.987)	−0.157** (−2.336)	−0.063 (−1.111)
Con	0.010 (0.606)	−0.013 (−0.456)	0.013 (0.501)	0.037* (1.885)	−0.053** (−2.039)
IS×Con	0.127*** (2.723)	0.128*** (2.706)	−0.198 (−0.815)	0.158** (2.400)	0.124** (2.245)
Q	0.127*** (8.167)	0.154*** (6.053)	0.093*** (5.153)	0.117*** (5.747)	0.088*** (3.769)
Size	0.158*** (11.320)	0.125*** (5.526)	0.213*** (11.188)	0.135*** (7.144)	0.027 (1.371)
CFR	0.112*** (8.980)	0.106*** (5.276)	0.124*** (7.706)	0.138*** (8.381)	0.001 (0.052)
Grow	0.046*** (3.885)	0.002*** (3.182)	0.045*** (2.909)	0.054*** (3.461)	−0.006 (−0.339)
Lev	0.083*** (6.294)	0.119*** (5.589)	0.061*** (3.569)	0.077*** (4.351)	0.103*** (5.456)
Control	0.008 (0.581)	0.017 (0.840)	−0.001 (−0.075)	−0.010 (−0.544)	0.031* (1.685)
Hold	0.064*** (5.023)	0.056*** (2.764)	0.074*** (4.344)	0.030* (1.714)	0.064*** (3.543)
D^{ind}	控制	控制	控制	控制	控制
D^y	控制	控制	控制	控制	控制
调整后的 R^2	0.148	0.137	0.151	0.089	0.322
D-W 检验值	1.928	2.019	1.894	1.954	2.049
F 检验值	43.878***	16.929***	27.037***	16.033***	45.362***
N	6166	2516	3650	3831	2335

* 表示在0.1的水平上显著，** 表示在0.05的水平上显著，*** 表示在0.01的水平上显著

注：括号中为 t 检验值

为了检验假说 4.3，将全样本按照投资水平的高低划分为投资水平高的样本组（Inv＞0）与投资水平低的样本组（Inv≤0），模型（4.4）、模型（4.5）报告了两样本组的回归结果。从中可知，投资者情绪和高管过度自信的交乘项（IS×Con）的系数均为正且显著；相比较而言，投资水平高的样本组中交乘项的系数较显著，表明当公司投资水平较高时，投资者情绪与高管过度自信的共同存在对公司投资的影响更大。以上分析印证了假说 4.3。

就控制变量而言，模型（4.1）中代表投资机会（Q）的期初托宾 Q 比率的系数为正且高度显著，说明投资机会越多的公司，其投资水平越高，这与传统的新古典综合理论的结论一致，即托宾 Q 比率越大，企业越会增加投资；李春红和杨秀苔（2003）研究结论也是如此。公司规模（Size）的系数为正且显著，表明公司规模越大，拥有的投资资源越丰富，越利于企业扩大投资规模。净财富水平（CFR）与公司资本投资水平之间呈显著正相关。Jensen（1986）认为，企业可支配的自由现金流越多，越可能进行大规模的扩张活动。净财富水平越高，表明公司拥有的现金流越多，投资所需要的资金越充沛，企业越有可能增加投资支出。公司成长性（Grow）的系数也显著为正，说明成长机会越多的公司，其资本投资水平越高。张超和刘星（2015）认为，公司的成长机会是决定公司合理投资水平高低的重要因素，成长机会越多的公司，其合理投资水平越高，越会提升公司价值。财务杠杆（Lev）与公司资本投资水平之间呈显著正相关，表明负债率越高的上市公司，其资本投资水平相对越高。高管持股比例（Hold）的系数显著为正，说明高管持股比例促进了公司资本投资水平的提高，这与郝颖等（2005）的研究结论一致。

4.6.4 稳健性检验

为了检验以上结论是否稳健可靠，本章采用如下方法进行分析。

1. 替换公司资本投资水平的表征指标

以当期总投资支出与期初总资产之比来度量，当期的总投资支出等于长期资本存量的变动额加上固定资产折旧。其中，长期资本存量等于总资产减去流动资产。指标替换后对前文的假说重新进行检验，回归结果如表 4.6 所示。从模型（4.6）可看出，对于全样本公司，投资者情绪和高管过度自信的综合作用在 0.01 的显著性水平上影响公司资本投资，即投资者情绪和高管过度自信的共同存在会促使上市公司增加投资。模型（4.7）、模型（4.8）的回归结果表明，在投资者情绪高涨和低落时，投资者情绪和高管过度自信的综合作用对公司资本投资的影响存在差异；相对而言，投资者情绪高涨时这种影响作用较显著，投资者情绪低落时这种影响作用不显著。模型（4.9）、模型（4.10）的回归结果显示，对于投资水平较高的公司，投资者情绪和高管过度自信的综合作用对公司资本投资具有显著的影响作用；反之，对于投资水平较低的公司，这种影响作用并不显著。总之，在投资者情绪高涨、投资水平较高的样本组中，投资者情绪与高管过度自信的综合作用对公司资本投资产生更大的影响作用，这意味着前述检验结果稳健可靠。

表4.6 替换公司资本投资水平度量指标的稳健性检验结果

变量	全样本 模型（4.6）	按IS分组 IS>0 模型（4.7）	按IS分组 IS≤0 模型（4.8）	按Inv分组 Inv>0 模型（4.9）	按Inv分组 Inv≤0 模型（4.10）
常数项	−1.285*** (−14.345)	−1.635*** (−7.748)	−1.062*** (−12.145)	−1.064*** (−8.737)	−0.190*** (−3.173)
IS	−0.151*** (−3.060)	−0.181*** (−3.673)	0.136 (0.556)	−0.180*** (−2.839)	−0.092 (−1.420)
Con	0.012 (0.699)	−0.003 (−0.100)	0.019 (0.730)	0.039** (1.978)	−0.029 (−1.049)
IS×Con	0.156*** (3.243)	0.147*** (3.029)	−0.096 (−0.386)	0.184*** (2.958)	0.067 (1.069)
Q	0.192*** (11.960)	0.235*** (8.997)	0.106*** (5.760)	0.175*** (8.824)	0.090*** (3.414)
Size	0.198*** (13.777)	0.185*** (7.966)	0.239*** (12.352)	0.152*** (8.289)	0.045** (1.976)
CFR	0.096*** (7.440)	0.096*** (4.638)	0.105*** (6.401)	0.104*** (6.552)	0.019 (0.935)
Grow	0.078*** (6.345)	0.117*** (6.026)	0.068*** (4.370)	0.098*** (6.539)	0.014 (0.691)
Lev	0.034** (2.492)	0.050** (2.302)	0.029* (1.644)	0.034** (1.962)	0.092*** (4.404)
Control	0.018 (1.369)	0.024 (1.139)	0.015 (0.877)	0.006 (0.367)	0.025 (1.212)
Hold	0.053*** (4.031)	0.044** (2.143)	0.068*** (3.925)	0.016 (0.962)	0.067*** (3.293)
D^{ind}	控制	控制	控制	控制	控制
D^y	控制	控制	控制	控制	控制
调整后的R^2	0.092	0.092	0.117	0.085	0.232
D-W检验值	1.952	1.952	1.901	1.932	2.022
F检验值	25.905***	11.149***	20.329***	16.161***	26.020***
N	6166	2516	3650	4097	2069

* 表示在0.1的水平上显著，** 表示在0.05的水平上显著，*** 表示在0.01的水平上显著
注：括号中为t检验值

2. 替换投资者情绪和高管过度自信的表征指标

对于投资者情绪的替代变量，借鉴刘红忠和张昉（2004）的方法，使用上一期的流动性指标来度量。流动性的度量方法主要有四种类型，包括价格法、交易量法、价量结合法和时间法。本章拟采用其中的价量结合法来度量流动性，即使用股票的交易量与收益率的比值度量投资者情绪，该比值表示价格变动一个百分点时需要多少交易数量。对于高管过度自信指标，借鉴姜付秀等（2009）的方法，使用高管的相对报酬来衡量，即使用薪酬最高的前三名高管年度薪酬之和/董事、监事和高级管理人员年度薪酬总额来表征高管过度自信，若该比值大于中位数，则高管过度自信取 1，反之取 0，并且对前文的假说进行重新检验，回归结果如表 4.7 所示。回归结果显示与前面分析的基本一致，进一步支持了本章的研究结论。

表 4.7　替换投资者情绪和高管过度自信指标的稳健性检验结果

变量	全样本	按 IS 分组		按 Inv 分组	
		IS＞平均值	IS＜平均值	Inv＞0	Inv≤0
	模型（4.11）	模型（4.12）	模型（4.13）	模型（4.14）	模型（4.15）
常数项	−0.862***	−1.133***	−0.919***	−0.723***	−0.260***
	(−13.141)	(−7.542)	(−11.268)	(−8.077)	(−4.056)
IS	−0.080***	−0.108***	−0.086***	−0.087***	−0.049*
	(−4.161)	(−2.835)	(−4.002)	(−3.178)	(−1.942)
Con	−0.014	−0.036	−0.006	0.006	−0.034
	(−0.986)	(−1.191)	(−0.208)	(0.341)	(−1.571)
IS×Con	0.064***	0.107***	0.009	0.087***	−0.028
	(3.491)	(2.784)	(0.321)	(3.446)	(−1.099)
Q	0.131***	0.210***	0.079***	0.123***	0.105***
	(8.834)	(7.525)	(4.624)	(6.236)	(4.722)
Size	0.180***	0.207***	0.182***	0.156***	0.062***
	(11.766)	(6.572)	(10.669)	(7.350)	(2.766)
CFR	0.106***	0.160***	0.083***	0.137***	0.001
	(8.639)	(6.397)	(5.906)	(8.325)	(0.045)
Grow	0.048***	0.021	0.056***	0.058***	−0.006
	(4.158)	(0.949)	(4.134)	(3.733)	(−0.364)
Lev	0.089***	0.115***	0.069***	0.090***	0.100***
	(6.806)	(4.493)	(4.464)	(4.977)	(5.260)

续表

变量	全样本	按 IS 分组		按 Inv 分组	
		IS＞平均值	IS＜平均值	Inv ＞0	Inv ≤0
	模型（4.11）	模型（4.12）	模型（4.13）	模型（4.14）	模型（4.15）
Control	0.015	−0.025	0.029**	0.003***	0.036*
	（1.161）	（−1.026）	（1.975）	（0.015）	（1.946）
Hold	0.069***	0.025	0.062***	0.035**	0.057***
	（5.467）	（1.102）	（4.109）	（1.989）	（3.154）
D^{ind}	控制	控制	控制	控制	控制
D^y	控制	控制	控制	控制	控制
调整后的 R^2	0.187	0.199	0.198	0.099	0.327
D-W 检验值	1.932	1.979	1.920	1.951	2.056
F 检验值	56.965***	17.082***	45.055***	17.583***	45.771***
N	6087	1618	4469	3778	2309

* 表示在 0.1 的水平上显著，** 表示在 0.05 的水平上显著，*** 表示在 0.01 的水平上显著
注：括号中为 t 检验值

4.7 本章小结

本章从行为公司财务视角，利用情绪感染理论和迎合理论，分析了由投资者情绪引起的股票市场的误定价对过度自信高管投资行为的影响，据此提出了三个假说。假说 4.1：与一般高管相比，过度自信高管使投资者情绪与公司资本投资之间的敏感性增强。假说 4.2：当投资者情绪高涨与低落时，高管过度自信对公司资本投资产生不同的影响。假说 4.3：对于投资水平不同的公司，投资者情绪和高管过度自信对公司资本投资的综合影响存在差异性。以 2005～2009 年沪深两市 A 股上市公司为研究样本，实证检验了投资者情绪、高管过度自信和公司资本投资之间的关系。

实证研究结果发现：①我国证券市场投资者情绪波动幅度较大，投资者情绪低落的比例反映了我国股市"牛短熊长"的现象；波动的投资者情绪对公司投资水平产生显著的负面影响。②投资者波动的情绪通过股票市场的误定价感染过度自信高管，从而影响公司的资本投资决策；与一般高管相比，过度自信高管使投资者情绪与公司资本投资之间的敏感性增强，提升了公司的资本投资水平。③在投资者情绪高涨和低落时，高管过度自信对公司资本投资的影响是不同的；当投资者情绪高涨时，更易感染过度自信高管的情绪，使之提升公司的资本投资水平；而当投资者情绪低落时，其引发的感染效应减弱，过度自信高管的投资决策相对

保守。④对于不同投资水平的公司而言，投资者情绪和高管过度自信的共同存在对公司资本投资的作用存在差异。相比较而言，对于投资水平较高的上市公司，两者非理性对公司投资决策的影响效应更为显著。

基于决策者非理性的视角，本章研究了投资者情绪感染过度自信高管的情绪，被感染的过度自信高管对公司投资决策产生影响，以迎合投资者的情绪需求。因此，本章的研究结论说明，投资者和高管的认知偏差的共同存在显著影响公司的资本投资行为。显然，本章的研究思路更接近现实，不仅为新兴的行为公司财务理论提供了新的经验证据，而且对中国上市公司进行资本投资决策具有一定的启示意义。

第 5 章　高管过度自信、政治关系与资本投资的实证研究

第 3 章的研究结果表明，高管政治网络对公司投资水平产生正面影响，不同产权性质、不同层级与不同类型的高管政治网络对公司资本配置效率的影响存在差异；第 4 章从决策者非理性视角，实证检验了投资者情绪、高管过度自信与公司资本投资的关系，显示了决策者双重非理性对公司资本投资的影响更大、更显著。本章拟从微观决策主体理性与非理性的双重视角，在厘清高管政治关系对其过度自信的影响的基础上，考察高管过度自信与政治关系对公司资本投资的综合影响。

5.1　问题的提出

关系文化作为一种隐性契约在我国广泛存在，为了赢得有利的政策环境和竞争优势，公司高管会积极寻求机会与政府建立良好的关系。学者的研究表明，政治关系是一种有价值的资源，具有政治关系的企业更有可能争取到税收优惠、债务融资便利、政府援助和支持等好处，这将对公司的资本投资决策产生影响。从第 2 章的研究文献中可知，学者的研究普遍认为，拥有政治关系的企业提升了公司的资本投资水平，引起过度投资；但是，也有学者认为，政治关系有利于缓解投资不足，提高公司投资效率，并且政治关系对公司投资的影响因政治关系类型、产权性质的不同而有所差异（Xu et al.，2013；Chen et al.，2010；陈运森和朱松，2009；陈晓芸和吴超鹏，2013）。但是，现有关于政治关系影响公司的资本投资的研究均是基于代理人理性的假设前提下展开的，结合高管非理性，尤其是高管过度自信影响公司的资本投资行为的研究尚少。基于 Roll（1986）首次提出的傲慢假说，学者相继对高管过度自信与公司财务行为进行研究并取得了丰硕的成果，指出高管过度自信显著影响公司的资本投资行为，但目前的研究结论不一致。那么，过度自信的高管是否会寻求建立政治关系以显示自己的能力？高管的政治关系对其过度自信的认知偏差会产生怎样的影响？高管过度自信与政治关系对公司的资本投资的共同影响效应如何？本章拟对这些问题进行理论与实证研究。

5.2 理论分析与研究假说的提出

5.2.1 高管政治关系与过度自信

学者的研究表明,过度自信的认知偏差存在于许多职业领域,如医生、律师、投资者和证券分析家等,但相比较而言,过度自信的倾向在高管中表现得更为明显,公司高管往往高估自身的能力,低估项目的风险,对自己决策的结果持过度乐观的态度。Bem(1965)提出,自我归因偏差与过度自信紧密相关,人们往往通过观察自身行为的结果来了解自己的能力,存在一个自我归因的过程。Daniel 等(1998)指出,人们会将自己的成功归功于个人能力和自身信息的准确性,这种自我归因偏差会使人们过度自信。Doukas 和 Petmezas(2007)证实了自我归因偏差是高管过度自信的一个函数,高管倾向于将首次成功归因于自己的能力,进而变得过度自信并从事更多的并购交易。高管是公司决策的主要制定者,其个人背景与工作经验会直接影响其管理风格和能力差异。例如,维系在高管身上的某种政治背景如若有助于高管成功,往往被归功于高管的个人能力。在转型经济中,公司往往面临着制度不完善所带来的环境干扰和资源约束,而政治关系是一种重要的声誉机制(孙铮等,2005),拥有政府关系的高管会为公司获取更多资源,降低外部不确定性以帮助公司获益,其自身也因此获得更高的薪酬回报和声誉。这种成功经历的不断积累,便产生了一种动态性的自我归因,导致拥有政治关系的高管不能通过理性学习过程来修正自己的信念,进而形成动态的过度自信。同时,高管的政治关系程度越高,与政府的关系越密切,越容易对政府产生影响,以获得更多的政府支持和资源,从而更显示其较强的关系能力,可能会更加大其过度自信的认知偏差。鉴于此,本章提出如下假说。

假说 5.1:政治关系会促使高管变得更为过度自信,随着高管政治关系程度的增强,高管过度自信的倾向也加大。

5.2.2 高管过度自信、政治关系与公司投资水平

过度自信是一种心理认知偏差。过度自信的高管往往高估自己的能力,对未来不确定的事件做出乐观判断,高估自己成功的概率和拥有信息的准确性。因此,他们在进行投资决策时,倾向于高估项目收益,低估风险,将某些原本净现值为负的项目预估为正,从而引发过度投资。Malmendier 和 Tate(2008)研究发现,过度自信的高管比理性的高管更可能从事多元化并购,而这些并购

可能并不会为企业创造价值。姜付秀等（2009）研究显示，高管过度自信和企业投资水平、内部扩张之间存在显著的正相关关系。叶玲和王亚星（2013）研究表明，与理性高管相比，高管过度自信的公司，其内部投资、并购投资和总投资的水平更高。

学者的研究表明，政治关系可以为企业带来诸多好处。例如，获得更多的银行贷款、更优惠的贷款利率、更长的贷款期限等债务融资便利（Khwaja and Mian, 2008；余明桂和潘红波，2008）；享有税率的优惠（Faccio, 2007；Adhikari et al., 2006）；帮助企业摆脱困境（Dombrovsky, 2008）；更容易获取政府补贴收入等（陈冬华，2003；潘越等，2009）。这些好处给公司带来更多投资扩张的机会和资本的同时，往往会导致公司的盲目投资。因此，在高管的过度自信心理和政治关系的共同作用下，公司的外界融资约束减少，公司投资扩张的动机增强，更容易导致公司投资水平的提高。鉴于此，本章提出如下假说。

假说 5.2：与一般高管相比，过度自信的高管会提高政治关系与公司投资水平之间的敏感性。

5.2.3　不同政治关系类型、高管过度自信与公司投资

高管政治关系按照其来源可分为两类：一类是政府官员类政治关系，即公司高管曾任政府官员；另一类是代表委员类政治关系，即公司高管曾任或现任人大代表、政协委员或党代表。这两类政治关系存在实质上的差异。杜兴强等（2010）研究表明，不同的政治关系类型对会计稳健性、信息透明度和公司绩效的影响效应是不同的。具有政府官员类政治关系的高管熟知政府内部的运作规则，能更有效地与政府沟通并建立相应的关系，其获取稀缺资源及资源配置方面的能力要高于同等级的具有代表委员类政治关系的高管；而具有代表委员类政治关系的高管只能依靠关系来间接地获取这种能力。胡国柳和周遂（2013）研究表明，与代表委员类政治关系相比，政府官员类政治关系更容易引发其过度自信心理的形成。所以，与代表委员类政治关系相比，政府官员类政治关系与过度自信对公司投资的综合影响可能会更大。鉴于此，本章提出以下假说。

假说 5.3：与代表委员类政治关系相比，高管过度自信与政府官员类政治关系对公司投资水平的综合影响效应更大。

5.2.4　不同产权性质下高管过度自信、政治关系与公司投资

在中国不同产权类型的公司，其政治关系的渊源不同，对公司投资行为的

影响也不尽相同。与非国有上市公司相比，国有上市公司更容易获得政策的扶持和融资便利（卢峰和姚洋，2004）。因此，国有上市公司所获得的自由现金流量可能更加充裕。国有企业的所有权属于国家，决定了国有企业担负着一定的政治职能和经济职能，服务于政府特定时期的目标。另外，与非国有上市公司相比，不少国有上市公司存在所有者缺位，或者所有者对高管行为的约束有限，掌握公司控制权的高管拥有更多的话语权，极易产生过度自信的心理倾向。因此，对于国有上市公司而言，高管过度自信和政治关系的共同存在对公司投资水平的影响更大。鉴于此，本章提出如下假说。

假说 5.4：与非国有上市公司相比，国有上市公司高管过度自信与政治关系对公司投资的影响更大。

5.3 模型构建与变量设定

5.3.1 模型构建

为了检验假说 5.1，构建如下模型：

$$\text{logit}(\text{Con}_{it}) = \alpha_0 + \alpha_1 \text{PC}_{it} \text{ 或 } \text{PCS}_{it} + \sum \lambda \text{Var}_{it}^{\text{con}} + \varepsilon_{it} \qquad (5.1)$$

其中，Con_{it} 为第 i 公司第 t 期的高管过度自信；PC_{it} 为第 i 公司第 t 期的高管政治关系；PCS_{it} 为第 i 公司第 t 期的高管政治关系强度，以检验政治关系强度（PCS）对高管过度自信的影响；$\text{Var}_{it}^{\text{con}}$ 为控制变量 α、λ 为各变量的系数；ε_{it} 为随机误差项。根据相关文献和本章的研究特点，选取高管的年龄（Mage）、任期（Mterm）、学历（Medu）、高管持股比例（Mhold）、领导结构（Leader）、公司规模（Size）、公司成长性（Grow）、实际控制人产权类型（Control）为控制变量。此外，本章对年度及行业层面的固定影响进行了控制。

为了检验假说 5.2～假说 5.4，构建如下模型：

$$\text{Inv}_{it} = \beta_0 + \beta_1 \text{Con}_{it} + \beta_2 \text{PC}_{it} + \beta_3 \text{Con}_{it} \times \text{PC}_{it} + \sum \gamma \text{Var}_{it}^{\text{con}} + \varepsilon_{it} \qquad (5.2)$$

其中，Inv_{it} 为第 i 公司第 t 期的投资水平；$\text{Con}_{it} \times \text{PC}_{it}$ 为高管过度自信和政治关系的交乘项；在检验假说 5.3 和假说 5.4 时，增加了高管过度自信和政府官员类政治关系的交乘项（$\text{Con}_{it} \times \text{PCG}_{it}$）、高管过度自信和代表委员类政治关系的交乘项（$\text{Con}_{it} \times \text{PCD}_{it}$）。$\text{Var}_{it}^{\text{con}}$ 为控制变量，根据相关文献和本章的研究特点，选取上市年限（Age）、投资机会（Q）、自由现金流量（CFR）、公司规模（Size）、公司成长性（Grow）、财务杠杆（Lev）、大股东占款（ORE）和实际控制人产权类型（Control）为控制变量，并且对年度及行业层面的固定影响进行了控制。β、γ 为各变量的系数，ε_{it} 为随机误差项。

5.3.2 研究变量的设定

1. 高管过度自信指标

鉴于现有文献中的高管过度自信（Con）的替代指标和我国的制度背景及上市公司实际情况，本章根据高管的行为——盈余预测，判断其是否过度自信（Lin et al.，2005，余明桂等，2006，黄莲琴和傅元略，2010）。根据盈余预测的数据性质，预测分为定量描述与定性描述两类。首先，从定量描述方面，过度自信高管倾向于高估未来收益，具体表现为正向的预测偏误。因此，本章将高管的盈余预测与实际盈余之间的差额定义为预测误差。如果预测误差是正（负），说明高管高估（低估）了公司业绩；如果预测误差≥50%以上，则把该公司的高管视为过度自信。其次，从定性描述方面，盈余预测分为乐观预期与悲观预期，本章选择乐观预期为研究样本（扣除与定量描述重复的样本）。如果乐观预测在事后"变脸"，即预测的业绩与实际业绩不一致，则将该公司的高管视为过度自信；如果公司高管界定为过度自信，Con 取值为 1，反之为 0。

2. 高管政治关系指标

如第 3 章所述，目前度量政治关系（PC）的替代指标主要有虚拟变量法和赋值法。根据 Fisman（2001）、Faccio（2006）、杜兴强等（2010）的研究，本章综合采用虚拟变量法和赋值法对高管的政治关系进行度量。首先，将高管（包括公司的董事长和总经理）曾任或现任政府官员或人大代表、政协委员、党代表作为政治关系的替代变量。其次，采用虚拟变量法度量，即对公司的董事长和总经理存在政治关系（PC）的取值为 1，否则为 0。最后，借鉴胡旭阳（2006）、邓建平和曾勇（2009）采用的赋值法，按照高管政治关系的不同形成路径进行赋值，分为政府官员类政治关系和代表委员类政治关系：①政府官员类政治关系（PCG），即具有政府官员工作经历，按照个人职位级别分为部级、厅级、处级、科级、科以下五个层级，由高到低分别赋值 5、4、3、2、1。②代表委员类政治关系（PCD），即曾任或现任人大代表、政协委员或党代表，按照所在行政层级分为国家级、省级、市级和县级人大代表、政协委员或党代表四个层次，由高到低分别赋值 4、3、2、1。这两类取赋值中的最大值作为相应的政治关系分值。③构建政治关系强度（PCS）指标，将上述两类不同高管（董事长和总经理）的政治关系分值进行加总，该分值越高，说明高管政治关系强度越大，所包含的社会资本也越丰富。

3. 公司投资水平

本章采用资本支出来度量公司的投资水平（Inv），即将本期固定资产原价、在建工程与工程物资及无形资产的本期增加值作为资本性支出的替代变量，并且使用期初总资产对其进行标准化。其计算公式为

Inv =（固定资产原价 + 在建工程 + 工程物资 + 无形资产）本期增加值/期初总资产

4. 控制变量

根据相关理论和文献，本章设置以下控制变量，这些控制变量属于公司及高管的特征变量，主要用来控制不同的公司特征、高管特征对被解释变量的影响。

（1）高管特征。包括高管的年龄（Mage）、任期（Mterm）和学历（Medu）。年龄和学历反映高管在某一领域的知识和经验积累，任期反映高管在公司高层决策者中的地位和稳定性。相关研究表明，高管的个人特征对高管过度自信及政治关系都存在一定的影响。本章分别取董事长和总经理在样本期内的实际年龄和任期年数的均值以度量高管的年龄和任期指标；对高管的学历依照博士、硕士、本科、专科、专科以下，分别赋值为 5、4、3、2、1，然后，取均值来度量。

（2）高管持股比例（Mhold）。高管持股是将高管的切身利益与企业价值紧密相连。持股比例越高，高管可能越高度重视公司决策的结果，保证公司未来有好的业绩。因此，他们在公司战略决策中更容易过度自信。该指标使用公司所有高管的持股比例来度量。

（3）领导结构（Leader）。该指标反映公司治理状况。通常，有较高的公司治理水平的公司，其高管做出的决策更会被有效地监督，进而抑制高管的过度自信水平。董事长和总经理两职位的合一指标采用虚拟变量，两职位是由一人兼任的赋值为 1，否则为 0。

（4）公司规模（Size）。公司规模代表公司可支配的资源的数量和质量。公司规模越大，意味着公司可支配资源的数量越多，高管越可能过度自信。此外，公司规模还可能影响公司的投资活动。本章使用本年期末营业收入总额的自然对数表示该指标。

（5）公司成长性（Grow）。成长性是度量企业发展速度的指标，企业发展速度越快，表明企业的发展前景越可观，市场竞争能力越强，从而投资水平也越高，公司高管也越容易过度自信。本章使用主营业务收入增长率来度量企业的成长性，即主营业务收入增长率 =（本期主营业务收入/上期主营业务收入）−1。

（6）上市年限（Age）。一般来说，公司上市年限越长，公司的发展越趋于成熟和稳定，对于投资扩张的需求越低。同时，公司的上市年限也反映出一个公司

的社会声誉，上市年限越久的公司，其社会公认度越高。本章选取截至本期期末的公司上市年限度量该指标。

（7）投资机会（Q）。研究表明，投资机会越多，企业投资额可能越大。本章利用托宾 Q 比率来度量企业将来的投资机会。Q = 公司市场价值/公司重置成本 =（期末流通市值 + 非流通股数×每股净资产 + 期末总负债）/期末总资产。公司当期的托宾 Q 比率往往会影响下一期的投资水平。因此，本章使用滞后一期的托宾 Q 比率。

（8）自由现金流量（CFR）。自由现金流量表示公司超过维持资产原有状态和正常投资需要的闲置现金流量。学者的研究表明，公司闲置资金越充裕，高管越有资源和动机将闲置资金用于投资。考虑到经营活动现金流量比较稳定，本章使用期末经营活动净现金流量与期初资产总额的比值来度量。

（9）财务杠杆（Lev）。度量财务杠杆的主要指标是资产负债率，其度量的是公司利用债权人资金进行经营活动的能力。财务杠杆等于公司期末负债总额与期末资产总额的比值。

（10）大股东占款（ORE）。公司如果存在严重的大股东占款情况，将会影响公司的正常经营和稳定发展，进而导致公司资金匮乏，影响公司的投资水平。本章采用期末其他应收款占期末资产总额的比例来度量该指标。

（11）实际控制人产权类型（Control）。从公司实际控制人产权类型来看，我国很大一部分上市公司是由国有控股。此外，还有集体、民营及外资控股。本章将该指标设为虚拟变量，若上市公司为国有控股，则取值为 1；否则，取值为 0。

（12）行业变量（D^{ind}）。设置行业虚拟变量用以控制行业特征对被解释变量的影响。本章选用的行业分类标准是依据中国证监会颁布的《上市公司行业分类指引》。总共有 12 个大类（不包含金融行业），共设置 11 个行业虚拟变量。

（13）年度变量（D^y）。设置年度虚拟变量用以控制宏观经济因素对被解释变量的影响。本章样本数据涉及 2002～2011 年共计 10 年，因此，设置 9 个年度虚拟变量。

模型中控制变量的含义和计算方法如表 5.1 所示。

表 5.1　控制变量的含义

变量符号	含义	计算方法
Mage	高管年龄	董事长和总经理实际年龄的均值
Mterm	高管任期	董事长和总经理任期年数的均值
Medu	高管学历	按照博士、硕士、本科、专科、专科以下分别赋值为 5、4、3、2、1，然后取均值

续表

变量符号	含义	计算方法
Mhold	高管持股比例	公司所有高管的持股比例
Leader	领导结构	如果董事长和总经理两职位由一人兼任，取值为1，否则为0
Size	公司规模	本年期末营业收入总额的自然对数
Grow	公司成长性	(本期主营业务收入/上期主营业务收入)−1
Age	上市年限	截至本期期末的公司上市年限
Q	投资机会	(期末流通市值+非流通股数×每股净资产+期末总负债)/期末总资产
CFR	自由现金流量	期末经营活动净现金流量/期初资产总额
Lev	财务杠杆	期末负债总额/期末资产总额
ORE	大股东占款	期末其他应收款/期末资产总额
Control	实际控制人产权类型	如果是国有控股公司，取值为1，否则取值为0
D^{ind}	行业变量	共有12个行业，设置11个行业虚拟变量
D^y	年度变量	共有10年，设置9个年度虚拟变量

5.3.3 数据来源与样本选取

本章选取2002～2011年在沪深两市A股上市并且在第三季度中披露盈余预告的公司为样本选择的对象（黄莲琴和傅元略，2010）。为保证数据的有效性和研究结果的客观性，剔除了金融类上市公司、ST和PT公司、资产负债率大于1或小于0的公司及数据缺失和资料不全的上市公司，最终获得1658家上市公司，共计4237个有效样本观测值，各年分布情况如表5.2所示。从中可知，过度自信样本为848个，占样本总数的20.01%；政治关系样本为1420个，占样本总数的33.51%。可见，在我国A股上市公司中，高管过度自信与高管政治关系现象是普遍存在的，且呈现出样本数不断增多的趋势。

表5.2 2002～2011年样本情况表

年份	全样本	过度自信样本	比例	政治关系样本	比例
2002	258	37	14.34%	74	28.68%
2003	276	23	8.33%	83	30.07%
2004	407	47	11.55%	119	29.24%
2005	395	54	13.67%	121	30.63%
2006	459	86	18.74%	143	31.15%
2007	683	142	20.79%	209	30.60%

续表

年份	全样本	过度自信样本	比例	政治关系样本	比例
2008	314	66	21.02%	113	35.99%
2009	352	59	16.76%	128	36.36%
2010	507	128	25.25%	204	40.24%
2011	586	206	35.15%	226	38.57%
合计	4237	848	20.01%	1420	33.51%

样本公司的财务数据主要取自国泰安数据库，盈余预测数据取自 Wind 数据库，高管相关背景资料来自 Wind 数据库深度资料和国泰安数据库高管资料，并通过手工整理取得。

5.4 实证回归结果分析

5.4.1 描述性统计分析

表 5.3 列示了研究变量的描述性统计结果。从表 5.3 中可知，公司投资水平（Inv）的均值为 0.086，表明大多样本公司都新增了资本性投资，从其最大值与最小值来看，说明各公司的投资水平存在较大差距。高管过度自信（Con）的均值为 0.200，表明样本中有 20%的公司高管属于过度自信。政治关系（PC）的均值为 0.335，表明样本中有 33.5%的公司具有政治关系。政治关系强度（PCS）的均值仅为 1.221，该指标是个人职位级别或所处行政层级赋值的累计值，该变量的均值不是很高，表明样本公司的高管拥有高层级政治关系的情况不多。这种情况也可从政府官员类政治关系（PCG）和代表委员类政治关系（PCD）的均值得以体现，这两者的均值不是很高。

表 5.3 研究变量的描述性统计

变量	观测值	均值	中位数	标准差	最小值	最大值
Inv	4237	0.086	0.054	0.240	−0.872	6.905
Con	4237	0.200	0.000	0.400	0.000	1.000
PC	4237	0.335	0.000	0.472	0.000	1.000
PCS	4237	1.221	0.000	2.006	0.000	9.000
PCG	4237	0.521	0.000	1.339	0.000	9.000
PCD	4237	0.743	0.000	1.659	0.000	8.000
Mage	4237	48.237	48.000	5.683	31.000	74.000

续表

变量	观测值	均值	中位数	标准差	最小值	最大值
Mterm	4237	3.208	3.000	2.105	1.000	14.500
Medu	4237	3.340	3.500	0.742	1.000	5.000
Mhold	4237	0.092	0.000	0.187	0.000	0.788
Leader	4237	0.197	0.000	0.398	0.000	1.000
Size	4237	20.652	20.593	1.246	14.853	27.927
Grow	4237	0.053	0.049	0.078	−0.620	1.756
Age	4237	6.468	5.899	4.408	0.877	20.989
Q	4237	1.561	1.308	0.929	0.376	12.410
CFR	4237	0.061	0.057	0.159	−1.749	4.090
Lev	4237	0.444	0.457	0.200	0.008	0.991
ORE	4237	0.031	0.012	0.055	0.000	0.595
Control	4237	0.483	0.000	0.500	0.000	1.000

就控制变量而言，样本公司高管年龄（Mage）平均值为48.237岁，其最小值为31.000岁，最大值为74.000岁，标准差为5.683，表明各样本公司高管的年龄差异较大；高管任期（Mterm）平均值为3.208年，最大值与最小值之间存在较大差距；高管学历（Medu）平均值为3.340，即高管的平均受教育程度达到了本科以上水平；高管持股比例（Mhold）均值为0.092，但其最大值与最小值分别为0.788和0.000，说明样本公司的高管持股比例差异很大；领导结构（Leader）的均值为0.197，表明样本公司中两职合一的情况占19.7%。从最大值、最小值及标准差来看，各样本公司的公司规模（Size）、公司成长性（Grow）、上市年限（Age）、投资机会（Q）、自由现金流量（CFR）、财务杠杆（Lev）及大股东占款（ORE）都存在较大的差异；实际控制人产权类型（Control）均值为0.483，表明样本公司中48.3%属于国有上市公司，51.7%为非国有上市公司。

5.4.2 单变量分析

1. 高管过度自信变量的分组检验

为了获得对高管过度自信与其主要变量之间关系的直观认识，本章对高管过度自信指标进行分组，进行单变量比较分析。首先，将全样本分为过度自信与非过度自信样本组；其次，采用均值 t 检验对样本公司的主要变量进行分组检验，以考察两组样本的主要变量是否存在显著差异。表 5.4 列示了高管过度自信与其主要变量的分组检验结果。从表 5.4 可知，对公司投资水平（Inv）、高管政治关系（PC）和政治关系强度（PCS）而言，高管过度自信样本的均值都大于非过度自信样本均值。t 检验均在 0.01 的水平上高度显著，表明两样本组的投资水平（Inv）和政治关系及政治关系强度是存在显著差异的。从主要控制变量的检验结果来看，高管过度自信样本的控制变量均值大多高于非过度自信样本均值，其中，高管任期（Mterm）、高管持股比例（Mhold）、领导结构（Leader）和实际控制人产权类型（Control）的 t 检验结果是显著的，表明这些控制变量对于分组样本存在显著差异。

表 5.4 高管过度自信与主要变量的分组检验

变量	样本组	观测值	均值	均值差异	t 统计量（p 值）
Inv	Con = 1	848	0.137	0.064	7.028*** (0.000)
	Con = 0	3389	0.073		
PC	Con = 1	848	0.420	0.110	6.110*** (0.000)
	Con = 0	3389	0.310		
PCS	Con = 1	848	1.511	0.362	4.707*** (0.000)
	Con = 0	3389	1.149		
Mage	Con = 1	848	48.596	0.203	0.932 (0.351)
	Con = 0	3389	48.392		
Mterm	Con = 1	848	3.183	−0.195	−2.370** (0.018)
	Con = 0	3389	3.378		
Medu	Con = 1	848	3.493	−0.032	−1.071 (0.284)
	Con = 0	3389	3.525		
Mhold	Con = 1	848	0.140	0.060	8.459*** (0.000)
	Con = 0	3389	0.080		
Size	Con = 1	848	20.681	0.037	0.765 (0.444)
	Con = 0	3389	20.645		
Grow	Con = 1	848	0.055	0.002	0.704 (0.481)
	Con = 0	3389	0.053		
Leader	Con = 1	848	0.233	0.046	3.004*** (0.003)
	Con = 0	3389	0.188		
Control	Con = 1	848	0.360	−0.154	−8.073*** (0.000)
	Con = 0	3389	0.513		

** 表示在 0.05 的水平上显著，*** 表示在 0.01 的水平上显著

2. 高管政治关系变量的分组检验

为了检验高管政治关系与其主要变量之间的关系,同样采用分组方式进行单变量检验。将整体样本按照有无政治关系分为两组,然后对其主要变量进行均值 t 检验。表 5.5 列示了高管政治关系与其主要变量的分组检验结果。从表 5.5 中可以看出,政治关系样本组的公司投资水平(Inv)和高管过度自信(Con)的均值都高于非政治关系样本组的均值,其中,高管过度自信指标在两样本组中的 t 检验在 0.01 水平上是显著的。控制变量中,高管持股比例(Mhold)、公司规模(Size)、公司成长性(Grow)和控制人产权类型(Control)的 t 检验结果是显著的,表明这些控制变量对于分组样本存在显著差异。

表 5.5 高管政治关系与主要变量的分组检验

变量	样本组	观测值	均值	均值差异	t 统计量（p 值）
Inv	PC = 1	1420	0.090	0.006	0.741 (0.459)
	PC = 0	2817	0.084		
Con	PC = 1	1420	0.253	0.079	6.110*** (0.000)
	PC = 0	2817	0.174		
Mage	PC = 1	1420	48.742	0.465	2.518 (0.120)
	PC = 0	2817	48.277		
Mterm	PC = 1	1420	3.392	0.080	1.141 (0.254)
	PC = 0	2817	3.312		
Medu	PC = 1	1420	3.506	−0.019	−0.766 (0.444)
	PC = 0	2817	3.525		
Mhold	PC = 1	1420	0.118	0.039	6.430*** (0.000)
	PC = 0	2817	0.079		
Size	PC = 1	1420	20.696	0.065	1.607* (0.108)
	PC = 0	2817	20.630		
Grow	PC = 1	1420	0.060	0.010	3.921*** (0.000)
	PC = 0	2817	0.050		
Leader	PC = 1	1420	0.187	−0.014	−1.106 (0.269)
	PC = 0	2817	0.202		
Control	PC = 1	1420	0.402	−0.121	−7.496*** (0.000)
	PC = 0	2817	0.523		

总之，单变量分析结果显示，随着高管过度自信程度的增强，公司高管政治关系可能增多，公司投资水平可能提高；而随着政治关系的增多，高管过度自信程度也可能上升，而政治关系对公司投资水平的分组检验结果并不显著，有待下文进一步验证。

5.4.3 相关性分析

表 5.6 列示了样本公司主要研究变量之间的相关系数。其中，表格下三角为 Pearson 相关系数，上三角为 Spearman 相关系数。由表 5.6 可知，高管过度自信（Con）与公司投资水平（Inv）之间呈现出显著的正相关关系，表明高管过度自信会加大公司的投资支出。而 Pearson 相关系数显示，高管政治关系（PC）及政治关系强度（PCS）与公司投资水平的相关系数并不显著，但 Spearman 相关系数却显示出显著的相关性。因此，公司投资水平与政治关系之间的关系需要建立回归模型来进一步验证。控制变量中，公司投资水平（Inv）与公司规模（Size）、公司成长性（Grow）、投资机会（Q）和自由现金流量（CFR）之间都呈现出显著的正相关关系，与上市年限（Age）、大股东占款（ORE）之间呈现出显著的负相关关系，与本章的理论分析相符，并且表明所选取的控制变量确实对公司投资会产生显著影响。此外，表 5.6 中各相关系数的绝对值都相对较小，表明研究变量之间不存在多重共线性问题。

5.4.4 高管政治关系与过度自信的回归结果分析

表 5.7 报告了高管政治关系与过度自信的 logistic 回归结果。模型（5.1）、模型（5.2）分别考察了政治关系（PC）、政治关系强度（PCS）对高管过度自信影响的回归结果。从模型回归后的 LRchi2 值来看，回归结果是显著有效的。

模型（5.1）的回归结果显示，政治关系（PC）的系数为 0.400，且在 0.01 的水平上显著，表明具有政治关系的高管对其过度自信产生显著的正向影响；模型（5.2）表明，政治关系强度（PCS）的系数为 0.081 且高度显著，说明随着政治关系强度的增大，高管过度自信的倾向越高，印证了假说 5.1。就控制变量而言，高管的个人特征变量，如高管年龄（Mage）、高管任期（Mterm）和高管学历（Medu）的系数均不显著；高管持股比例（Mhold）的系数为正且显著，这表明，高管持股比例越高，对公司的控制权、决策权越大，越容易引起高管的过度自信。实际控制人产权类型（Control）的系数显著为正，表明国有上市公司高管可能更易产生过度自信的认知偏差。

表 5.6 研究变量的相关系数表

变量	Inv	Con	PC	PCS	Size	Grow	Age	Q	CFR	Lev	ORE
Inv	1.000	0.137**	0.077**	0.077**	0.056**	0.320**	-0.339**	0.174**	0.136**	-0.105**	-0.227**
Con	0.107**	1.000	0.093**	0.088**	0.018	0.024	-0.081**	0.036**	-0.040**	-0.038*	-0.034*
PC	0.011	0.093**	1.000	0.974**	0.014	0.095**	-0.138**	0.040**	-0.002	-0.036*	-0.035*
PCS	0.003	0.072**	0.858**	1.000	0.022	0.095**	-0.129**	0.031*	0.002	-0.037*	-0.038*
Size	0.033*	0.012	0.025**	0.047**	1.000	0.118**	0.134**	-0.256**	0.097**	0.337**	-0.119**
Grow	0.135**	0.011	0.060**	0.054**	0.100**	1.000	-0.343**	0.320**	0.352**	-0.424**	-0.357**
Age	-0.100**	-0.072**	-0.139**	-0.108**	0.103**	-0.196**	1.000	-0.197**	-0.004	0.415**	0.299**
Q	0.041**	0.032*	0.150	-0.004	-0.140**	0.247**	0.150	1.000	0.015	-0.369**	-0.141**
CFR	0.192**	-0.006	-0.017	-0.012	0.066**	0.290**	0.005	0.080**	1.000	-0.096**	-0.155**
Lev	0.016	-0.041**	-0.034*	-0.028	0.320**	-0.324**	0.390**	-0.252**	-0.059**	1.000	0.282**
ORE	-0.130**	-0.017	-0.013	-0.010	-0.166**	-0.272**	0.182**	-0.089**	-0.132**	0.209**	1.000

* 表示在 0.05 水平（双侧）上显著相关，** 表示在 0.01 水平（双侧）上显著相关

表 5.7　高管政治关系与过度自信的回归结果

变量	模型（5.1）系数	Wald 值	模型（5.2）系数	Wald 值
常数项	−1.711*	3.820	−1.558*	3.170
PC	0.400***	23.630		
PCS			0.081***	17.920
Mage	0.002	0.060	0.002	0.060
Mterm	−0.027	1.870	−0.029	2.120
Medu	0.043	0.650	0.038	0.500
Mhold	0.639***	7.760	0.678***	8.770
Leader	−0.007	0.010	−0.084	0.690
Size	0.048	1.800	0.044	1.540
Grow	0.004	2.040	0.004	2.000
Control	0.301***	8.840	0.311***	9.520
D^{ind}	控制		控制	
D^{y}	控制		控制	
LRchi2	223.516***		216.563***	
Pseudo-R^2	0.081		0.079	
N	4237		4237	

*表示在 0.1 的水平上显著，***表示在 0.01 的水平上显著

5.4.5　高管过度自信、政治关系与公司投资的回归结果分析

表 5.8 报告了全样本公司高管过度自信分别和政治关系、政府官员类政治关系、代表委员类政治关系影响公司投资的回归结果，如表 5.8 中的模型（5.3）、模型（5.4）、模型（5.5）所示，从中可知，模型回归结果是显著有效的，模型的拟合效果尚可，不存在序列自相关问题。

模型（5.3）显示了高管过度自信与政治关系的交乘项（Con×PC）的系数为 0.040，并且在 0.05 的水平上显著，表明过度自信高管与一般高管在政治关系与公司投资水平之间的敏感系数相差 0.040，意味着高管的过度自信提高了政治关系与公司投资水平之间的敏感性，即两者的共同存在加大了公司的投资水平，印证了假说 5.2。

表 5.8 高管过度自信、政治关系与公司投资的回归结果

变量	模型（5.3）系数	t	模型（5.4）系数	t	模型（5.5）系数	t
常数项	0.129*	1.726	0.127*	1.775	0.125*	1.741
Con	0.047***	4.045	0.055***	5.623	0.059***	5.907
PC	−0.016*	−1.831				
Con×PC	0.040**	2.202				
PCG			−0.006*	−1.939		
Con×PCG			0.013**	2.044		
PCD					−0.002	−0.890
Con×PCD					0.003	0.703
Size	−0.005	−1.578	−0.005	−1.612	−0.005	−1.591
Grow	0.240***	4.427	0.238***	4.426	0.239***	4.437
Age	−0.006***	−6.542	−0.006***	−6.609	−0.006***	−6.603
Q	0.010**	2.260	0.010**	2.233	0.010**	2.222
CFR	0.233***	9.650	0.233***	9.677	0.234***	9.697
Lev	0.157***	6.884	0.156***	6.831	0.157***	6.882
ORE	−0.402***	−5.531	−0.407***	−5.606	−0.406***	−5.586
D^{ind}	控制		控制		控制	
D^y	控制		控制		控制	
调整后的 R^2	0.091		0.091		0.090	
D-W 检验值	1.957		1.957		1.955	
F 检验值	14.628***		15.110***		14.941***	
N	4237		4237		4237	

*表示在0.1的水平上显著，**表示在0.05的水平上显著，***表示在0.01的水平上显著

由模型（5.4）、模型（5.5）可知，高管过度自信和政府官员类政治关系的交乘项（Con×PCG）的系数为0.013，且在0.05的水平上显著；而高管过度自信和代表委员类政治关系的交乘项（Con×PCD）的系数为0.003，不显著。这说明，不同类型的政治关系与高管过度自信对公司投资水平的影响存在差异性；相比较而言，高管过度自信和政府官员类政治关系对公司投资的综合影响更大、更显著，支持了假说5.3。

就控制变量而言，公司成长性（Grow）、投资机会（Q）、自由现金流量（CFR）和财务杠杆（Lev）的系数显著为正，说明公司成长性越高，投资机会越多，现金流越充裕，资产负债率越高，公司的投资水平也越高；上市年限（Age）和大股

东占款（ORE）的系数显著为负，表明公司的上市年限越长，公司越有可能处于成熟期，因而追求投资扩张的需求越低；而大股东占款过多，削减了公司的现金流，促使公司投资水平降低。

5.4.6 不同产权下高管过度自信、政治关系与公司投资的回归结果分析

为了检验不同产权性质对公司投资影响的差异性，将全样本分为国有上市公司样本和非国有上市公司样本，表 5.9 中的模型（5.6）～模型（5.11）分别检验了不同产权样本公司的高管过度自信、不同类型的政治关系对公司投资的综合影响。从回归结果看，模型回归结果是显著有效的，模型的拟合效果尚可，不存在序列自相关问题。

表 5.9 不同产权下高管过度自信、政治关系与公司投资的回归结果

变量	国有上市公司样本			非国有上市公司样本		
	模型（5.6）	模型（5.7）	模型（5.8）	模型（5.9）	模型（5.10）	模型（5.11）
常数项	0.015 (0.120)	0.016 (0.127)	0.009 (0.069)	0.245*** (2.826)	0.246*** (2.840)	0.247*** (2.838)
Con	0.037* (1.837)	0.043** (2.307)	0.059*** (3.235)	0.060*** (5.060)	0.059*** (5.809)	0.056*** (5.142)
PC	−0.006 (−0.391)			−0.017* (−1.779)		
Con×PC	0.023** (2.069)			0.001 (0.108)		
PCG		−0.005 (−1.216)			−0.005 (−1.280)	
Con×PCG		0.025** (2.283)			0.003 (0.354)	
PCD			−0.001 (−0.118)			−0.003 (−1.048)
Con×PCD			0.006 (0.477)			0.003 (0.691)
Size	−0.004 (−0.680)	−0.004 (−0.663)	−0.004 (−0.670)	−0.010** (−2.410)	−0.010** (−2.479)	−0.010** (−2.460)
Grow	0.389*** (3.607)	0.396*** (3.673)	0.404*** (3.755)	0.160*** (2.914)	0.157*** (2.876)	0.158*** (2.890)
Age	−0.005*** (−3.000)	−0.005*** (−3.009)	−0.005*** (−3.014)	−0.008*** (−6.413)	−0.008*** (−6.309)	−0.007*** (−6.273)
Q	0.019* (1.871)	0.018* (1.841)	0.018* (1.828)	0.008* (1.867)	0.008* (1.858)	0.008* (1.828)

续表

变量	国有上市公司样本			非国有上市公司样本		
	模型（5.6）	模型（5.7）	模型（5.8）	模型（5.9）	模型（5.10）	模型（5.11）
CFR	0.243*** (5.616)	0.243*** (5.618)	0.245*** (5.648)	0.222*** (8.498)	0.223*** (8.527)	0.222*** (8.510)
Lev	0.179*** (4.532)	0.179*** (4.520)	0.183*** (4.636)	0.168*** (6.388)	0.167*** (6.364)	0.167*** (6.354)
ORE	−0.356*** (−3.285)	−0.353*** (−3.255)	−0.354*** (−3.262)	−0.442*** (−4.521)	−0.451*** (−4.618)	−0.441*** (−4.507)
D^{ind}	控制	控制	控制	控制	控制	控制
D^y	控制	控制	控制	控制	控制	控制
调整后的 R^2	0.079	0.079	0.077	0.116	0.115	0.115
D-W 检验值	1.958	1.962	1.956	1.905	1.906	1.905
F 检验值	6.823***	6.855***	6.668***	10.555***	10.479***	10.454***
N	2045	2045	2045	2192	2192	2192

*表示在 0.1 的水平上显著，**表示在 0.05 的水平上显著，***表示在 0.01 的水平上显著
注：括号内为 t 值

从模型（5.6）、模型（5.9）可看出，国有上市公司样本中，高管过度自信与政治关系的交乘项（Con×PC）的系数为 0.023，且在 0.05 的水平上显著，而非国有上市公司样本中的该交乘项系数为正但不显著。模型（5.7）、模型（5.8）显示，国有上市公司样本中，政府官员类政治关系与高管过度自信的交乘项（Con×PCG）的系数为 0.025，且在 0.05 的水平上显著，而代表委员类政治关系与高管过度自信的交乘项（Con×PCD）系数未通过显著性检验；对于非国有上市公司而言，模型（5.10）、模型（5.11）显示了不同类型的政治关系与高管过度自信的交乘作用对公司投资水平的影响都不显著。这说明，不同产权类型的样本公司，高管不同类型的政治关系对公司投资的影响存在差异；相比较而言，国有上市公司样本的高管，其过度自信与其政治关系对公司投资水平的综合影响更大、更显著，印证了本章的假说 5.4。

5.4.7 稳健性检验

为了检验本章假说 5.1～假说 5.4 的稳健可靠，本章采用如下方法进行分析。

1. 替换高管过度自信的表征指标

借鉴姜付秀等（2009）的度量方法，并且做适当改动，以董事、监事及高管前三名薪酬总额/董事、监事及高管薪酬总额作为高管过度自信的度量指标，若该比值大于中位数，则视为高管过度自信（Con），取值为 1，否则为 0；并且对假

说 5.1 进行重新检验,回归结果如表 5.10 所示。从中可知,政治关系(PC)、政治关系强度(PCS)的系数均显著为正,说明假说 5.1 结果的稳健可靠。

表 5.10 高管政治关系与过度自信的稳健性检验

变量	模型(5.12) 系数	模型(5.12) Wald 值	模型(5.13) 系数	模型(5.13) Wald 值
常数项	2.089***	7.540	2.146***	7.940
PC	0.137*	3.390		
PCS			0.033**	3.690
Mage	−0.013**	3.930	−0.013**	3.980
Mterm	−0.027	2.270	−0.028	2.470
Medu	0.022	0.210	0.020	0.170
Mhold	1.071***	21.770	1.060***	21.360
Leader	0.524***	35.500	0.498***	31.800
Size	−0.121***	15.180	−0.122***	15.500
Grow	−0.003	1.830	−0.003	1.850
Control	0.259***	9.230	0.259***	9.250
D^{ind}	控制		控制	
D^y	控制		控制	
LRchi2	168.089***		168.373***	
Pseudo-R^2	0.056		0.056	
N	4237		4237	

*表示在 0.1 的水平上显著,**表示在 0.05 的水平上显著,***表示在 0.01 的水平上显著

2. 替换公司投资水平的度量指标

公司投资水平使用上市公司的总投资水平相对指标(TI)来表征。根据公司价值评估公式,总资本支出=净长期经营资产的增加+当期的折旧、摊销。其中,净长期经营资产的期末数减去期初数为净长期经营资产的增加。因此,公司总投资水平的相对指标等于公司的总资本支出与期初总资产的比值。指标替换后对假说 5.2~假说 5.4 重新进行检验,回归结果如表 5.11 和表 5.12 所示。由表 5.11 可知,模型(5.14)、模型(5.15)中的 Con×PC、Con×PCG 的系数为正且显著,而模型(5.16)的 Con×PCD 的系数则不显著,表明假说 5.2、假说 5.3 的结果是稳健可靠的。从表 5.12 可看出,国有上市公司样本中模型(5.17)、模型(5.18)的 Con×PC、Con×PCG 的系数显著为正,模型(5.19)的 Con×PCD 的系数不显著,而在非国有上市公司样本中相应的交乘项系数均不显著,表明与假说 5.4 结论一致,说明假说 5.4 结果稳健。

表 5.11　高管过度自信、政治关系与公司投资的稳健性检验

变量	模型（5.14）系数	t	模型（5.15）系数	t	模型（5.16）系数	t
常数项	0.132	1.372	0.121	1.257	0.121	1.259
Con	0.042***	3.230	0.054***	4.773	0.059***	5.080
PC	−0.027**	−2.172				
Con×PC	0.046**	2.155				
PCG			−0.010**	−2.143		
Con×PCG			0.014*	1.852		
PCD					−0.003	−0.843
Con×PCD					0.003	0.546
Size	−0.003	−0.574	−0.002	−0.533	−0.002	−0.549
Grow	0.199***	2.744	0.195***	2.692	0.196***	2.708
Age	−0.006***	−4.840	0.006***	−4.808	−0.006***	−4.761
Q	0.009	1.402	0.009	1.423	0.009	1.416
CFR	0.286***	8.844	0.284***	8.763	0.284***	8.760
Lev	0.087***	2.836	0.088***	2.864	0.087***	2.835
ORE	−0.369***	−3.781	−0.368***	−3.777	−0.368***	−3.775
D^{ind}	控制		控制		控制	
D^{y}	控制		控制		控制	
调整后的 R^2	0.060		0.061		0.060	
D-W 检验值	1.993		1.993		1.990	
F 检验值	10.070***		10.133***		9.977***	
N	4237		4237		4237	

*表示在 0.1 的水平上显著，**表示在 0.05 的水平上显著，***表示在 0.01 的水平上显著

表 5.12　不同产权下高管过度自信、政治关系与公司投资的稳健性检验

变量	国有上市公司样本 模型（5.17）	模型（5.18）	模型（5.19）	非国有上市公司样本 模型（5.20）	模型（5.21）	模型（5.22）
常数项	−0.048 (−0.292)	0.240** (1.987)	0.242** (1.999)	0.251** (2.077)	−0.053 (−0.319)	−0.057 (−0.343)
Con	0.057*** (2.595)	0.034*** (2.641)	0.044*** (3.211)	0.028* (1.833)	0.079*** (4.079)	0.073*** (3.884)
PC	−0.031 (−1.415)			−0.030** (−2.154)		
Con×PC	0.068* (1.822)			0.039 (1.595)		
PCG		−0.011* (−1.891)			−0.009 (−1.333)	
Con×PCG		0.023** (2.323)			0.007 (0.594)	

续表

变量	国有上市公司样本			非国有上市公司样本		
	模型（5.17）	模型（5.18）	模型（5.19）	模型（5.20）	模型（5.21）	模型（5.22）
PCD			−0.003 (−0.797)			−0.005 (−0.645)
Con×PCD			0.001 (0.103)			0.014 (1.171)
Size	−0.001 (−0.075)	−0.006 (−0.976)	−0.006 (−0.978)	−0.006 (−0.980)	−0.001 (−0.073)	−0.001 (−0.093)
Grow	0.380*** (2.680)	0.100 (1.318)	0.105 (1.376)	0.105 (1.384)	0.377*** (2.660)	0.373*** (2.634)
Age	−0.005** (−2.386)	−0.006*** (−3.579)	−0.006*** (−3.607)	−0.006*** (−3.647)	−0.005** (−2.337)	−0.005** (−2.309)
Q	0.021 (1.567)	0.004 (0.604)	0.004 (0.585)	0.004 (0.630)	0.021 (1.617)	0.022* (1.678)
CFR	0.299*** (5.255)	0.273*** (7.522)	0.271*** (7.455)	0.272*** (7.500)	0.292*** (5.141)	0.295*** (5.191)
Lev	0.113** (2.175)	0.098*** (2.670)	0.095*** (2.608)	0.096*** (2.625)	0.115** (2.202)	0.112** (2.160)
ORE	−0.211 (−1.475)	−0.572*** (−4.211)	−0.559*** (−4.105)	−0.582*** (−4.286)	−0.221 (−1.548)	−0.227 (−1.589)
D^{ind}	控制	控制	控制	控制	控制	控制
D^y	控制	控制	控制	控制	控制	控制
调整后的 R^2	0.063	0.063	0.061	0.062	0.063	0.063
D-W 检验值	1.990	2.050	2.047	2.051	1.986	1.987
F 检验值	5.559***	5.905***	5.723***	5.849***	5.563**	5.545***
N	2045	2045	2045	2192	2192	2192

*表示在 0.1 的水平上显著，**表示在 0.05 的水平上显著，***表示在 0.01 的水平上显著

5.5　本章小结

本章从微观决策主体理性与非理性的双重视角，研究了高管政治关系对高管过度自信的影响，分析了不同类型、不同产权性质的高管过度自信和政治关系对公司投资的综合影响。基于理论分析，本章提出了四个假说。假说 5.1：政治关系会促使高管变得更为过度自信，随着高管政治关系程度的增强，高管过度自信的倾向也加大。假说 5.2：与一般高管相比，过度自信的高管会提高政治关系与公司投资水平之间的敏感性。假说 5.3：与代表委员类政治关系相比，高管过度自信与政府官员类政治关系对公司投资水平的综合影响效应更大。假说 5.4：与非国有上

市公司相比，国有上市公司高管过度自信与政治关系对公司投资的影响更大。在此基础上，以2002~2011年中国A股上市公司为研究样本，对假说5.1~假说5.4进行检验。

研究结果发现：①高管政治关系对高管过度自信的认知偏差具有显著的正向影响，随着高管政治关系程度的增强，高管过度自信的倾向也加大。②与一般高管相比，过度自信的高管提高了政治关系与公司投资水平之间的敏感性，提高了公司的投资水平。③与代表委员类政治关系相比，政府官员类政治关系与高管过度自信对公司投资水平的影响更大、更显著。④对于不同产权类型的样本公司而言，国有上市公司高管的政府官员类政治关系与高管过度自信的交乘作用对公司投资水平存在着显著影响；而非国有上市公司的不同类型的政治关系与高管过度自信的交乘作用对公司投资的影响不显著。因此，与非国有上市公司相比，国有上市公司的高管过度自信与高管政治关系对公司投资的综合影响效应更大。

本章的研究结论表明，高管政治关系会加大高管过度自信的倾向，两者的共同存在显著地提升了公司投资水平。因此，公司在未来发展进程中，一方面要注重不断完善公司治理，提高公司治理效率，发挥董事会的监督与引导作用，降低高管过度自信引起的非效率投资行为；另一方面还应理性地看待和利用政治关系，制定合适的政治战略，与政府建立良性关系，真正发挥政治关系的资源优势，以提高公司的投资效率和公司的价值。

第6章 投资者情绪、高管社会网络与资本投资的实证研究

从前文的研究结论可知，投资者情绪、高管政治关系（政治网络）均对公司资本投资产生显著的影响，而政治网络是社会网络的重要组成部分。因此，本章继续从微观决策主体非理性与理性的双重视角，以融资约束为中介，研究高管社会网络和投资者情绪对公司融资约束产生怎样的影响，进而又如何影响公司的资本投资决策。

6.1 问题的提出

自 20 世纪 80 年代法国、美国著名社会学家布尔迪厄（Bourdieu）、科尔曼（Coleman）解析社会资本概念以来，社会资本已经成为各个领域争相引用的明星词汇。研究表明，企业的经营和发展在一定程度上依赖其对自身社会网络的主动搭建及其社会资本的累积；广泛存在的社会网络和富足的社会资本有利于企业获取关键信息与资源，促进企业不断创新，提高团队的合作效率，留住高素质的人才，等等；对新创企业来说，拥有充足的社会资本可助其争取更多的启动资金。企业通过建立关系可获得一定的关系收益，因此不少企业花费一定的时间和精力来构筑并维护社会关系，社会网络已经成为企业寻求资源配置的主流方式之一。

学者的研究表明，企业社会网络在一定程度上可以提升企业抗风险能力。例如，Barjargal 和 Liu（2004）认为，由朋友关系构成的企业社会网络具有降低社会风险、链接信息、降低企业发展面临的不确定性等功效。Xin 和 Pearce（1996）以中国企业为样本进行研究并发现，在转型经济中，相对于国有企业和集体企业来说，关系可以替代正式制度的缺失以保护和支持民营企业。企业社会网络能够降低交易成本，提升企业的经营能力和经济绩效（Chung et al.，2000；Cooke and Clifton，2002；边燕杰和丘海雄，2000）；但是，企业构建社会网络、获取社会资本需要付出一定的成本，削弱了竞争优势的好处，不利于企业绩效的提高（Child and Tse，2001；Park and Luo，2001；周小虎和陈传明，2005；孙俊华和陈传明，2009）。学者普遍认为，社会网络及嵌入其中的社会资本对公司的投资决策有显著影响，社会资本越高的公司越可能抑制过度投资，提高公司投资效率；但是，张

润宇等（2017）认为，企业社会资本越丰富越易产生过度投资行为。因此，社会网络及嵌入其中的社会资本对公司绩效、公司投资的影响的研究结论存在分歧。

基于理性人假设的前提，传统财务理论就公司投资行为对股票价格的影响进行了大量研究，但忽视了由投资者情绪引起的资产误定价可能对公司投资产生的影响。现实中资本市场存在噪声交易者或非理性市场参与者，同时存在着不可忽视的套利成本和套利风险，进而导致市场的无效性。近年来，针对资本市场并非有效、套利并不充分的情境，行为公司财务开始从新的视角对公司投资行为进行研究，其中，投资者情绪对公司投资的影响成为研究热点。国内外学者普遍认为，投资者情绪显著影响公司投资决策，高涨的投资者情绪会提高公司投资水平（Baker et al., 2003；Polk and Sapienza, 2009；Arif and Lee, 2014；葛永波等，2016），引起过度投资与投资不足，产生非效率投资（Zhu et al., 2016；花贵如等，2010；刘志远和靳光辉，2013；崔晓蕾等，2014）。但是，也有学者研究表明，公司投资水平与投资者情绪负相关（Li, 2003；刘红忠和张昉，2004），投资者情绪能够抑制公司投资不足现象进而提升投资效率（张前程和杨德才，2015）。因此，投资者情绪影响公司投资行为的研究存在争议。

综上，现有文献分别研究了投资者情绪、高管社会网络及嵌入其中的社会资本对公司投资决策的影响，研究结论不一。其中，投资者情绪与高管社会网络的共同存在对公司投资行为的综合影响的研究较少。因此，有必要探究投资者情绪与高管社会网络的共同存在对公司资本投资是否产生影响，产生怎样的影响，背后的作用机理如何。下文拟厘清投资者情绪与高管社会网络对公司投资的作用机理，在此基础上，实证检验两者的共同存在对公司投资产生的影响。

6.2 投资者情绪与高管社会网络对公司投资的作用机理

Fazzari 等（1988）根据信息不对称和融资优序理论提出了融资约束假说，证明了融资约束与投资-现金流敏感性呈正相关关系。资本市场的不完备和信息不对称，导致交易成本、信息成本产生，使外源融资成本高于内源融资成本，企业的外源融资行为受到约束（Myers and Majluf, 1984；沈红波等，2010；屈文洲等，2011；张新民等，2017）。融资约束的存在导致企业无法融通到净现值为正的投资项目所需的资金，只能依赖内部资金进而出现投资不足；如果企业受融资约束较小，意味着企业拥有更多的外部融资渠道，能产生较低的外部融资成本；当有利的投资机会出现时，企业可以迅速把握。

我国企业上市最主要的目的是融通资金，企业上市后，与投资者在一个确定的场所建立交易关系。作为投资者，其情绪经常受自身认知及外在因素的影响，这种个体的情绪一旦被带到资本市场中，很容易传染其他投资者，这就形成了一个情绪集合体,他们可能以近似的方式进行证券买卖。Stein(1996)认为,投资者情绪影响公司股价,促使资本市场的融资条件发生变化,理性的高管会择机发行或回购股票,并且不会影响投资项目的选择。Stein(1996)的研究是基于不存在融资约束的假设,而其他学者的研究表明,投资者情绪会导致证券市场上股票误定价(Baker and Stein,2004;Shefrin,2007),在投资者情绪高涨之际,作为资金需求方的上市公司会主动迎合投资者以降低融资成本,高涨的投资者情绪给企业带来高估的发行收益,在一定程度上缓解企业面临的融资约束。在投资者情绪波动时,企业通过股权融资渠道对公司投资行为产生影响(Gilchrist et al.,2005;Chang et al.,2007)。

中国传统社会注重关系本位,以关系获取资源的思想在中国传统社会中根深蒂固,社会关系在资源配置中发挥着重要的作用,公司通过社会关系以获取资源已成为主流。高管作为公司和社会的连接点,负责搭建公司的社会网络。高管社会网络是公司高管与内部成员和外部存在利益关系或者潜在利益关系的相关者之间的直接或间接关系的集合,高管可借社会网络来获取潜在或现实的各种资源。例如,高管通过在政府部门、其他企业、行业协会、科研院所或高等院校等组织任职,以搭建社会网络并从中获取需要的资源,高管一旦使用了这些资源,就形成了社会资本。因此,高管社会网络可能掌握着企业赖以发展壮大的大量关系资源,当企业面临财务困境、资金周转不灵,甚至濒临破产时,高管从社会网络获得的资金支持可能成为企业的救命稻草。另外,社会资源理论的研究表明,资源不但可以为单个经济主体所有,而且根植于社会关系网络中,企业可以通过社会网络来获取;高管社会网络中蕴藏的丰富的关系资源将成为公司解决资金不足的重要途径。

综上,在企业外部,投资者高涨的情绪降低了企业的融资成本,在一定程度上缓解了企业的融资约束;在企业内部,高管社会网络可能蕴含着关系资源,企业从中可获取项目投资所需的资金。两者的共同存在可以缓解企业面临的融资约束,进而促使企业扩大投资规模。因此,以融资约束为中介,投资者情绪与高管社会网络对公司投资产生影响,其作用机理如图6.1所示。

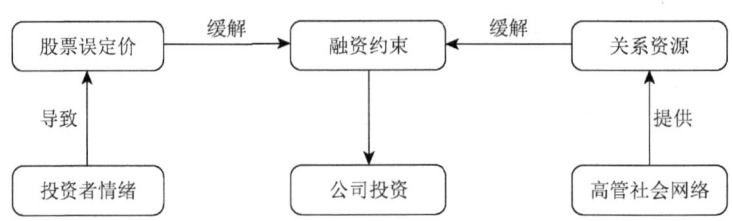

图6.1 投资者情绪与高管社会网络对公司投资的作用机理

6.3 研究假说的提出

在市场经济体制不够完善时，资源和信息的获取不完全遵循市场准则，拥有较多社会网络的高管更有能力获取企业发展所需的稀缺资源（Inkpen and Tsang，2005；周小虎，2002）。在企业内部，高管是企业运营的指挥官，在企业面临资金困境时，高管可以从其所拥有的关系网络中寻求资金支持，避免正规融资渠道不畅通。Rajan（1992）指出，借款人可以从关系融资中获得长期、稳定的资金支持与较为优惠的贷款条件；Uzzi 和 Gillesple（2002）的研究表明，企业与银行之间强联系与弱联系相结合的网络结构，使企业更有可能取得银行贷款并获得更低的贷款利率。在企业外部，资本市场的投资者是企业重要的资金供应方，当投资者情绪高涨时，往往对企业估值超过了其实际价值，这给企业带来了发行股票溢价收益，降低了融资成本，进而减小了对企业股权融资的约束程度，削弱了融资约束对企业投资的抑制效应（Shleifer and Vishny，2003）。基于此，本章提出如下假说。

假说 6.1：投资者情绪、高管社会网络可以有效地缓解公司的融资约束。

Fazzari 等（1988）研究证实，融资约束大大降低了公司投资水平。企业融通资金的主要目的是解决项目资金不足的问题。Ghatak（1999）构建了同类借款者聚集的团体贷款模型，并且从信任和社会网络的角度验证了这种贷款模式可缓解中小企业的信贷约束问题。信任和社会网络通过缓解公司融资渠道约束，可以提高公司投资水平。高管社会网络以相互信任为基础，高管所拥有的丰富的关系资源在一定程度上可以解决企业在资金方面的需求，缓解企业面临的融资约束，进而促进公司增加投资支出。基于此，本章提出如下假说。

假说 6.2：高管社会网络能够缓解融资约束，进而降低投资对融资约束的敏感度，促进公司提高投资水平。

Stein（1996）指出，投资者情绪影响公司投资行为的前提条件是公司存在融资约束。在企业外部，高涨的投资者情绪导致公司股票估值过高，降低了公司在资本市场上的融资成本，缓解了融资约束；在企业内部，企业高管运用网络内的关系资源也可解决部分资金短缺，减少了公司对内源资金的依赖，缓解了融资约束。这是因为高管社会网络及嵌入其中的社会资本能够带来更大的透明度、更严格的合同执行和更有效的管理决策，从而降低融资约束的影响（Javakhadze et al., 2016b）。因此，投资者情绪与高管社会网络共同存在，可以有效缓解公司面临的融资约束，进而提升公司投资水平。鉴于此，本章提出如下假说。

假说 6.3：投资者情绪与高管社会网络的共同存在，可以缓解融资约束，提升公司的投资水平。

6.4 模型构建与变量界定

6.4.1 高管社会网络的度量指标与选择

社会网络研究方法更多地应用在社会资本的研究中，因此，本章在梳理社会资本及社会网络度量指标的基础上，选择适合本章研究的高管社会网络的度量指标。

Cooke 和 Clifton（2002）将社会资本按照网络及联合中的非正式和正式联系（直接业务联系、行业协会、专业协会和社会俱乐部等）进行划分。Collins 和 Clark（2003）以与内部和外部人际关系中的各项关系的数目、接触的次数、持续时间等八个方面来测量关系的强弱。Park 和 Luo（2001）用高管与业务群的关系（供应商、客户及同业竞争者）来表示高管的横向关系。Peng 和 Luo（2002）将高管的纵向关系分为与政府的关系、与行业协会的关系及与监管部门的关系。

边燕杰和丘海雄（2000）从社会资本的角度将企业联系分为纵向联系、横向联系和社会联系，并以企业法定代表人是否在上级领导机关任职来测量纵向联系；以企业法人代表是否在跨行业的其他企业工作过及出任过管理经营等领导职务来测量横向联系；以企业法人代表的社会交往和联系是否广泛来测量社会联系。陈劲和李飞宇（2001）、张方华和林仁方（2004）均将社会资本分为纵向关系资本、横向关系资本和社会关系资本三类。其中，纵向关系资本为企业与客户和供应商之间的关系；横向关系资本是企业与竞争对手和其他企业之间的关系；社会关系资本是企业与高等学校、科研机构、政府、金融机构等组织之间的关系。石军伟等（2007）从企业与政府的关系、社会网络资本和组织的特有关系来度量社会资本。孙俊华和陈传明（2009）用四个指标来度量企业家社会资本，即企业家与政府形成的纵向关系网络、企业家与其他企业形成的横向关系网络、企业家的政治身份和企业家声誉。其中，纵向关系网络用董事长是否在或曾在政府或相关部门（大型国企、科研院所、行业协会）任职来测量；横向关系网络用董事长曾任职过的企业总数来测量；政治身份用企业家是否具有或曾具有人大代表或政协委员等身份来测量；声誉用年报中的无形资产项目来测量。袁勇志和李佳（2013）从社会网络视角出发，将企业家社会网络分为商业社会网络、制度社会网络和技术社会网络。其中，商业社会网络是与产业联盟、行业协会等中介机构间的关系网络；制度社会网络是与各级政府官员、银行或其他行政管理机构人员所建立的关系网络；技术社会网络是与其他企业技术人员、高校和科研机构的行业技术专家及技术中介机构人员之间的社会关系。

根据上述文献，结合我国的制度背景和上市公司的特点，本章将企业高管（董事长和总经理）社会网络划分为社会网络规模、社会网络地位和社会网络声誉三个维度。

（1）社会网络规模更多的是从定性角度来测量，具体包括：①是否曾在政府部门任职；②是否现任或曾任人大代表或政协委员；③是否曾在银行、证券公司、期货公司、保险公司、融资租赁公司等金融机构任职；④是否现任或曾在其他企业任职；⑤是否现任或曾任商业或行业协会职务；⑥是否现任或曾任科研院所、高等学校职务。

（2）社会网络地位反映了高管所具有的社会网络深度和水平。具体包括：①曾在政府部门任职的行政级别；②现任或曾任人大代表或政协委员的级别；③曾在金融机构任职的级别；④现任或曾任商业或行业协会职务的级别；⑤现任或曾任科研院所、高等学校职务的级别。

（3）社会网络声誉是从宏观角度出发，利用高管所获的荣誉为企业创造价值，可以看作企业的一项无形资产，具体包括：①优秀业绩荣誉、劳动模范、先进个人、红旗手等称号；②表彰或嘉奖、技术创新和科技进步等奖励。

在度量方法上，本章采用赋值法从量上来反映高管社会网络水平的高低（石军伟等，2007；马丽媛，2010；孙俊华和陈传明，2009）。

6.4.2 融资约束的度量指标与选择

根据对融资约束相关文献的梳理，融资约束的度量指标主要包括两大类，即单变量指标和综合指数。

1. 单变量指标

单变量指标主要包括股利支付率、公司规模与利息保障倍数。

（1）股利支付率。Fazzari 等（1988）认为，低股利支付率的公司存在着严重的信息不对称问题，因而更可能面临融资约束问题。融资约束本质上是源于企业内部与外部融资成本间的悬殊。当企业价值被低估时，外界对企业提供的资金要求更大的投资收益或利息回报，造成外部融资成本高昂，此时企业将选择留存更多的税后盈余，以备不时之需或用于企业的经营活动；而当企业受市场追捧时，外界普遍看好企业的盈利和发展前景，愿意放弃眼前小利而追求长远利益，此时外部融资成本低廉，甚至低于留存收益的成本，企业可以将更多的留存收益分配给股东，转而更多地依赖外部成本低廉的资本。因此，留存收益率或股利支付率可以反映企业面临的融资约束程度。

（2）公司规模。首先，公司规模小，信息不透明程度相对较高，银行或投资者不能确切地知晓公司的战略安排,将资金投入这样的公司将面临更大的风险。其次,小规模公司不具备大型公司具有的规模经济效应,不具备与投行或券商的议价能力,导致小规模公司在融资过程中将承担更高的融资成本。再次,小规模公司往往多元化程度不足、盈余波动性较大,甚至面临生存问题,在进行外部融资时需要支付较高的溢价。最后,当小规模公司受信用配给制约时,很难获取外部资金(Titman and Wessels,1988)。可见,与大型公司相比,小规模公司面临更大的融资约束。

(3) 利息保障倍数。Gertler 和 Gilchrist 等 (1994) 指出,利息保障倍数能够反映公司总体财务状况和获取债务资本的能力;Guariglia (1999) 证实,外部融资成本是利息保障倍数的递减函数。由此可见,利息保障倍数可以作为公司是否面临外部融资约束的代理变量。

2. 综合指标

Cleary (1999) 采用多元判别分析法构造了融资约束的综合指标,并用该指标分析了融资约束与公司投资之间的关系。Cleary (1999) 首先按照公司股利支付水平把全部样本预先分成三组:①融资约束组,为当年减少股利支付的样本;②非融资约束组,为当年增加股利支付的样本;③融资约束不确定组,为当年维持股利不变的样本。选取融资约束组和非融资约束组作为研究样本,选用流动比率(Current)、固定利息保障倍数(FCCov)、财务松弛比例(Slack/K)、净利润率(NI%)、主营业务收入增长率(Sgrowth)和资产负债率(Debt)等财务指标,运用多元判别分析方法构造判别模型,最后得到如式 (6.1) 所示的融资约束指标模型。

$$Z_{FC} = \beta_1 \text{Current} + \beta_2 \text{FCCov} + \beta_3 \text{Slack}/K + \beta_4 \text{NI}\% + \beta_5 \text{Sgrowth} + \beta_6 \text{Debt} \quad (6.1)$$

其中, Z_{FC} 为融资约束。

自从 Cleary (1999) 提出式 (6.1) 后,很多学者也开始采用多变量构造综合指标来度量融资约束。但是,有学者对 Cleary (1999) 的分组方法提出了两点质疑:一是在样本期间维持股利不变的样本组包含两类公司,即随后两年中支付相同股利的公司和不支付股利的公司,显然这两类公司面临的融资约束程度不同,不区分这两类公司之间的差异是有问题的;二是用股利支付的变化来代理公司流动性可能本身就存在问题。

Bhattacharya (1979) 在批评"在手之鸟"理论时指出,与其他信号显示方式相比,股利在传递公司价值的信息时更有优势,因此,公司为了稳定投资者信心而不愿做出改变股利政策的决策。Bhattacharya (1979) 认为,利息保障倍数是能更好地衡量公司流动性的代理变量,可以依照利息保障倍数来预先分组,取利息保障倍数最高的前 10% 公司作为非融资约束组,最低的后 10% 公司作为融资约束组,并且将这两组样本作为研究对象,选取流动比率(Current)、财务松弛比例

(Slack/K)、净利润率（NI%）、主营业务收入增长率（Sgrowth）和资产负债率（Debt）等财务变量，运用多元判别分析方法构造判别模型，得到如式（6.2）所示的融资约束指标模型。

$$Z_{FC} = \beta_1 \text{Current} + \beta_2 \text{Slack}/K + \beta_3 \text{NI\%} + \beta_4 \text{Sgrowth} + \beta_5 \text{Debt} \qquad (6.2)$$

Kaplan 和 Zingales（1997）利用公司年度财务报告及其附注、管理层给股东的信件、管理层关于经营和流动性讨论中的定性和定量信息，将样本公司的一年期观察值划分成五个组：非融资约束组（NFC）、可能的非融资约束组（LNFC）、较可能的融资约束组（PFC）、可能的融资约束组（LFC）和融资约束组（FC）。Lamont 等（2001）依照 Kaplan 和 Zingales（1997）的五分组法，选取营业现金流量（Cashflow）、托宾 Q 比率（Q）、资产负债率（Lev）、股利支付率（Div）和现金持有量（Cashholdings）等财务指标通过次序逻辑回归，得到估计系数构造出了著名的 KZ（Kaplan 和 Zingales，简称 KZ）指数，如式（6.3）所示。

$$\text{KZ} = -1.002\text{Cashflow} + 0.283Q + 3.139\text{Lev} + 39.367\text{Div} - 1.315\text{Cashholdings} \qquad (6.3)$$

魏锋和刘星（2004）依照利息保障倍数对样本公司自高而低排序，之后选取前 20%作为非融资约束组，后 20%作为融资约束组，并且将融资约束组样本和非融资约束组样本作为研究对象，选取流动比率、财务松弛比例、净利润率、主营业务收入增长率和资产负债率五个财务指标，采用多元判别分析方法构造出了度量融资约束程度的指标，如式（6.4）所示。

$$Z_{FC} = \beta_1 \text{Current} + \beta_2 \text{Debt} + \beta_3 \text{NI\%} + \beta_4 \text{Sgrowth} + \beta_5 \text{Slack}/K \qquad (6.4)$$

综上，大量学者都采用了类似财务危机预警指数的构建方法，运用多元判别分析方法和二元 logistic 回归分析法来构建能反映融资约束的度量指标。鉴于此，本章拟采用综合指标构建融资约束的度量指标。

6.4.3 实证模型的构建

1. 公司融资约束综合指标 Z 的构建

单个财务指标包含的信息量有限，用单个指标作为融资约束代理变量的实证结论存在较大的分歧，因此，本章摒弃单变量的设定方法，借鉴已有文献的做法，采用综合指标来构建反映融资约束程度的综合指标。

在融资约束问题受到关注以来，很多学者通常利用股利支付率作为融资约束的代理变量（Fazzari et al.，1988；Bond and Meghir，1994；Mills et al.，1994）。然而，当受到暂时的融资约束时，公司往往不会改变已定的股利支付政策，以给投资者公司发展稳健的信心；另外，中国上市公司更注重股市的融资功能，忽视了给投资者以必要的回报。数据显示，2001～2010 年，中国大陆上市公司流通股股东平均股息率仅为 0.907%；2010 年，市场整体的股息率仅为 0.55%；而同年度全球各国家和地区市场指数股息率为 2.49%，其中，美国的股息率为 1.5%，英国的股息率为 2.73%，日本的股息率为 1.67%，中国台湾地区的股息率为 2.27%，中国香港地区的股息率为 2.35%。这说明，长期以来我国上市公司随意支付股利，股利支付缺乏连续性，甚至有很多公司不支付股利。可见，股利支付率不适合作为度量我国上市公司融资约束的替代指标。

利息保障倍数是指息税前利润对利息费用的倍数，是度量长期偿债能力的指标之一。利息保障倍数越大，公司拥有的偿还利息的缓冲资金越多。因此，利息保障倍数能较好地度量流动性水平，反映公司面临融资约束程度的强弱。借鉴 Bhattacharya（1979）、魏锋和刘星（2004）的方法，本章选择利息保障倍数作为融资约束预分组的依据。

在构建融资约束综合度量指标方面，Cleary（1999）选择了流动比率、固定利息保障倍数、财务松弛比例、净利润率、主营业务收入增长率和资产负债率六个指标；Bhattacharya（1979）选择了流动比率、财务松弛比例、净利润率、主营业务收入增长率和资产负债率五个指标；Kaplan 和 Zingales（1997）选取营业现金流量、托宾 Q 比率、资产负债率、股利支付率和现金持有量五个指标；李延喜等（2007）选取流动比率、产权比率、资产负债率、现金净利润率、净资产收益率、资产净利润率、现金资产比、销售利润率、描述系统风险的贝塔系数、利息负债比、公司规模、现金/净资产和营运资金/资产 13 个财务指标作为构建度量融资约束的备选指标。

综上，本章选取货币资金存量比率（HBZJ）、营运资本比率（YYZB）、公司规模（SIZE）、净现金流量（CF）、账面-市值比（B-M）和资产负债率（DEBT）六个财务指标以构建反映融资约束程度的综合指标。具体变量的界定如表 6.1 所示。如式（6.5）所示，可以采用 logistic 回归统计分析方法估计回归系数，进而运用回归系数估算度量融资约束的替代指标。

$$Z_{it}=\text{logit}(P) = \alpha_0 + \alpha_1 \text{HBZJ}_{it} + \alpha_2 \text{YYZB}_{it} + \alpha_3 \text{SIZE}_{it} + \alpha_4 \text{CF}_{it} \\ + \alpha_5 \text{B-M}_{it} + \alpha_6 \text{DEBT}_{it} \quad (6.5)$$

表 6.1　式（6.5）研究变量的含义

变量	含义	计算方法
HBZJ	货币资金存量比率	期末货币资金/上年度期末资产总额
YYZB	营运资本比率	（期末流动资产−期末流动负债）/上年度期末资产总额
SIZE	公司规模	期末资产总额的自然对数
CF	净现金流量	期末经营活动净现金流入/上年度期末资产总额
B-M	账面-市值比	将流通在外股数乘以年底收盘价，求得公司市值，再将股东权益除以市值即可求得账面-市值比
DEBT	资产负债率	期末负债总额/期末资产总额

2. 投资者情绪、高管社会网络与公司投资模型

为了检验假说 6.1，构建模型，如式（6.6）所示。

$$Z_{it} = \beta_0 + \beta_1 \text{MSN}_{it} + \beta_2 \text{IS}_{it} + \beta_3 \text{MSN}_{it} \times \text{IS}_{it} + \sum \gamma \text{Var}_{it}^{\text{con}} + \varepsilon_{it} \quad (6.6)$$

其中，被解释变量为融资约束程度（Z_{it}）；解释变量为高管社会网络（MSN_{it}）、投资者情绪（IS_{it}）及两者的交乘项（$\text{MSN}_{it} \times \text{IS}_{it}$）。$\text{Var}_{it}^{\text{con}}$ 为控制变量，参考学者的研究文献，本章选取了公司上一期的投资支出（Inv_{it-1}）、上一期的托宾 Q 比率（Q_{it-1}）、自由现金流量（CFR_{it}）、公司成长性（Grow_{it}）、高管持股比例（Hold_{it}）、大股东占款比例（ORE_{it}）、实际控制人产权类别（Control_{it}）等；设置行业虚拟变量（D^{ind}）与年度虚拟变量（D^y）；β、γ 为各变量的系数，ε_{it} 为随机误差项。

为了检验假说 6.2，构建模型，如式（6.7）所示。

$$\text{Inv}_{it} = \gamma_0 + \gamma_1 \text{MSN}_{it} + \gamma_2 Z_{it} + \gamma_3 \text{MSN}_{it} \times Z_{it} + \sum \lambda \text{Var}_{it}^{\text{con}} + \eta_{it} \quad (6.7)$$

其中，被解释变量为公司投资支出（Inv_{it}）；解释变量为高管社会网络（MSN_{it}）、融资约束程度（Z_{it}）及两者的交乘项（$\text{MSN}_{it} \times Z_{it}$）；$\text{Var}_{it}^{\text{con}}$ 为控制变量，增加了领导结构（Leader_{it}），即董事长与总经理两职是否合一情况，其余控制变量同式（6.6）；γ、λ 为各变量的系数，η_{it} 为随机误差项。

为了检验假说 6.3，构建模型，如式（6.8）所示。

$$\text{Inv}_{it} = \delta_0 + \delta_1 \text{MSN}_{it} + \delta_2 \text{IS} + \delta_3 Z_{it} + \delta_3 \text{MSN}_{it} \times \text{IS}_{it} \times Z_{it} + \sum \alpha \text{Var}_{it}^{\text{con}} + \varsigma_{it} \quad (6.8)$$

其中，被解释变量为公司投资支出（Inv_{it}）；解释变量为高管社会网络（MSN_{it}）、投资者情绪（IS_{it}）、融资约束程度（Z_{it}）及三者的交乘项（$\text{MSN}_{it} \times \text{IS}_{it} \times Z_{it}$）；控制变量的选择同式（6.7）；$\delta$、$\alpha$ 为各变量的系数，ς_{it} 为随机误差项。

6.4.4 研究变量的界定

1. 被解释变量

（1）融资约束综合指标 Z_{it}。首先，以利息保障倍数为标准将公司全部样本预分组。全部样本按照利息保障倍数指标从小到大排序，求出 1/3 分位数和 2/3 分位数；以 1/3 分位数为界，低于该值的样本划归高融资约束组，取值为 1；以 2/3 分位数为界，高于该值的样本划归低融资约束组，取值为 0。其次，将选取的高融资约束样本与低融资约束样本组合在一起，构造融资约束综合指标；设置虚拟变量（高融资约束取值为 1，低融资约束取值为 0）为被解释变量。再次，选择货币资金存量比率、营运资本比率、公司规模、净现金流量、账面-市值比和资产负债率作为解释变量，经 logistic 回归估算各变量的估计系数，得出估计方程。最后，对全部样本将货币资金存量比率、营运资本比率、公司规模、净现金流量、账面-

市值比和资产负债率的观察值代入估计方程，得到最终的融资约束指标 Z_{it}。

（2）资本投资水平 Inv_{it}。本章将公司投资界定为购置机器设备、兴建厂房等长期性投资支出。因此，将上市公司年度资产负债表中的固定资产净值、在建工程净值和工程物资的本期增加额之和作为资本性支出的替代变量，并使用上年度期末总资产总额对其进行标准化。由此得出上市公司当期的资本投资水平计算公式为 Inv_{it} = （固定资产净值 + 在建工程净值 + 工程物资）本期增加额/上年度期末资产总额。

2. 解释变量

（1）投资者情绪指标 IS_{it}。与第 3 章一样，本章使用上一个年度的一年期动量指标作为度量投资者情绪的替代变量，即使用上一年度 1～12 月每月的累积月度收益来度量。计算公式如下所示。

$$IS_{it} = \sum_{j=1}^{12} R_{it-1,j}$$

其中，i 为研究样本中的某一家上市公司；$t-1$ 为年份；j 为月份；R 为每个月最后一天的收盘价减去上个月最后一天的收盘价。

（2）高管社会网络指标 MSN_{it}。如前文所述，本章将企业高管（本章特指董事长和总经理）社会网络划分为高管社会网络规模（MSNS）、社会网络地位（MSNP）和社会网络声誉（MSNF）三个维度。采用赋值法对这三个维度社会网络水平均进行量化；然后，由高管社会网络规模、社会网络地位和社会网络声誉加总得到度量高管社会网络整体水平的度量指标。具体度量方法如下。

首先，分别对董事长和总经理两名高管社会网络的三个维度进行逐一赋值。

高管社会网络规模，按照如下标准赋值：①是否曾在政府部门任职；②是否是人大代表或政协委员；③是否曾在银行、证券公司、期货公司、保险公司、融资租赁公司等金融业部门任职；④是否在或曾在其他企业任职；⑤是否现任或曾任商业或行业协会职务；⑥是否现任或曾任科研院所、高等学校职务。以上是赋值 1，否赋值 0。

高管社会网络地位，按照如下标准赋值：①曾在政府部门任职的行政级别。②现任或曾任人大代表或政协委员的级别。③曾在金融机构任职的级别。④现任或曾任商业或行业协会的级别。以上国家、中央赋值为 4，省级赋值为 3，地市级赋值为 2，县级等及其他不能确定级别的赋值为 1。⑤现任或曾任科研院所、高等学校职务的级别。境外赋值为 4，国家级赋值为 3，省级赋值为 2，县级等及其他不能确定级别的赋值为 1。

高管社会网络声誉，按照如下标准赋值：①业绩荣誉、劳动模范、先进个人、红旗手等称号；②表彰或嘉奖、技术创新和科技进步等奖励。以上国家级赋值为 4，省级赋值为 3，地市级赋值为 2，县级等及其他不能确定级别的赋值为 1。

其次，将高管社会网络规模、社会网络地位和社会网络声誉三个维度赋值所得分数的最大值作为董事长和总经理两名高管社会网络的三个维度的得分。

最后，将每家公司的每个年度中，董事长和总经理在社会网络规模、社会网络地位和社会网络声誉三方面的得分进行相加，得到每家公司每个年度的高管社会网络的总得分，以度量公司高管社会网络水平。

3. 控制变量

根据相关理论和文献及本章研究的特点，设置了如下控制变量。

（1）滞后一期的投资支出（Inv_{it-1}）。企业的投资决策往往是连续的，本期投资与否、投资多少可能会参照上期的投资支出水平。上期投资水平越高，本期投资水平也可能越高。

（2）投资机会（Q_{it-1}）。新古典经济学家詹姆斯·托宾提出了著名的托宾 Q 比率理论，用资本的市场价格与其重置成本的比值来度量。该指标反映了资本的现期及未来的盈利性。因此，利用滞后一期的托宾 Q 比率来度量公司的投资机会。其计算公式为 Q_{it-1} =（上年末流通股市值＋非流通股份×每股净资产＋长期负债合计＋短期负债合计）/上年度期末资产总额。

（3）自由现金流量（CFR_{it}）。公司自由现金流量的高低将会对公司投资决策产生显著影响（Richardson, 2006; Ang et al., 2000）。企业自由现金流量的计算公式为：CFR_{it} =（净利润＋利息费用＋非现金支出－营运资本追加－资本性支出）/上年度期末资产总额。

（4）公司成长性（$Grow_{it}$）。公司成长性是度量企业发展速度的指标，企业发展速度越快，表明企业的发展前景越可观，市场竞争能力越强，从而投资水平也越高。作为反映公司经营活动成果的重要指标，选择营业收入增长率来度量，即 $Grow_{it}$ = 本期营业收入/上期营业收入－1。

（5）高管持股比例（$Hold_{it}$）。现代公司治理的目标之一就是解决公司高管与股东之间的代理冲突问题。通过高管直接持有本公司股票的方式将高管的利益诉求与股东的利益紧紧地绑定在一起；管理层追求股东价值最大化的同时也实现了个人的利益需求，这将对公司投资产生影响。本章使用所有高管的持股比例来度量该指标。

（6）大股东占款（ORE_{it}）。大股东占款水平越高，公司投资资金短缺越严重，越可能影响到公司投资水平。采用年末其他应收款占上年末资产总额的比例来度量。

（7）实际控制人产权类型（$Control_{it}$）。国有控股比例高是我国上市公司的显著特点之一，会对公司投资行为产生影响。因此，如果上市公司为国有控股则取值为 1；否则，取值为 0。

（8）领导结构（$Leader_{it}$）。公司董事长和总经理如果由同一人来担任，董事会可能对管理层做出的投资决策干预过多,影响公司投资水平。因此,如果上市公司董事长和总经理两职合一,则取值为1;否则,取值为0。

此外,本章还设置行业哑变量(D^{ind})和年度哑变量(D^y),以控制外部因素对公司融资约束和资本投资的影响。上述控制变量的符号、含义与计算方法如表6.2所示。

表6.2 控制变量含义

变量符号	含义	计算方法
Q_{it-1}	投资机会	(上年末流通市值+非流通股份×每股净资产+长期负债合计+短期负债合计)/上年度期末资产总额
CFR_{it}	自由现金流量	(净利润+利息费用+非现金支出-营运资本追加-资本性支出)/上年度期末资产总额
$Grow_{it}$	公司成长性	营业收入增长率=本期营业收入/上期营业收入-1
$Hold_{it}$	高管持股比例	所有高管的持股比例
ORE_{it}	大股东占款比率	年末其他应收款占上年末资产总额的比例
$Control_{it}$	实际控制人产权类型	若上市公司为国有控股则取值为1;否则,取值为0
$Leader_{it}$	领导结构	若董事长和总经理两职合一,取值为1;否则,取值为0
D^{ind}	行业控制变量	共有12个行业,设置11个行业虚拟变量
D^y	年度控制变量	共有10年,设置9个年度虚拟变量

6.4.5 样本与数据来源

本章以2002~2011年在A股上市的公司为样本选择的对象。由于作为投资者情绪代理变量的动量指标、托宾Q比率、滞后一期的投资支出及部分需要用上年度期末资产总额予以标准化的指标使用了滞后一期的数据,最终本章采用了2001~2011年的样本公司数据。

为保证数据的有效性和研究结果的客观性,按照以下标准对样本做了处理:①将金融类板块的上市公司剔除;②剔除ST和PT上市公司,这些公司往往经营不善,面临退市风险,甚至进入破产程序,若将其与正常公司一同纳入样本,可能会导致实证结果发生偏差;③剔除资产负债率大于1或小于0的上市公司,原因在于前者表明资不抵债,后者表明数据异常;④剔除财务数据不全的公司样本。最终得到样本公司5982个,其中,2002年411个,2003年439个,2004年677个,2005年660个,2006年659个,2007年585个,2008年584个,2009年626个,2010年661个,2011年680个。样本财务数据主要来自国泰安数据库;高管社会网络的数据来自国泰安中的中国上市公司治理结构研究数据库高管背景深度资料部分，并且经手工整理获得。部分缺失数据查阅了上海证券交易所、深圳证券交易所网站公布的相关信息。本章运用了 SPSS19.0 和 Stata12.0 进行实证检验。

根据以上分析，本章采用类似于财务危机预警指数的构建方法来构造能反映融资约束程度的 Z 指标。利息保障倍数越高，意味着企业对外部资金的依赖程度越低，面临的融资约束程度越低；反之，融资约束程度则越高。因此，本章选择利息保障倍数作为融资约束程度预分类指标。首先，将全部5982个样本按照利息保障倍数从小到大排序，求得 1/3 分位数为 2.650 703，2/3 分位数为 7.448 015；以 1/3 分位数 2.650 703 为临界值，低于该值的 1974 个样本划归为高融资约束组，取值 1；以 2/3 分位数 7.448 015 为临界值，高于该值的 1974 个样本划归为低融资约束组，取值 0；其余样本由于无法判断融资约束程度，归为不能确定融资约束程度组。其次，将选取的高融资约束样本与低融资约束样本组合，共计3948个样本观测值用于融资约束综合指标的构建，其中，2002年267个，2003年293个，2004年450个，2005年426个，2006年404个，2007年367个，2008年410个，2009年424个，2010年452个，2011年455个；其余2034个样本归为不能确定融资约束程度组，在构造融资约束综合指标时暂不考虑。

6.5 实证检验结果分析

6.5.1 融资约束综合度量指标的 logistic 回归结果分析

表 6.3 给出了式（6.5）中用于构建融资约束综合指标的回归结果。回归结果显示，McFadden R^2 的值为 0.4202，表明模型在整体上具有较好的拟合度；LRchi2 的值为 2299.79，且模型整体在 0.01 的水平上显著，表明模型是显著有效的。

从表 6.3 的 Z 统计量及对应的显著性水平来看，包括常数项在内的所有变量的回归系数均在 0.01 的水平上显著；从各变量回归系数的符号来看，货币资金存量比率（HBZJ）、营运资本比率（YYZB）、公司规模（SIZE）和净现金流量（CF）的回归系数均为负值，而账面-市值比（B-M）和资产负债率（DEBT）的回归系数均为正值。这说明货币资金存量丰富的企业，不必依赖外部资金的支持，可以自由安排各项决策，受融资约束程度影响较小；营运资本是企业重要的周转资金，足量的营运资本使得企业日常的经营活动更为稳定，运转更有序，这也表明了企业拥有良好的发展前景，进而降低了企业的外部融资成本，降低了融资约束的影响；与规模小的公司相比，规模较大的公司更具规模经济效应，而且大公司的影响较为广泛，容易得到国家或其他组织的扶持，从而降低了融资约束；市值-账面比衡量了企业账面上的一元资金反映在资本上的市场价值，市值-账面比越高，市场对企业的估值越乐观,企业面临的融资约束越小,反之,账面-市值比越高,企业面临的融资约束越大;资产负债率是衡量企业面临财务风险高低的重要指标,资产负债率越高,企业付息压力越大,债权人对企业的监控频率越高,再融资能力相对越弱,面临的融资约束越高。

表 6.3 融资约束综合度量指标 logistic 回归统计分析结果

变量	系数	标准差	Z 统计量
Constant	15.386***	0.988	15.575
HBZJ	−3.944***	0.494	−7.992
YYZB	−4.530***	0.266	−17.031
SIZE	−0.858***	0.05	−17.315
CF	−6.716***	0.563	−11.936
B-M	1.672***	0.188	8.875
DEBT	6.500***	0.347	18.730
McFadden R^2	0.4202		
LRchi2	2299.79***		
N	3948		

*** 表示在 0.01 的水平上显著

本章根据本模型的回归系数,构建了反映企业融资约束程度高低的综合指标 Z_{it},具体如式(6.9)所示。

$$Z_{it} = 15.386 - 3.944\text{HBZJ}_{it} - 4.53\text{YYZB}_{it} - 0.858\text{SIZE}_{it} - 6.716\text{CF}_{it} \\ + 1.672\text{B-M}_{it} + 6.5\text{DEBT}_{it} \quad (6.9)$$

针对全体样本,运用式(6.9),将有关变量的观察值代入,求得每家样本公司每年的融资约束综合指标观察值。

6.5.2 描述性统计结果分析

表 6.4 列示了研究变量的描述性统计结果。从中可知,全部样本的投资支出占资产总额的平均值为 0.065,说明在研究期间,中国大部分上市公司增加了投资支出(增加固定资产、储备工程物资等);投资支出的最小值为-0.759,最大值为 26.087,投资支出的最小值与最大值差异较大,反映出不同类型、不同行业的上市公司投资力度悬殊。投资者情绪的平均值为-0.261,说明整体上中国股票市场投资者更多的时候偏向于悲观,对市场能给自己带来收益没有足够的信心;投资者情绪指标的最小值为-120.430,最大值为 137.410,标准差为 9.415,反映了代表投资者情绪的动量指标整体波动较大,这与样本研究期间我国股票市场牛市、熊市交替的现实相符合。2002~2005 年我国股市低迷,处于熊市状态,2005 年 9

月证监会发布并实施股权分置改革,利好消息使股票市场出现上涨、牛市状况,2007年10月16日上证综指达到了历史最高6124.04点;随之,2008年全球性金融危机的爆发,我国股票市场逆转,上证综指急速下滑,到2008年10月28日降至1664.93点,股市又进入熊市状态。因此,投资者就像坐过山车一样,情绪高涨与低落频繁交替。在高管社会网络指标中,整体社会网络指标(MSN)均值为3.69,最小值为0,最大值为18,说明我国各上市公司高管所拥有的社会网络差距较大;在分维度指标方面,高管社会网络地位(MSNP)均值为2.16,高管社会网络声誉(MSNF)均值为0.85,前者是后者的2倍多,说明高管社会网络地位代表的高管社会网络水平更高,在整体高管社会网络水平中权重较大。

表 6.4 研究变量描述性统计分析

变量	最小值	最大值	均值	标准差	观察值
Z	−123.145	9.937	−0.099	3.241	5982
Inv	−0.759	26.087	0.065	0.430	5982
Inv_1	−0.759	27.382	0.066	0.391	5982
IS	−120.430	137.410	−0.261	9.415	5982
MSN	0	18	3.69	4.601	5982
MSNS	0	2	0.68	0.783	5982
MSNP	0	8	2.16	2.617	5982
MSNF	0	8	0.85	2.097	5982
Q_1	0.477	21.896	1.548	0.982	5982
CFR	−25.668	17.484	0.048	0.499	5982
Grow	−0.996	14883.06	2.945	192.564	5982
Hold	0	0.736	0.010	0.054	5982
ORE	0	1.685	0.041	0.071	5982
Control	0	1	0.62	0.485	5982
Leader	0	1	0.15	0.361	5982
HBZJ	0	11.596	0.175	0.264	5982
YYZB	−7.300	28.056	0.104	0.473	5982
SIZE	14.937	28.282	21.640	1.126	5982
CF	−7.130	9.504	0.061	0.208	5982
B-M	0.017	2.096	0.769	0.255	5982
DEBT	0.012	0.993	0.517	0.163	5982

6.5.3 相关性分析

表6.5报告了各研究变量间的Pearson相关系数。从中可知,代表融资约束程

表 6.5 研究变量的相关系数

变量	Z	Inv	Inv_1	IS	MSN	MSNS	MSNP	MSNF	Q_1	CFR	Grow	Hold	ORE	Control	Leader
Z	1.000														
Inv	−0.378**	1.000													
Inv_1	0.002	0.015	1.000												
IS	−0.057**	0.064**	−0.008	1.000											
MSN	−0.079**	0.002	0.01	−0.006	1.000										
MSNS	−0.045**	−0.002	0.004	−0.003	0.857**	1.000									
MSNP	−0.063**	0.005	0.012	−0.005	0.910**	0.941**	1.000								
MSNF	−0.077**	0.000	0.005	−0.006	0.738**	0.333**	0.398**	1.000							
Q_1	−0.302**	0.290**	−0.037**	0.343**	0.055**	0.054**	0.050**	0.038**	1.000						
CFR	0.294**	0.450**	0.001	0.012	−0.041**	−0.030	−0.031*	−0.041**	0.061**	1.000					
Grow	−0.497**	0.021	−0.003	−0.008	0.035*	0.022	0.020	0.044**	0.041**	−0.660**	1.000				
Hold	−0.071**	0.004	0.012	0.032*	0.120**	0.089**	0.097**	0.108**	0.104**	−0.017	−0.002	1.000			
ORE	−0.032**	0.035**	−0.051**	−0.051**	−0.034*	−0.003	−0.010	−0.061**	−0.007	−0.196**	0.267**	−0.055**	1.000		
Control	0.058**	0.008	0.002	0.013	−0.097**	−0.099**	−0.103**	−0.048**	−0.160**	0.050**	−0.018	−0.221**	−0.029*	1.000	
Leader	−0.053**	−0.017	−0.015	−0.006	0.142**	0.108**	0.118**	0.125**	0.072**	−0.049**	0.030*	0.103**	0.019	−0.138**	1.000

* 表示在 0.05 水平（双侧）上显著，** 表示在 0.01 水平（双侧）上显著

度的变量 Z 和投资水平变量 Inv 相关系数为–0.378，在 0.01 的水平上显著为负，相关程度越高，说明本章构建的综合融资约束指标具有较好的解释力，初步证明企业面临的融资约束程度越高，投资支出越低，融资约束对企业投资支出起抑制作用。投资者情绪（IS）、高管社会网络（MSN）和分维度指标：高管社会网络规模（MSNS）、高管社会网络地位（MSNP）和高管社会网络声誉（MSNF）均与融资约束程度负相关，且在 0.01 的水平上均具有显著性，这初步验证了本章的假说 6.1，即投资者情绪、高管社会网络可以有效地缓解公司的融资约束。

6.5.4 回归结果及分析

1. 投资者情绪、高管社会网络与融资约束回归结果分析

表 6.6 给出了式（6.6）高管社会网络、投资者情绪与融资约束的多元线性回归结果。表 6.6 中的模型（6.1）～模型（6.4）的解释变量分别为高管社会网络（NSN）及其三个维度：高管社会网络规模（MSNS）、高管社会网络地位（MSNP）、高管社会网络声誉（MSNF）的回归结果。四个模型调整后的 R^2 均在 0.38 以上，说明模型的拟合度较好，F 检验值显示模型回归结果是显著有效的。

模型（6.1）的高管社会网络水平（MSN）回归系数为–0.0285，且在 0.01 的水平上具有显著性，表明整体而言，高管社会网络可以有效地缓解企业面临的融资约束。模型（6.3）、模型（6.4）的高管社会网络地位（MSNP）和高管社会网络声誉（MSNF）回归系数分别为–0.046、–0.0574，且在 0.01 的水平上均显著，表明高管社会网络地位和高管社会网络声誉均可降低企业面临的融资约束。四个模型中的投资者情绪（IS）回归系数分别为–0.0115、–0.0118、–0.0100、–0.0123，且都显著，表明高涨的投资者情绪有利于降低企业的融资约束。四个模型中，投资者情绪与高管社会网络及其各维度的交乘项回归系数均不显著。以上分析说明本章的假说 6.1 得到验证，即高管社会网络、投资者情绪均可以缓解企业面临的融资约束。

就控制变量而言，代表投资机会的托宾 Q 比率与融资约束显著负相关，表明投资机会在一定程度上可以缓解公司面临的融资约束。公司成长性（Grow）的系数均为负，且在 0.01 的水平上高度显著，这可能是源于公司成长性好，投资者看好公司前景，愿意将资金投入，从而降低了融资约束。高管持股比例（Hold）的系数显著为负，即高管持股比例与融资约束显著负相关，表明高比例的持股激励高管以股东财富最大化为目标，有效解决了代理问题，从而缓解了融资约束。大股东占款（ORE）的系数显著为正，即大股东占款对融资约束具有显著的正向影响，表明公司的资金被大股东侵占之后，短期内无法索回，造成公司资金紧张，短期内无法再融入其他资金而面临较大的融资约束。

表 6.6 投资者情绪、高管社会网络与融资约束的回归结果

变量	模型（6.1）	模型（6.2）	模型（6.3）	模型（6.4）
常数项	1.771*** (6.41)	1.721*** (6.19)	1.784*** (6.44)	1.674*** (6.08)
MSN	−0.0285*** (−3.91)			
MSNS		−0.0642 (−1.49)		
MSNP			−0.0460*** (−3.58)	
MSNF				−0.0574*** (−3.58)
IS	−0.0115* (−1.94)	−0.0118** (−1.97)	−0.0100* (−1.67)	−0.0123** (−2.25)
MSN×IS	0.0001 (0.16)			
MSNS×IS		0.0014 (0.32)		
MSNP×IS			−0.0004 (−0.29)	
MSNF×IS				0.0008 (0.58)
Inv_1	−0.0209 (−0.25)	−0.0237 (−0.28)	−0.0195 (−0.23)	−0.0236 (−0.28)
Q_1	−0.921*** (−22.43)	−0.922*** (−22.44)	−0.921*** (−22.44)	−0.922*** (−22.44)
CFR	−0.145 (−1.61)	−0.141 (−1.57)	−0.144 (−1.60)	−0.143 (−1.59)
Grow	−0.0087*** (−37.00)	−0.0087*** (−37.04)	−0.0087*** (−37.07)	−0.0087*** (−36.92)
Hold	−1.504* (−2.34)	−1.660*** (−2.59)	−1.552** (−2.42)	−1.552** (−2.42)
ORE	3.484*** (6.78)	3.542*** (6.89)	3.523*** (6.86)	3.457*** (6.72)
Control	−0.0050 (−0.07)	0.0031 (0.04)	−0.0066 (−0.09)	0.0075 (0.10)
D^{ind}	控制	控制	控制	控制
D^y	控制	控制	控制	控制
调整后的 R^2	0.383	0.3813	0.382	0.383
F 检验值	124.6***	123.9***	124.5***	124.5***
N	5982	5982	5982	5982

* 表示在 0.1 的水平上显著，** 表示在 0.05 的水平上显著，*** 表示在 0.01 的水平上显著
注：括号内为 t 值

2. 高管社会网络、融资约束与公司投资回归结果分析

表 6.7 给出了式（6.7）高管社会网络、融资约束对公司投资影响的多元线性统计回归结果。表 6.7 中的模型（6.5）～模型（6.8）分别显示了解释变量为高管社会网络（NSN）及其三个分维度：高管社会网络规模（MSNS）、高管社会网络地位（MSNP）、高管社会网络声誉（MSNF）的回归结果。四个模型的调整后的 R^2 值均在 0.24 以上，说明模型的拟合度较好；F 检验值显示模型回归结果是显著有效的。

从表 6.7 中可看出，高管社会网络（NSN）及其三个分维度：高管社会网络规模（MSNS）、高管社会网络地位（MSNP）的系数为负但均不显著，只有模型

(6.8) 中的高管社会网络声誉（MSNF）的系数为正，且在 0.1 的水平上显著，说明目前我国高管社会网络蕴藏的社会资本或社会资源促进投资增长的能力还偏低，但是，高管拥有的社会网络声誉越高，越能提升公司的投资水平。四个模型中融资约束（Z）的系数分别为 –0.0662、–0.0643、–0.0548、–0.0683，且均在 0.01 的水平上高度显著，表明融资约束对公司投资支出起抑制作用，即公司面临的融资约束越大，越无法融通到投资所需要的资金，公司只好放弃好的投资机会，导致公司投资水平降低。

表 6.7 高管社会网络、融资约束与公司投资回归结果

变量	模型（6.5）	模型（6.6）	模型（6.7）	模型（6.8）
常数项	–0.158*** (–3.91)	–0.156*** (–3.84)	–0.149*** (–3.69)	–0.154*** (–3.90)
MSN	–0.0006 (–0.57)			
MSNS		–0.0050 (–0.78)		
MSNP			–0.0023 (–1.22)	
MSNF				0.0044* (1.85)
Z	–0.0662*** (–27.75)	–0.0643*** (–26.19)	–0.0548*** (–22.41)	–0.0683*** (–34.97)
MSN×Z	0.0015*** (3.60)			
MSNS×Z		0.0048** (2.16)		
MSNP×Z			–0.0028*** (–4.06)	
MSNF×Z				0.0129*** (13.56)
Inv_1	0.0225* (1.81)	0.0226* (1.81)	0.0220* (1.77)	0.0197 (1.60)
Q_1	0.106*** (17.31)	0.106*** (17.29)	0.104*** (16.99)	0.102*** (17.03)
Grow	–0.0004*** (–6.85)	–0.0005*** (–11.62)	–0.0006*** (–15.95)	0.0003*** (4.25)
Hold	–0.0564 (–0.60)	–0.0595 (–0.63)	–0.0783 (–0.83)	–0.0666 (–0.72)
ORE	0.362*** (4.77)	0.364*** (4.79)	0.375*** (4.94)	0.372*** (4.98)
Control	0.0303*** (2.83)	0.0303*** (2.83)	0.0288*** (2.69)	0.0267** (2.53)
Leader	–0.0400*** (–2.91)	–0.0412*** (–3.00)	–0.0418*** (–3.05)	–0.0380*** (–2.81)
D^{ind}	控制	控制	控制	控制
D^y	控制	控制	控制	控制
调整后的 R^2	0.242	0.241	0.243	0.263
F 检验值	64.75***	64.36***	64.88***	72.29***
N	5982	5982	5982	5982

* 表示在 0.1 的水平上显著，** 表示在 0.05 的水平上显著，*** 表示在 0.01 的水平上显著

注：括号内为 t 值

模型（6.5）中高管社会网络（MSN）与融资约束的交乘项（MSN×Z）的系数为 0.0015，且在 0.01 的水平上高度显著，说明高管社会网络降低了投资支出对融资约束的敏感度，并反转了融资约束对投资支出的负相关关系，促进了公司投资的增加，为假说 6.2 提供了支持。从高管社会网络的分维度指标来看，模型（6.6）、模型（6.8）中的高管社会网络规模（MSNS）、社会网络声誉（MSNF）与融资约束的交乘项系数均为正且显著，表明高管社会网络规模与社会网络声誉也反转了融资约束对公司投资的负相关关系，促进了公司投资的增加，进一步支持了假说 6.2。模型（6.7）中的高管社会网络地位（MSNP）与融资约束的交乘项的系数为负（−0.0028）且显著，但与该模型中融资约束（Z）的系数（−0.0548）的绝对值相比要小得多，说明高管社会网络地位降低了投资支出对融资约束的敏感度，但并不能促进公司投资的增加。总之，实证结果印证了假说 6.2。

就控制变量而言，投资机会托宾 Q 比率的回归系数为正，且在 0.01 的水平上显著，说明投资机会越多，公司越倾向于增加投资支出。大股东占款（ORE）的系数为正且高度显著，可能是因为近年来国家不断出台保护中小投资者利益的政策，中小投资者自身维权意识也逐渐加强，使得大股东侵占行为收敛，从长期性变为短期性。实际控制人产权类型（Control）的系数为正且显著，即国有上市公司进行了更多的投资，这是源于国有上市公司更容易取得相关政府部门的支持和资金的支持，如银行等金融机构往往对国有上市公司的借贷设置宽松的融资条件，面临外部融资约束较少，从而可以进行更多的投资。领导结构（Leader）的系数为负，且在 0.01 的水平上高度显著，表明当公司董事长和总经理由同一人来担任，董事会对管理层的决策干预过多，不利于公司投资决策的实施，降低了投资水平。

3. 投资者情绪、高管社会网络与公司投资回归结果分析

表 6.8 给出了式（6.8）投资者情绪、高管社会网络对公司投资影响的多元线性回归结果。表 6.8 中的模型（6.9）～模型（6.12）分别显示了解释变量为高管社会网络（MSN）及其三个维度：高管社会网络规模（MSNS）、高管社会网络地位（MSNP）、高管社会网络声誉（MSNF）的回归结果。从中可知，四个模型调整后的 R^2 均在 0.56 以上，表明模型整体拟合度较好，F 检验值显示模型回归结果是显著有效的。

表 6.8　投资者情绪、高管社会网络与公司投资回归结果

变量	模型（6.9）	模型（6.10）	模型（6.11）	模型（6.12）
常数项	−0.127*** (−4.28)	−0.111*** (−3.79)	−0.109*** (−3.78)	−0.131*** (−4.23)
MSN	−0.0012 (−1.53)			
MSNS		−0.0066 (−1.46)		

续表

变量	模型（6.9）	模型（6.10）	模型（6.11）	模型（6.12）
MSNP			−0.0020（−1.49）	
MSNF				−0.0013（−0.73）
IS	−0.0040***（−6.98）	−0.0042***（−7.61）	−0.0045***（−8.29）	0.0008（1.40）
Z	−0.0537***（−38.17）	−0.0519***（−37.65）	−0.0502***（−36.60）	−0.0590***（−40.76）
MSN×IS×Z	−0.0004***（−23.02）			
MSNS×IS×Z		−0.0026***（−28.62）		
MSNP×IS×Z			−0.0008***（−31.31）	
MSNF×IS×Z				0.00006（1.31）
Inv_1	0.0247***（2.72）	0.0234***（2.64）	0.0229***（2.61）	0.0257***（2.72）
Q_1	0.0497***（10.80）	0.0434***（9.61）	0.0424***（9.51）	0.0583***（12.19）
CFR	0.575***（55.03）	0.529***（50.01）	0.509***（48.08）	0.666***（66.15）
Grow	0.0008***（28.46）	0.0007***（26.97）	0.0007***（25.50）	0.0006***（17.24）
Hold	−0.0323（−0.47）	−0.0429（−0.64）	−0.0276（−0.41）	−0.0418（−0.58）
ORE	0.478***（8.63）	0.448***（8.27）	0.430***（8.03）	0.550***（9.54）
Control	0.0143*（1.83）	0.0156**（2.04）	0.0157**（2.07）	0.0104（1.28）
Leader	−0.0214**（−2.13）	−0.0217**（−2.22）	−0.0215**（−2.22）	−0.0189*（−1.81）
D^{ind}	控制	控制	控制	控制
D^y	控制	控制	控制	控制
调整后的 R^2	0.598	0.615	0.624	0.563
F 检验值	279.3***	300.0***	311.6***	241.4***
N	5982	5982	5982	5982

* 表示在 0.1 的水平上显著，** 表示在 0.05 的水平上显著，*** 表示在 0.01 的水平上显著

注：括号内为 t 值

模型（6.9）～模型（6.11）中投资者情绪的回归系数分别为−0.0040、−0.0042、−0.0045，且在 0.01 的水平上显著，说明投资者情绪对公司投资产生显著的负面影响，这与 Li（2003）、刘红忠和张昉（2004）的研究结果一致。四个模型中，融资约束（Z）的回归系数显著为负，即融资约束不利于公司投资，与上文的研究结果一致。模型（6.9）中高管社会网络（MSN）、投资者情绪（IS）及融资约束（Z）三者的交乘项（MSN×IS×Z）的系数为−0.0004，且在 0.01 的水平上显著，该系数的绝对值与融资约束（Z）的系数（−0.0537）的绝对值相比，要小得多，说明投资者情绪与高管社会网络两者的共同存在降低了投资对融资约束的敏感度，这部分印证了本章的假说 6.3，即高管社会网络与投资者情绪的共同存在可以降低公司投资对融资约束的敏感度。但回归结果并不支持两者的共同存在可以提高公司的投资水平，这可能是由于样本期间股市波动幅度较大，影响投资者的情绪，投

资者情绪低落的比例较大，从而对公司投资产生了负面影响。模型（6.10）、模型（6.11）中的高管社会网络规模（MSNS）、社会网络地位（MSNP）与投资者情绪（IS）及融资约束（Z）的交乘项（MSNS×IS×Z）的系数均为负且显著，为假说6.3进一步提供了支持。

就控制变量而言，滞后一期的投资支出（Inv_1）与本期投资支出均显著正相关，表明公司以往的投资决策会对公司未来的投资行为产生一定的引导作用，公司投资决策会保持一定的连贯性。自由现金流量（CFR）的系数显著为正，对投资支出产生了显著的正向影响，这与 Richardson（2006）的经验证据相一致。其余控制变量的回归结果与式（6.7）基本一致，不再赘述。

6.5.5 稳健性检验

为了检验上述结论的稳健可靠，本章采用替换公司投资度量指标的方法进行稳健性检验，即使用上市公司年度现金流量表中的购建固定资产、无形资产及其他长期资产所支付的现金与上年度期末资产总额的比值（用 Inv1 表示，Inv1_1 表示该指标滞后一期的变量）作为公司投资的度量指标，对假说6.1~假说6.3重新进行检验，回归结果如表6.9和表6.10所示。检验结果与前文结论基本一致，说明前文结论稳健可靠。

表 6.9 替换公司投资度量指标对式（6.7）的稳健性检验结果

变量	模型 6.13	模型 6.14	模型 6.15	模型 6.16
常数项	−0.0010（−0.09）	−0.0012（−0.11）	0.0007（0.06）	−0.0005（−0.05）
MSN	−0.00009（−0.32）			
MSNS		0.00009（0.05）		
MSNP			−0.0003（−0.66）	
MSNF				0.0008（1.25）
Z	−0.0144***（−22.55）	−0.0140***（−21.32）	−0.0120***（−18.37）	−0.0156***（−29.68）
MSN×Z	0.00002**（2.15）			
MSNS×Z		−0.0005（−0.81）		
MSNP×Z			−0.0010***（−5.74）	
MSNF×Z				0.0023***（8.88）
Inv1_1	0.409***（30.41）	0.409***（30.41）	0.409***（30.50）	0.407***（30.50）
Q_1	0.0227***（13.92）	0.0226***（13.88）	0.0222***（13.63）	0.0222***（13.72）

续表

变量	模型 6.13	模型 6.14	模型 6.15	模型 6.16
Grow	−0.0001*** (−8.24)	−0.0001*** (−11.61)	−0.0001*** (−14.96)	0.00002 (1.26)
Hold	0.0068 (0.27)	0.0051 (0.20)	0.0020 (0.08)	0.0072 (0.28)
ORE	0.0377* (1.84)	0.0385* (1.88)	0.0405** (1.99)	0.0385* (1.89)
Control	0.0056* (1.94)	0.0056* (1.94)	0.0052* (1.81)	0.0049* (1.73)
Leader	−0.0040 (−1.09)	−0.0042 (−1.15)	−0.0043 (−1.18)	−0.0034 (−0.93)
D^{ind}		控制	控制	控制
D^{y}		控制	控制	控制
调整后的 R^2	0.305	0.305	0.308	0.314
F 检验值	88.36***	88.38***	89.94***	92.17***
N	5982	5982	5982	5982

* 表示在 0.1 的水平上显著，** 表示在 0.05 的水平上显著，*** 表示在 0.01 的水平上显著
注：括号内为 t 值

表 6.10　替换公司投资度量指标对式（6.8）的稳健性检验结果

变量	模型 6.17	模型 6.18	模型 6.19	模型 6.20
常数项	0.0071 (0.75)	0.0108 (1.15)	0.0119 (1.28)	0.0070 (0.72)
MSN	−0.0001 (−0.57)			
MSNS		−0.0003 (−0.20)		
MSNP			−0.0002 (−0.52)	
MSNF				−0.0002 (−0.30)
IS	−0.0009*** (−4.81)	−0.0009*** (−5.10)	−0.0010*** (−5.71)	0.0004** (2.02)
Z	−0.0125*** (−28.11)	−0.0121*** (−27.47)	−0.0116*** (−26.45)	−0.0139*** (−30.78)
MSN×IS×Z	−0.00009*** (−19.37)			
MSNS×IS×Z		−0.0007*** (−23.39)		
MSNP×IS×Z			−0.0002*** (−25.77)	
MSNF×IS×Z				0.000006 (0.44)
Inv1_1	0.402*** (34.71)	0.401*** (35.12)	0.401*** (35.36)	0.399*** (33.38)
Q_1	0.0111*** (7.66)	0.0095*** (6.61)	0.0093*** (6.49)	0.0134*** (9.00)
CFR	0.101*** (30.62)	0.0899*** (26.62)	0.0842*** (24.86)	0.126*** (39.89)
Grow	0.0002*** (16.45)	0.0001*** (14.55)	0.0001*** (13.19)	0.0001*** (8.75)
Hold	0.0142 (0.65)	0.0113 (0.53)	0.0158 (0.74)	0.0129 (0.57)
ORE	0.0520*** (2.94)	0.0444** (2.55)	0.0393** (2.27)	0.0704*** (3.87)
Control	0.0026 (1.05)	0.0030 (1.22)	0.0030 (1.23)	0.0015 (0.58)

续表

变量	模型 6.17	模型 6.18	模型 6.19	模型 6.20
Leader	−0.0006 (−0.17)	−0.0006 (−0.20)	−0.0005 (−0.16)	0.0002 (0.07)
D^{ind}		控制	控制	控制
D^y		控制	控制	控制
调整后的 R^2	0.484	0.498	0.507	0.452
F 检验值	176.3***	186.2***	192.9***	154.9***
N	5982	5982	5982	5982

** 表示在 0.05 的水平上显著，*** 表示在 0.01 的水平上显著
注：括号内为 t 值

6.6 本章小结

本章以公司融资约束为中介，从理论上分析了投资者情绪和高管社会网络对公司融资约束、公司投资的作用机理，据此提出了三个研究假说。假说 6.1：投资者情绪、高管社会网络可以有效地缓解公司的融资约束。假说 6.2：高管社会网络能够缓解融资约束，进而降低投资对融资约束的敏感度，促进公司提高投资水平。假说 6.3：投资者情绪与高管社会网络的共同存在，可以缓解融资约束，提升公司的投资水平。在此基础上，以 2002~2011 年沪深 A 股上市公司为研究样本，研究了投资者情绪、高管社会网络对公司融资约束的影响，以及投资者情绪、高管社会网络的共同存在对公司投资的影响。

实证研究发现：①从整体而言，高管社会网络可以缓解企业面临的融资约束。在各分项维度方面，高管社会网络地位和高管社会网络声誉均与融资约束显著负相关。②高涨的投资者情绪降低了企业面临的融资约束，同样可以缓解公司融资约束。③高管社会网络反转了投资对融资约束的负相关关系，提高了公司的投资水平。从各分项维度来看，高管社会网络规模、高管社会网络声誉使公司投资与融资约束的关系从负相关转变为正相关，进而提高了公司的投资水平。④高管社会网络与投资者情绪的共同存在显著降低了公司投资对融资约束的敏感度。在各分项维度方面，高管社会网络规模及高管社会网络地位与投资者情绪的共同存在使公司投资对融资约束的敏感度下降。但不管从整体来看，还是从各分项维度来看，两者的共同存在并不能提高公司投资水平。

本章的研究结论表明，高管社会网络、投资者情绪分别从公司的内外部缓解了公司的融资约束，降低了公司投资对融资约束的敏感性，高管拥有的社会网络有利于公司投资水平的提升。鉴于此，公司应该与投资者建立良性的互动机制，将公司的相关信息及时公布，减少信息不对称；同时，迎合投资者

情绪发行股票、债券或回购股票,以降低融资成本。另外,公司可主动寻求搭建社会关系网络,提高获取公司所需要的关键信息和资源的能力,降低融资约束,提高公司投资效率;积极培育诚信为本的经营理念,建立公司与投资者互信的长效机制,以加强社会网络及公司社会资本的积累,促进公司可持续、健康发展。

第 7 章　高管过度自信、内部控制与资本配置效率的实证研究

前文从决策者双重非理性视角考察了高管政治网络、社会网络对公司资本投资、资本配置效率的影响效应。本章拟从微观主体的视角，探讨高管过度自信的认知偏差的治理机制——内部控制能否发挥作用。目前，上市公司建立健全并有效实施内部控制制度已经成为不可逆转的趋势。但是，高质量的内部控制能否有效地减少高管过度自信的认知偏差和非效率投资行为？本章拟厘清内部控制对高管过度自信和资本配置效率的作用机理，并在此基础上，研究内部控制对高管过度自信和公司资本配置效率之间关系的调节效应。

7.1　问题的提出

优化公司的资本配置是提升公司创值能力、获取竞争优势的重要源泉，也是驱动宏观经济发展的动力。但是，学者的研究表明，我国上市公司的资本配置效率普遍不高，过度投资和投资不足并存（张功富和宋献中，2009；刘星和窦炜，2009），而国有公司中过度投资行为更为严重（周春梅，2011）。至于引起非效率投资的根本原因，学者普遍认为：现代企业所有者与高管之间存在的信息不对称与代理问题严重影响公司的资本配置，导致过度投资或投资不足（Myers and Majluf，1984；Bushman and Smith，2001；Ross，1973；Jensen，1986；Stein，2003）。其中，重要原因之一是作为决策主体的高管存在过度自信的认知偏差，该偏差影响公司的资本结构和投资决策，加大了股东、高管和债权人之间的利益冲突而引发非效率投资行为（Heaton，2002；Hackbarth，2008；Malmendier and Tate，2005a；Lin et al.，2005；郝颖等，2005；王霞等，2008；黄莲琴，2010；Shinsuke，2014；章细贞和张欣，2014；侯巧铭等，2017），从而影响公司价值的创造和可持续发展。为此，必须寻求有效的治理机制以缓解代理冲突、抑制过度自信高管的非效率投资行为。其中，内部控制在公司治理中担当的是内部管理监督系统的角色，其目的是强化风险管理，提高企业经营的效率效果，以促进企业发展战略目标的实现。因此，加强内部控制制度是建立健全公司治理的重要措施（杨雄胜，2005），企业拥有健全的内部控制体系有利于缓解委托代理冲突和解决信息不对称问题（李万福等，2011）。

但是，内部控制能否发挥治理效应以抑制非效率投资行为的研究结论存在分歧。例如，Cheng 等（2013）、李万福等（2011）、方红星和金玉娜（2013）、池国华等（2016）等研究认为，高质量的内部控制能缓解公司过度投资，抑制投资不足，进而提高公司资本配置效率；也有学者研究表明，内部控制对资本配置效率的影响因外部环境、产权、企业生命周期不同而异（王治等，2015；周中胜等，2016；刘焱，2014；廖义刚和邓贤琨，2016）；而于忠泊和田高良（2009）研究表明，内部控制评价报告的披露与审核没有对公司资本配置效率产生影响。另外，内部控制能否有效抑制过度自信高管引致的非效率投资行为的研究成果还较为少见。随着我国《企业内部控制基本规范》和企业内部控制配套指引的相继发布，上市公司建立健全并有效实施内部控制制度已经成为不可逆转的趋势。从第 2 章文献综述中可知，现有文献较多就内部控制或高管过度自信对公司投资行为的影响进行研究，还鲜见地将高管非理性行为纳入来研究三者之间的关系。基于此，本章拟从减缓高管过度自信的视角，就高质量的内部控制对高管过度自信引起的非效率投资行为的治理效应进行实证研究。

7.2　内部控制对高管过度自信和资本配置效率投资的治理效应

7.2.1　内部控制对高管过度自信的治理作用

随着行为金融学的深入研究，学者将行为金融的一些基本假设与公司的决策主体联系起来，研究高管特征对企业决策的影响。与经典经济学理性人假设不同，每个参与市场的经济人都是有限理性的；人们在社会经济活动中，会受到自身情绪、认知和意志等各种心理因素的影响。社会心理学认为，自信是行为主体的一种普遍心理特征，是对自我积极肯定的一种信念。孔子曰：吾心信其成，则无坚不摧；可见，拥有自信心是走向成功的关键。而过度自信是行为主体在学习工作生活中形成的一种独特的信念和感知，这些独特的主观因素会使人们过于相信自己的能力，高估成功的概率，低估失败的风险。学者的研究表明，过度自信是人们进行决策时所具有的主要心理偏差之一，在许多职业领域都存在，但相比较而言，由于公司战略决策的不确定性、复杂性及反馈机制的滞后性，高管人员过度自信倾向更为突出。例如，当企业内部无法对高管行为做出真实评价和监督时，就会使高管产生控制幻觉。Goel 和 Thakor（2008）研究发现，在充分分散化的股东看来，与风险厌恶的高管相比，过度自信的高管愿意承担更大的风险。

章细贞和张欣（2014）、陈夙和吴俊杰（2014）等认为，有效的公司治理和董事会的独立性能抑制高管过度自信的认知偏差。内部控制作为企业内部的监督机制，天然地承担着公司治理的职责。良好的内部控制能够对高管层形成监督和制衡的作用，加强信息沟通与传递，削弱高管在决策中的绝对权威和控制幻觉，从而有效地制约高管的非理性行为。

7.2.2 内部控制对非效率投资的影响机理

1. 基于委托代理理论

在两权分离的背景下，根据委托代理理论，企业所有者与高管之间的利益目标并非完全一致，代理人可能出于自身的利益需求，滥用企业的现金流，扩大企业投资规模，通过过度投资以获得私人利益；或者为了获得更多的娱乐和休闲而采用投资不足行为（Jensen，1986）。缔约双方只能签订不完全的契约，在订立契约时，缔约的一方就有可能采取欺骗或隐瞒的方式以获得机会主义，实现自己的利益，进而导致过度投资或投资不足行为。因此，企业为了降低委托代理关系造成的资本配置效率低下的问题，有必要建立一套有效的内部控制制度，营造良好的企业环境，设计有效的监督机制和激励机制来控制和规范经理人，减少经理人的机会主义，降低非效率投资行为。

由上文可知，内部控制的质量越高，越能建立科学合理的权责划分，协调企业内部各利益相关者实现共同目标，实现多方牵制与权力制衡，缓解企业内部因代理问题产生的资本配置效率低下的情况；有效的内部控制能够强化对企业经营活动的监督效应，及时发现和解决决策执行过程中出现的不当、越权审批或舞弊等行为；此外，内部控制质量的提升，能够提高企业对投资活动的控制，加强对投资方案可行性的研究，加大对投资项目的科学筛选，科学合理安排企业资金的投放结构，重点关注投资项目的报酬与风险，防止企业因决策失误而导致投资过度或者投资不足。

2. 基于信息不对称理论

内部控制作为企业内部监督机制，承担着信息传递和沟通的职责。当企业拥有高效的内部控制体系时，能够降低公司内部各部门间信息不顺畅的概率，提高各部门的沟通效率，还能使信息准确、及时地在组织内部进行传递，让决策执行者能够更全面地了解投资项目的进度及完成情况，减少企业经理人员因信息传递偏误而造成投资项目执行失败的可能性，进而提高企业的资本配置效率。

另外，由于信息不对称产生的逆向选择会增加市场摩擦（Myers and Majluf，1984），当外界投资者无法及时地获知企业想要传递的信息时，企业即使拥有良好的投资项目，也会因投资者无法知晓而难以以合理的成本筹集到资金，以致企业不得不放弃净现值大于零的投资机会，从而诱发企业投资不足的行为。因此，如果拥有有效的内部控制，企业就能确保信息在企业和外部投资者之间进行有效沟通与传递，减少因信息传递机制失灵而产生非效率投资的可能性。良好的内部控制还能提高企业的财务报告质量（Ashbaugh-Skaife et al.，2008；杨有红和汪薇，2008），使外界投资者增加对企业的信任，缓解市场摩擦导致的融资约束，避免投资不足行为。

7.2.3　内部控制对高管过度自信和非效率投资的作用机理

行为公司财务的重要假设是决策者是非理性的，由于高管的知识、经验及过往的成功经历，高管在制定公司决策时，这种非理性的行为偏差表现得更为明显。Malmendier 和 Tate（2005a）认为，过度自信的高管会高估投资项目的收益，当公司内部现金流充裕时，高管会倾向于过度投资；而当企业的内部资金不足需要依靠外部资金时，高管则会倾向于投资不足。国内学者也对高管过度自信和非效率投资的关系做了大量研究，郝颖等（2005）、王霞等（2008）和姜付秀等（2009）均认为，高管的过度自信会扭曲企业的投资行为，产生非效率投资。

当公司投资项目出现亏损时，过度自信的高管出于证实偏差或自身声望的考虑，可能仍会维持这些项目的执行，希望能扭亏为盈，以证明自己最初的决策是正确的。而良好的内部环境和企业文化可能有助于修正高管对自身能力及企业实力的认知，充分发挥群体决策，削弱高管对项目决策的控制权，有效地降低高管过度自信引致的非效率投资。此外，有效的内部控制与完善的公司治理机制有利于企业投融资项目的科学评估与决策，加强对企业的资金活动和投融资活动的管控与适时反馈，防止由过度自信高管的个人偏好引致的投融资决策失误，有效地弱化非效率投资行为。

上述作用机理如图 7.1 所示。

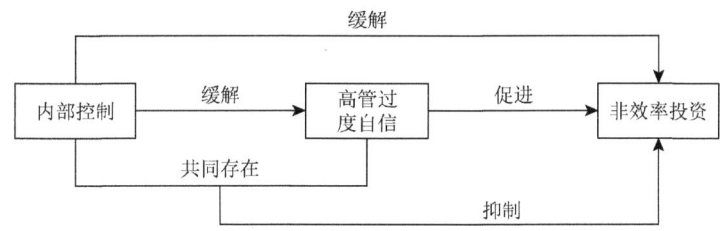

图 7.1　内部控制对高管过度自信和非效率投资的作用机理

7.3 理论分析与研究假说

7.3.1 内部控制与高管过度自信

心理学的研究表明，过度自信是放松理性人假设后，行为主体进行决策时所具有的主要心理特征之一，即人们往往过于相信自己的知识和判断能力，高估自己所拥有信息的准确性和成功的概率。这种非理性的心理偏差在高管中表现更为突出（Camerer and Lovallo，1999；Moore and Kim，2003），其很大程度上催生于高管自身经历和环境因素。例如，Weinstein（1980）指出，选择了投资项目的 CEO，可能存在控制幻觉并严重低估投资项目失败的可能性；Larwood 和 Whittaker（1977）则发现，高管特别倾向于自利性偏差，高管的地位越高，面临的制定决策的环境越可能产生偏差；而 Hayward 和 Hambrick（1997）研究认为，高管过度自信的程度与公司治理环境相关，如警惕性较低的董事会往往会弱化对高管的监督，以致高管认识不到自己的决策偏差；Paredes（2004）认为 CEO 过度自信是公司治理的产物，CEO 过度自信的根源在于 CEO 过高的薪酬和对 CEO 过分的服从。处于经济转型期间的我国企业按照权力制衡的原则构建了公司治理机制，但是由于制度设计的不完善或执行不到位等，不少高管在组织中拥有绝对的话语权，加之其多年的成功经历及自我强化归因使高管极易产生高高在上、掌控局面的控制幻觉，更易显现出过度自信的认知偏差。

近年来，随着我国《企业内部控制基本规范》的颁布及监管部门对该项工作的推进，上市公司逐步建立健全企业内部控制制度。内部控制是一项内在的制度安排，其有效的设计与执行可以合理保证企业合规目标、资产安全目标、财务报告目标的实现，防范与降低风险，提高经营效率。良好的内部控制能够对管理层形成监督和制衡的作用，因而能够有效地制约高管的非理性行为。这是因为，首先，内部控制质量高的企业，意味着拥有良好的内部环境、完善的公司治理结构，形成权力制衡，能够减少高管产生一把手的绝对权威心理；其次，拥有良好内部控制的企业，其信息传导机制完备，能够及时、准确地收集和传递信息，减轻高管因信息不及时而产生的过度乐观的心理；最后，内部控制有效的企业，意味着企业拥有一套持续监控的系统，充分发挥其内部监督的作用，有助于削弱高管在决策过程中的控制权和决策权，有效地弱化高管的控制幻觉，进而降低其过度自信的程度。鉴于此，本章提出如下假说。

假说 7.1：内部控制会抑制高管过度自信的认知偏差。

7.3.2 内部控制与公司资本配置效率

基于 Modigliani 和 Miller（1958）完美世界的假设，企业投资决策的选择点是纯权益流量资本化率，完全不受融资工具类型的影响。但现实世界中普遍存在的信息不对称与代理问题会对企业投资决策产生影响。基于委托代理理论，企业所有者与高管之间的利益目标并非完全一致，高管可能出于自身的利益需求，滥用企业的现金流，扩大企业规模，通过过度投资以最大化私人利益；或者为了获得更多的娱乐和休闲，或者因厌恶风险而实施投资不足行为；同时因信息不对称产生的逆向选择和道德风险，使企业放弃好的投资机会，或者逃避责任而引致投资不足（Myers and Majluf, 1984；Bertrand and Mullainathan, 2003）。

内部控制的构建与实施有助于减轻代理冲突，降低信息不对称。首先，企业拥有一个有效的内部控制体系，可优化其内部环境，规范公司治理结构，实现组织架构和职责分工的合理性，避免职能交叉、缺失或权责过于集中等问题，有利于企业形成一种科学、民主的决策氛围，增强群体决策的能力，强化投资方案可行性的研究，提高企业投资决策的科学性和合理性；设计有效的激励监督机制，促使高管努力工作，抑制高管的自利行为，如厌恶风险、偷懒等，降低代理成本，促进资本的有效配置。其次，有效的内部控制可提高财务报告的可靠性及相关信息的质量（Ashbaugh-Skaife et al., 2008；Goh and Li, 2011；刘启亮等, 2013），降低信息的不确定性，展现出公司真实的财务信息和资本投资项目，降低逆向选择导致较高的资本成本的可能性。最后，良好的内部控制体系意味着企业拥有一套顺畅的信息与沟通系统，企业投资项目相关的信息能够在各层级之间进行及时传递和有效沟通，在一定程度上降低企业内部各部门间的信息不对称，使之更全面了解资本投资项目的进度并合理地执行，从而提高资本配置效率。鉴于此，本章提出如下假说。

假说 7.2：内部控制质量与企业资本配置效率的提升呈正相关。
假说 7.2a：内部控制质量越高，越能抑制企业过度投资行为。
假说 7.2b：内部控制质量越高，越能缓解企业投资不足行为。

7.3.3 内部控制对高管过度自信引致的非效率投资的治理效应

首先，过度自信高管总是认为自己的能力高于平均水平，高估收益而低估风险；相信资本市场低估风险证券的价值，而且证券的风险程度越高，其价格对市场的预期敏感性越高，越容易被资本市场低估，外部融资特别是权益融资代价过高。因此，当需要为投资项目进行外部融资时就会出现投资不足。其次，过度自信高管遵循融资优序理论，偏好使用内源融资，同时支付更低的股利，以储备更多的内部资金（Deshmukh et al.，2013；黄莲琴和傅元略，2010）；但当公司拥有充足的内部现金流时高管会过度投资（Malmendier and Tate，2005a）。最后，过度自信高管可能高估公司未来投资项目的价值，低估公司现金流的波动，使用较低的贴现率（Ben-David et al.，2007），而且选择投资项目的 CEO 可能存在控制幻觉，并且严重低估投资项目失败的可能性（Weinstein，1980）。因此，与一般高管相比，过度自信高管的公司会从事更多的投资，甚至可能会投资于净现值为负的项目，导致过度投资（Malmendier and Tate，2005a；Lin et al.，2005；Glaser et al.，2007；郝颖等，2005）。由上文所述可知，良好的内部控制能够修正高管对自身决策能力的认知；并且通过强化对公司的资金活动和投资活动的监督，减少企业高管过度自信造成的投资决策失误，有效地弱化非效率投资行为。

综上所述，代理冲突、信息不对称和高管过度自信都会引起公司的非效率投资，而内部控制除了能直接缓解公司非效率投资行为，还能通过减小高管过度自信行为偏差来减弱公司的非效率投资行为，从而提高公司资本配置效率。基于此，本章提出如下假说。

假说 7.3：内部控制会弱化高管过度自信引致的非效率投资行为，进而提高公司资本配置效率。

假说 7.3a：内部控制会弱化高管过度自信与过度投资之间的正相关关系。

假说 7.3b：内部控制会弱化高管过度自信与投资不足之间的正相关关系。

7.4 研究设计

7.4.1 实证模型的构建

1. 估算公司资本配置效率的模型

根据辛清泉等（2007）、姜付秀等（2009）和花贵如等（2010）等计量非效率投资的方法，本章也采用 Richardson（2006）模型来估算公司的资本配置效率。如式（7.1）所示。

$$\mathrm{Inv}_{it} = \alpha_0 + \alpha_1 Q_{it-1} + \alpha_2 \mathrm{Lev}_{it-1} + \alpha_3 \mathrm{Cash}_{it-1} + \alpha_4 \mathrm{Size}_{it-1} + \alpha_5 \mathrm{Age}_{it-1} + \alpha_6 \mathrm{Ret}_{it-1} \\ + \alpha_7 \mathrm{Inv}_{it-1} + \sum D^{\mathrm{ind}} + \sum D^y + \delta_{it} \quad (7.1)$$

其中，Inv_{it} 为 i 公司 t 期的新增投资，参考俞红海等（2010）的度量方法，新增投资等于总投资减去维持性投资，而总投资等于现金流量表中投资活动净现金流量的相反数/期末资产总额，维持性投资等于现金流量表附注中固定资产折旧和无形资产摊销之和/期末资产总额。模型中的 Q_{it-1}、Lev_{it-1}、Cash_{it-1}、Size_{it-1}、Age_{it-1}、

Ret_{it-1} 分别为 i 公司 $t-1$ 期的投资机会、资本结构、现金持有量、公司规模、上市年限和股票年回报率;D^{ind}、D^y 分别为行业哑变量和年度哑变量;δ_{it} 为随机误差项。具体变量的界定如表 7.1 所示。式(7.1)的回归残差 δ_{it} 可能为正或负,正表示过度投资,负表示投资不足。为便于理解,本章采用 $|\delta|$ 表示其程度。

表 7.1 式(7.1)的研究变量及定义

变量	含义	计算方法
Inv_{it}	新增投资	期末现金流量表中(投资活动现金流相反数-固定资产折旧与无形资产摊销之和)/期末资产总额
Q_{it-1}	投资机会	上期末的托宾 Q 比率表示
Lev_{it-1}	资本结构	上期末的资产负债率
$Cash_{it-1}$	现金持有量	上期末的货币资金同总资产的比率
$Size_{it-1}$	公司规模	上期末公司总资产的自然对数
Age_{it-1}	上市年限	截至上期末的公司上市年龄的自然对数
Ret_{it-1}	股票年回报率	上期的年股票回报率
D^y	年度哑变量	共有 12 个行业,设置 11 个行业虚拟变量
D^{ind}	行业哑变量	共有 7 年,设置 6 个年度虚拟变量

2. 高管过度自信、内部控制与资本配置效率的模型

为了检验上述假说 7.1,构建模型,如式(7.2)所示。

$$\text{logit} Con_{it} = \beta_0 + \beta_1 IC_{it} + \sum \lambda Var_{it}^{con} + \varepsilon_{it} \qquad (7.2)$$

其中,被解释变量为高管过度自信(Con_{it}),根据 Lin 等(2005)、余明桂等(2006)和黄莲琴(2010)的研究,采用盈余预测偏差作为高管过度自信(Con)的度量指标。解释变量为内部控制(IC_{it}),取迪博内部控制指数的自然对数来度量。Var_{it}^{con} 为控制变量,参考前人的研究文献,选取了公司盈利能力(ROA)、现金持有量(Cash)、上市年限(Age)、债务期限结构(Dm)、高管持股比例(Mhold)、实际控制人产权类型(Control)、第一大股东持股比例(First)、独立董事比例(Idr)和监事会规模(Sup)等为控制变量,并且设置行业虚拟变量(D^{ind})与年度虚拟变量(D^y)。

为了检验上述假说 7.2 和假说 7.3,构建模型,如式(7.3)所示。

$$Overin_{it} \text{或} Underin_{it} = \beta_0 + \beta_1 IC_{it} + \beta_2 Con_{it} + \beta_3 IC_{it} \times Con_{it} + \sum \lambda Var_{it}^{con} + \varepsilon_{it} \qquad (7.3)$$

其中,被解释变量为过度投资($Overin_{it}$)或投资不足($Underin_{it}$),解释变量是内部控制(IC_{it})、高管过度自信(Con_{it})及其交乘项($IC_{it} \times Con_{it}$)。Var_{it}^{con} 为控制变

量，包括公司盈利能力、现金持有量、上市年限、债务期限结构、高管持股比例、实际控制人产权类型、第一大股东持股比例、独立董事比例、监事会规模及行业虚拟变量和年度虚拟变量等。β、λ 为各变量的系数，ε_{it} 为随机误差项。

7.4.2 研究变量的界定

1. 内部控制质量

近年来，越来越多的学者青睐企业内部控制的研究，但如何度量企业内部控制的质量存在争议。目前，学者对于内部控制质量的度量方法主要有以下几种。

（1）根据企业内部控制的信息披露状况来度量。《企业内部控制基本规范》和企业内部控制配套指引要求上市公司强制披露内部控制评价报告和内部控制审计报告，学者开始将上市公司内部控制评价报告和审计报告的类型、披露内部控制报告缺陷及报告缺陷的个数作为内部控制质量的量化指标。李万福等（2011）根据企业是否存在内部控制缺陷设置虚拟变量来界定企业的内部控制质量。方红星和金玉娜（2013）提出了可感知的内部控制度量方法，将其划分为低、中、高三类来量化内部控制质量。具体方法：如果上市公司在报告年度出现内部控制审计报告为非标准意见、内部控制评价报告中认为内部控制存在重大缺陷、经营发生亏损、发生违规行为等情形之一，则为低质量的内部控制；如果上市公司在报告中没有发生上述低质量内部控制的情形，并且获得标准意见的内部控制审计报告，则为高质量的内部控制；不存在低质量、高质量内部控制情况的公司，则内部控制质量为中等。虽然这种方法简单易行，但无法全面地度量内部控制质量，如果企业故意隐瞒自身的内部控制缺陷，用这种方法来量化可能就会出现偏差。

（2）根据内部控制要素的完善程度来度量。投资者及相关利益者无法时刻关注到企业内部控制运行的情况。内部控制是由内部环境、风险评估、控制活动、信息与沟通和监督五大要素构成。因此，学者从内部控制的五大要素入手，通过构建评价体系对内部控制五要素的执行情况进行考察、评价与赋值，统计得出内部控制质量的分值。例如，陈汉文（2011）根据内部控制的五个要素构建了由四级指标构成的评价体系，最终获得内部控制质量的数值。但是，外部研究者很难获得企业内部控制五要素的相关数据，并且很多要素指标从定性到定量的过程往往需要专家打分，可能会造成主观性的偏差。

（3）按照内部控制目标的实现情况来度量。该度量方法主要是从内部控制的效果和目标的完成情况来进行评价。例如，张先治和戴文涛（2011）根据风险整合框架的四大目标，从三个层次构建评价指标体系，并获得综合得分。中国上市公司内部控制指数研究课题组（2011）开发的迪博内部控制指数，就是从内部控制的五大目标出发而构建的内部控制评价指标体系，建立内部控制指数数据库，每年发布。这种衡量方法主要是以目标为导向的评价方法，通过企业经营结果的数据表现出来，大大减少了要素评价中量化指标的不确定性，更为客观。

根据上述三种方法的优缺点及数据的可获得性，本章选用迪博上市公司内部控制指数的自然对数来度量内部控制的质量。

2. 高管过度自信

如前文所述，度量高管过度自信的替代指标有多种，本章也借鉴 Lin 等（2005）、余明桂等（2006）和黄莲琴（2010）的思路，采用盈余预测偏差作为高管过度自信的度量指标，即对于定量描述盈利预测的公司，预测偏差为预测的年度净利润增长率与实际年度净利润增长率的差额；如果预测偏差大于或等于50%的，视为过度自信样本；低于 50%的，则视为非过度自信样本。对于定性描述盈利预测的公司，当实际净利润增长率小于 0 时，其预测的类型为略增、续盈、扭亏，将其视为过度自信的样本；当实际净利润增长率低于-100%时，预测的类型则是略减，将其归为过度自信的样本；当实际增长率介于 0～50%时，预测的类型是大增，将其归为过度自信的样本；其他情况则为非过度自信的样本。另外，在预测样本中实际上有部分属于预告的性质，参照张翼和林小驰（2005）的做法，将盈利预测信息披露时间设定在披露对象期间结束之前的视为预测样本；而将盈利预测信息披露时间设定在披露对象期间结束之后的视为预告样本。由于预告样本发生在披露期间结束之后，高管已经知晓公司的盈利情况，无法通过预告样本来推断高管的预期偏差。本章剔除预告样本，只选取盈利预测的样本。

3. 控制变量

参考前人的研究文献和本章的研究特点，选取了如下控制变量。

（1）盈利能力（ROA）。企业的盈利能力越强，意味着企业越能为其投资项目提供资本，扩大企业的生产能力。本章借鉴姜付秀等（2009）的方法，选用期末总资产收益率来度量盈利能力。

（2）现金持有量（Cash）。企业投资决策的制定和实施很大程度上取决于企业资金的支持，因此，企业现金持有水平能够在一定程度上影响企业的非效率投资水平。本章借鉴李焰等（2011）、胡国柳和周遂（2013）的做法，选取企业期末货币资金与期末总资产的比值来度量。

（3）上市年限（Age）。公司上市的年限往往代表着公司的生命周期与不同的发展阶段，决定着公司的投资战略。本章参考徐晓东和张天西（2009）的做法，利用期末公司上市年限的自然对数来度量。

（4）债务期限结构（Dm）。企业的债务水平取决于企业的融资偏好，不同融资偏好的企业会产生不同的债务结构和债务水平，并对投资项目的资金支持产生不同的影响。本章参照余明桂等（2006）、黄乾富和沈红波（2009）的做法，利用期末短期负债与期末总负债之比来度量。

（5）高管持股比例（Hold）。李万福等（2011）认为，高管持股可能刺激高管做大做强的动机，使公司投资更加冒险；但是，根据风险分散理论，当高管持有本公司股票时，其个人利益与公司利益紧密联系，使高管在进行决策时更倾向于保守，从而影响公司的投资决策。因此，用公司所有高管的持股比例来度量。

（6）实际控制人产权类型（Control）。辛清泉等（2007）、李焰等（2011）认为企业的产权性质会影响到企业的投资决策，因此，本章区分国有上市公司与非国有上市公司，国有上市公司取值为 1，否则为 0。

（7）第一大股东持股比例（First）。股东持股比例反映了企业股权的集中度，第一大股东的持股比例越高，其控制权就越大，越有可能通过其所拥有的控制权影响公司的投资决策，本章参照程新生等（2012）、李焰等（2011）的做法，选用第一大股东持股数量与公司总股本之比来度量。

（8）独立董事比例（Idr）。独立董事出于自身声望的考虑及其个人学识专长，他们会积极参与公司的投融资决策而对公司的投资行为产生影响。因此，本章参照姜付秀等（2009）、李万福等（2011）的方法，用独立董事人数占董事总人数之比来度量。

（9）监事会规模（Sup）。监事会作为公司治理结构的重要组成部分，对董事会、经理层行使监督权，监督企业决策的制定和执行；徐晓东和张天西（2009）研究认为，监事会规模会降低企业的过度投资。因此，本章用监事会的总人数来度量监事会规模。

上述控制变量的符号、含义与计算方法如表 7.2 所示。

表 7.2 控制变量的含义

变量符号	含义	计算方法
ROA	盈利能力	期末总资产收益率
Cash	现金持有量	期末货币资金/期末总资产
Age	上市年限	期末公司上市年限的自然对数
Dm	债务期限结构	期末短期负债/期末总负债

续表

变量符号	含义	计算方法
Hold	高管持股比例	公司所有高管的持股比例
Control	实际控制人产权类型	国有企业取值为1，否则为0
First	第一大股东持股比例	第一大股东持股数量/公司总股本
Idr	独立董事比例	独立董事人数/董事总人数
Sup	监事会规模	监事会的总人数
D^{ind}	行业虚拟变量	共有12个行业，设置11个行业虚拟变量
D^y	年度虚拟变量	共有7年，设置6个年度虚拟变量

7.4.3 样本选取与数据来源

本章以 2007~2013 年 A 股上市公司为样本观测值。为了保证数据的有效性，对数据进行处理：剔除金融类公司和 ST 公司；剔除资产负债率大于 1 或小于 0 的公司；剔除数据缺失的公司，并且对主要变量进行了 1% 的缩尾处理。获得满足式（7.1）的样本数 10 882 个。其中，既公布盈利预测又有内部控制指数的样本观测值为 4537 个（2007 年 396 个，2008 年 401 个，2009 年 523 个，2010 年 549 个，2011 年 542 个，2012 年 929 个，2013 年 1197 个）。样本公司的财务数据主要取自国泰安数据库，盈利预测数据取自 Wind 数据库；内部控制指数来源于迪博数据库；研究所使用的统计软件是 Stata12.0。

7.5 实证检验结果分析

7.5.1 公司资本配置效率的估算

式（7.1）意在模拟出沪深上市公司的正常的投资水平，通过将上市公司真实的投资水平与回归模型所模拟出的公司正常的投资水平进行比较，得到残差以衡量公司的非效率投资水平。其中正残差代表过度投资，负残差代表投资不足，残差的绝对值代表着非效率投资的程度。

1. 公司资本配置效率模型各变量的描述性统计

式（7.1）各变量的描述性统计结果如表 7.3 所示。从中可以看出，2007~2013 年度上市公司的新增投资占总资产比重（Inv）的均值仅为 0.0298，说明上市公司的新增投资较低,而且最大值为 0.7177、最小值为 –0.8726,反映了各上市公司的新增投资水平差异较大。

表 7.3 式(7.1)中各变量的描述性统计

变量	均值	标准差	最小值	最大值	观察值
Inv_t	0.0298	0.0840	−0.8726	0.7177	10882
Inv_{t-1}	0.0285	0.3776	−38.2792	0.7053	10882
Ret_{t-1}	0.4366	1.1021	−0.8693	21.5263	10882
$Size_{t-1}$	21.7074	1.2645	14.9375	28.4052	10882
Age_{t-1}	2.1112	0.6766	0.6931	3.1355	10882
$Cash_{t-1}$	0.1845	0.1414	0.0000	0.9309	10882
Lev_{t-1}	0.4790	0.2075	0.0017	1.0000	10882
Q_{t-1}	1.8520	1.5492	0.2837	57.6437	10882

2. 公司资本配置效率模型各变量的相关性检验

式(7.1)各变量的相关性检验如表 7.4 所示。从中可知,变量之间相关系数中绝对值最大为 0.4296,最小为 0.0087。因此,可以认定研究变量间没有共线性关系,可以用这些变量进行回归分析。

表 7.4 式(7.1)研究变量的相关性检验

变量	Inv_t	Inv_{t-1}	Ret_{t-1}	$Size_{t-1}$	Age_{t-1}	$Cash_{t-1}$	Lev_{t-1}	Tbq_{t-1}
Inv_t	1.0000							
Inv_{t-1}	0.0812***	1.0000						
Ret_{t-1}	0.0100	−0.0156	1.0000					
$Size_{t-1}$	0.0876***	0.0827***	−0.0615***	1.0000				
Age_{t-1}	−0.2477***	−0.0702***	0.0593***	0.1730***	1.0000			
$Cash_{t-1}$	0.2046***	0.0087	−0.0769***	−0.1493***	−0.3578***	1.0000		
Lev_{t-1}	−0.1568***	−0.0186*	0.0914***	0.3576***	0.3702***	−0.4296***	1.0000	
Q_{t-1}	−0.0272***	−0.3639***	0.2259***	−0.3516***	0.0864***	0.0848***	−0.1656***	1.0000

* 表示在 0.1 的水平上显著,*** 表示在 0.01 的水平上显著

3. 公司资本配置效率模型的回归结果分析

表 7.5 报告了式(7.1)的回归结果,从调整后的 R^2、F 检验值来看,模型回归结果是显著有效的,模型的拟合效果较好。上市年限、资本结构与公司的资本

支出呈显著负相关关系,而上期投资资本支出、股票年回报率、公司规模以及现金水平与公司资本支出显著正相关。该研究结果均与辛清泉等(2007)、姜付秀等(2009)等实证结果相同。因此,可以用该模型得出的回归残差来估算公司资本配置效率。如果残差为正,则表示样本公司发生了过度投资;如果残差为负,则表示样本公司存在投资不足,它们的绝对值的大小表示过度投资或投资不足的程度。

表 7.5 公司资本配置效率模型的回归结果

变量	系数	t 值
常数项	−0.157 6	−9.50***
Q_{it-1}	0.001 3	2.14**
$Cash_{it-1}$	0.081 0	12.35***
Lev_{it-1}	−0.028 2	−6.02***
Age_{it-1}	−0.025 4	−19.42***
$Size_{it-1}$	0.010 4	14.22***
Ret_{it-1}	0.006 2	5.58***
Inv_{it-1}	0.012 3	5.61***
D^{ind}	控制	
D^{y}	控制	
调整后的 R^2	0.122 0	
F 检验值	64.24***	
N	10 882	

** 表示在 0.05 的水平上显著,*** 表示在 0.01 的水平上显著

从中得到正残差的样本(过度投资)为 4811 个,占样本总数的 44.2%;得到负残差的样本(投资不足)为 6071 个,占全部样本的 55.8%。样本公司既公布盈利预测又有内部控制指数的样本观测值为 4537 个,其中,过度投资样本为 2084 个,投资不足样本为 2453 个。这说明我国上市公司存在非效率投资行为,并且投资不足样本大于过度投资样本,其统计性描述如表 7.6 所示。

表 7.6 研究变量的描述性统计

变量	均值	中位数	最小值	最大值	标准差	观察值
Overin	0.0530	0.0373	0.0006	0.2532	0.0505	2084
Underin	0.0434	0.0331	0.0008	0.2299	0.0409	2453
IC	6.5128	6.5333	6.0968	6.8259	0.1194	4537
Con	0.2749	0.0000	0.0000	1.0000	0.4465	4537
ROA	0.0412	0.0360	−0.1567	0.2200	0.0548	4537
Cash	0.1883	0.1513	0.0012	0.9248	0.1376	4537

续表

变量	均值	中位数	最小值	最大值	标准差	观察值
Age	2.0199	2.0794	1.0986	3.1781	0.6342	4537
Dm	0.8253	0.8856	0.0727	1.0000	0.1781	4537
Hold	0.0913	0.0000	0.0000	0.7891	0.1867	4537
Control	0.4322	0.0000	0.0000	1.0000	0.4954	4537
First	0.3564	0.3358	0.0362	0.8941	0.1527	4537
Idr	0.3673	0.3333	0.0909	0.7143	0.0519	4537
Sup	3.7598	3.0000	1.0000	11.0000	1.1967	4537

7.5.2 研究变量的描述性统计

表7.6列示了研究变量的描述性统计，从中可知，过度投资（Overin）和投资不足（Underin）的子样本分别为2084个和2453个，各占样本总数的45.93%和54.07%，这说明样本公司中存在的投资不足较多，但从其均值和中位数来看，投资不足的程度均低于过度投资的程度。高管过度自信（Con）的均值为0.2749，表明样本中有27.49%的公司高管属于过度自信。内部控制质量（IC）均值为6.5128，与中位数接近，从最小值、最大值与标准差来看，说明样本公司的内部控制质量还是存在较大的差异。

7.5.3 模型回归结果分析

1. 内部控制与高管过度自信的回归结果分析

表7.7报告了内部控制与高管过度自信的logistic回归结果，并且将全样本分为过度投资和投资不足进行分样本检验，分别为表7.7中的模型（7.1）～模型（7.3）。从三个模型回归后的LRchi2值可知，回归结果均是显著有效的。在模型（7.1）中，内部控制质量（IC）的系数为−1.5900，且在0.01的水平上显著，说明内部控制质量越高，高管过度自信程度越低，即高质量的内部控制能够缓解高管过度自信的偏差，假说7.1得到验证。从模型（7.2）、模型（7.3）的分样本检验结果来看，内部控制质量的系数均为负且高度显著，说明企业内部控制质量越高越能抑制高管的过度自信，进一步为假说7.1提供了支持。

就控制变量而言，模型（7.1）中的盈利能力（ROA）的系数为负且高度显著，这说明公司的盈利能力越强，高管过度自信的程度越低，可能是因为这些盈利能力强的公司拥有更积极向上的企业文化和凝聚力强的氛围，治理结构健全，能够减少高管的控制幻觉和不现实的乐观主义，从而抑制高管过度自信的倾向。现金持有量（Cash）的系数显著为负，可能源于过度自信高管高估了公司的融资能力，认为可以融通到公司投资所需的资金；并且他们低估风险，不倾向于公司留存过多的现金。上市年限（Age）的系数为正且高度显著，可能是因为公司上市时间越长，积累的运营能力越多、拥有越强的竞争力，对外部环境的变化越能稳操胜券，让高管感觉自己的掌控能力越强，加大了高管过度自信的认知偏差。第一大股东持股比例（First）与高管过度自信显著负相关，表明第一大股东持股比例越大，越能通过所持有的控制权影响公司决策，削弱高管的权力，减缓高管过度自信程度。独立董事比例（Idr）的系数显著为正，可能是目前独立董事对管理层的经营决策所起的监督作用有限，导致独立董事比例越高，董事会对管理层的监督越薄弱，加大了高管过度自信的心理。模型（7.1）中的债务期限结构（Dm）、高管持股比例（Hold）、实际控制人产权类型（Control）和监事会规模（Sup）对高管过度自信的影响均不显著。

表 7.7　内部控制与高管过度自信的回归结果

变量	全样本 模型（7.1）		过度投资样本 模型（7.2）		投资不足样本 模型（7.3）	
	系数	Z 值	系数	Z 值	系数	Z 值
常数项	6.6920***	3.04	8.5700**	2.54	5.4090*	1.85
IC	−1.5900***	−4.76	−1.9180***	−3.74	−1.3890***	−3.12
ROA	−2.5580***	−3.27	−2.2420*	−1.78	−2.6060**	−2.57
Cash	−0.6450**	−2.04	−0.1550	−0.28	−1.0020**	−2.50
Age	0.7540***	10.86	0.8680***	8.14	0.6670***	7.24
Dm	0.3470	1.58	0.0084	0.03	0.6710**	2.13
Hold	0.1423	1.60	0.0683	1.47	0.5011	1.28
Control	−0.0248	−0.29	−0.0338	−0.27	−0.0340	−0.29
First	−0.5680**	−2.36	−0.5940	−1.61	−0.5590*	−1.74
Idr	1.6660**	2.45	1.2870	1.28	2.0650**	2.22
Sup	0.0224	0.71	0.0368	0.77	0.0115	0.27
D^{ind}	控制		控制		控制	
D^y	控制		控制		控制	
Pseudo R^2	0.0882		0.0948		0.0897	
LR chi2	470.85***		228.69***		262.06***	
N	4537		2084		2453	

* 表示在 0.1 的水平上显著，** 表示在 0.05 的水平上显著，*** 表示在 0.01 的水平上显著

2. 高管过度自信、内部控制与过度投资的回归结果分析

表 7.8 报告了内部控制、高管过度自信及其交乘项对过度投资影响的回归结果。从中可知，模型回归结果是显著有效的，模型的拟合效果尚可。模型（7.4）显示内部控制质量（IC）的系数为–0.0412，在 0.01 水平上显著，表明内部控制质量能够有效地减缓企业的过度投资行为，提高资本配置效率，这与李万福等（2011）、方红星和金玉娜（2013）的研究结论一致，印证了假说 7.2a。

模型（7.5）显示高管过度自信（Con）的系数为 0.0056，在 0.05 水平上显著，说明当高管存在过度自信行为偏差时，会加大企业的过度投资，这与以往学者的研究结论一致。模型（7.6）加入内部控制和高管过度自信交乘项（IC×Con）后，高管过度自信（Con）的系数由 0.0056 下降为 0.0043，显著性水平也下降，表明内部控制能够减缓高管过度自信对过度投资的正面影响。同时，内部控制和高管过度自信的交乘项（IC×Con）的系数为–0.0320，且在 0.05 的水平下显著，这进一步说明良好的内部控制能够有效地抑制高管过度自信的认知偏差对过度投资的正面影响，提高了公司资本配置效率，该结论有力地印证了假说 7.3a。

表 7.8 高管过度自信、内部控制与过度投资的回归结果

变量	模型（7.4）系数	t 值	模型（7.5）系数	t 值	模型（7.6）系数	t 值
常数项	0.3770***	5.12	0.1120***	7.51	0.2680***	3.16
IC	−0.0412***	−3.68			−0.0238*	−1.84
Con			0.0056**	2.16	0.0043*	1.66
IC×Con					−0.0320**	−2.38
ROA	0.0509*	1.94	0.0101	0.43	0.0487*	1.85
Cash	−0.0038	−0.34	−0.0027	−0.24	−0.0042	−0.38
Age	−0.0037*	−1.75	−0.0045**	−2.05	−0.0048**	−2.19
Dm	−0.0540***	−8.15	−0.0524***	−7.90	−0.0542***	−8.20
Control	−0.0049*	−1.81	−0.0053**	−1.97	−0.0045*	−1.68
First	−0.0019	−0.25	−0.0027	−0.35	−0.0013	−0.17
Idr	0.0082	0.39	0.0047	0.22	0.0060	0.28
Sup	−0.0027***	−2.63	−0.0028***	−2.71	−0.0028***	−2.73
D^{ind}	控制		控制		控制	
D^y	控制		控制		控制	
调整后的 R^2	0.0556		0.0515		0.0572	
F 检验值	4.661***		4.3000***		4.664***	
N	2084		2084		2084	

* 表示在 0.1 的水平上显著，** 表示在 0.05 的水平上显著，*** 表示在 0.01 的水平上显著

就控制变量而言，模型 7.6 中盈利能力（ROA）的系数显著为正，这与姜付秀等（2009）的结论一致，说明公司的盈利能力越强，拥有更多投资所需要的资金，公司越倾向于过度投资；上市年限（Age）的系数显著为负，表明公司上市年限增长，可能公司进入成熟期，成长减缓，并且拥有成熟的生产线，新增投资的可能性减少，从而降低了公司过度投资行为。债务期限结构（Dm）的系数为负且高度显著，这与黄乾富和沈红波（2009）的结论一致，说明短期债务的使用虽然增加了公司的再融资风险，但有利于削减公司的自由现金流量，抑制高管的过度投资行为。实际控制人产权类型（Control）的系数显著为负，这表明，与非国有控股企业相比，国有企业的过度投资水平更低。监事会规模（Sup）的系数也是显著为负，这与徐晓东和张天西（2009）的结论一致，表明上市公司监事会规模越大，越能有效地对公司董事、经理的投资决策行为进行监督检查，减缓公司的过度投资。

3. 高管过度自信、内部控制与投资不足的回归结果分析

表 7.9 报告了内部控制、高管过度自信及其交乘项对公司投资不足影响的回归结果。从中可知，三个模型的回归结果显著有效，模型的拟合效果尚可。模型（7.7）显示内部控制的系数为 –0.0455，在 0.01 水平上显著，表明有效的内部控制能够缓解企业的投资不足，促使其提高投资水平，这进一步印证了假说 7.2b，即高质量的内部控制可以缓解投资不足问题，从而提升公司的资本配置效率。

表 7.9　高管过度自信、内部控制与投资不足的回归结果

变量	模型（7.7）系数	t 值	模型（7.8）系数	t 值	模型（7.9）系数	t 值
常数项	0.3440***	6.70	0.0532***	4.99	0.3230***	5.42
IC	−0.0455***	−5.82			−0.0420***	−4.61
Con			0.0089***	4.77	0.0081***	4.33
IC×Con					−0.0035	−0.26
ROA	0.0675***	3.90	0.0222	1.49	0.0738***	4.30
Cash	0.0587***	9.49	0.0608***	9.80	0.0598***	9.69
Age	0.0022	1.44	0.0011	0.72	0.0012	0.79
Dm	−0.0115**	−2.15	−0.0116**	−2.16	−0.0127**	−2.36
Control	−0.0022	−1.06	−0.0028	−1.38	−0.0021	−1.04
First	−0.0015	−0.28	−0.0037	−0.68	−0.0006	−0.11
Idr	−0.0108	−0.68	−0.0155	−0.97	−0.0142	−0.89
Sup	−0.0009	−1.16	−0.0011	−1.41	−0.0009	−1.17

续表

变量	模型（7.7）		模型（7.8）		模型（7.9）	
	系数	t 值	系数	t 值	系数	t 值
D^{ind}	控制		控制		控制	
D^y	控制		控制		控制	
调整后的 R^2	0.0640		0.0590		0.0700	
F 检验值	7.428***		7.704***		7.637***	
N	2453		2453		2453	

** 表示在 0.05 的水平上显著，*** 表示在 0.01 的水平上显著

在模型（7.8）中，高管过度自信（Con）与投资不足之间呈正相关且高度显著，说明高管过度自信的认知偏差会加大企业的投资不足行为；在模型（7.9）中加入内部控制变量及其交乘项后，高管过度自信（Con）的系数和显著性水平略有下降，表明内部控制在一定程度上能够缓解高管过度自信对投资不足的正向作用，但是其交乘项（IC×Con）的系数虽然为负值却不显著，假说 7.3b 没能得到有效的印证。这可能源于公司投资不足的主要原因是融资约束，无法融通到充足的资金进行项目投资；而高管过度自信的特征之一是高估收益而低估风险，认为公司风险证券的价值趋向于被市场低估，外部融资特别是权益融资代价过高。因此，当公司内部资金短缺，需要为投资项目进行外部融资时，就会出现投资不足。近年来，在政府相关监管部门的推动下，我国上市公司逐步建立健全了企业的内部控制制度，其有效实施有利于完善公司治理机制，对高管的决策与行为进行监督、制衡与激励，增强群体决策的能力和决策的科学性；但内部控制仅是一种内在制度安排和监督机制，其实施效果的显现不可能一蹴而就，可能还无法有效地影响高管过度自信的认知偏差来改善企业外部融资约束的境况，因而对过度自信高管投资不足行为的缓解效果不明显。

7.5.4 稳健性检验

为了验证以上实证结果的可靠性，本章进行以下两个方面的检验。

1. 替换高管过度自信的表征指标

根据姜付秀等（2009）的方法，以高管的相对薪酬作为高管过度自信（Con_S）的度量指标，即前三名高管薪酬之和占所有高管薪酬总和的比值，该值越大说明高管的过度自信程度越高。对前文的假说 7.1、假说 7.3 进行重新检验，回归结果如表 7.10、表 7.11 所示。从表 7.10 可知，在全样本、过度投资与投资不足分样本

中内部控制质量（IC）的系数均为负且高度显著，说明假说 7.1 结果的稳健可靠。从表 7.11 可知，在过度投资样本中，内部控制与高管过度自信的交乘项（IC×Con）为负且高度显著；而在投资不足样本中，其交乘项（IC×Con）为负但不显著，这与前文结论一致，印证了假 7.3a，而假说 7.3b 未得到支持。

表 7.10　内部控制与高管过度自信的稳健性检验

变量	全样本 模型（7.10） 系数	Z 值	过度投资样本 模型（7.11） 系数	Z 值	投资不足样本 模型（7.12） 系数	Z 值
常数项	8.5750***	6.13	9.8670***	4.54	7.4860***	4.07
IC	−1.4700***	−6.85	−1.6890***	−5.07	−1.2630***	−4.47
ROA	1.0640**	1.98	1.3080	1.54	0.8530	1.22
Cash	1.0390***	5.31	0.4650	1.34	1.3550***	5.47
Age	0.4390***	9.89	0.4260***	6.38	0.4420***	7.36
Dm	−0.0527	−0.40	0.2600	1.38	−0.4150**	−2.19
Hold	0.3452*	1.79	0.2657	1.58	0.7213	1.34
Control	−0.2850***	−5.52	−0.2810***	−3.77	−0.2880***	−3.99
First	1.1940***	8.00	1.3840***	6.21	1.0300***	5.06
Idr	1.1040***	2.68	1.3700**	2.24	0.7780	1.39
Sup	−0.3080***	−15.32	−0.3190***	−10.45	−0.2980***	−11.10
D^{ind}	控制		控制		控制	
D^{y}	控制		控制		控制	
Pseudo-R^2	0.0520		0.0636		0.0474	
LR chi2	663.73***		384.32***		318.69***	
N	9455		4486		4969	

* 表示在 0.1 的水平上显著，** 表示在 0.05 的水平上显著，*** 表示在 0.01 的水平上显著

表 7.11　高管过度自信、内部控制与非效率投资的稳健性检验

变量	过度投资样本 模型（7.13）	模型（7.14）	投资不足样本 模型（7.15）	模型（7.16）
常数项	0.1110*** (11.68)	0.2060*** (3.46)	0.0495*** (7.16)	0.3030*** (7.51)
IC		−0.0152* (−1.67)		−0.0396*** (−6.41)
Con_S	0.0029* (1.83)	0.0027* (1.70)	0.0025** (2.14)	0.0023** (2.03)
IC×Con_S		−0.0342*** (−2.66)		−0.0143 (−1.62)
ROA	0.0659*** (3.80)	0.1040*** (5.28)	0.0142 (1.25)	0.0707*** (5.47)

续表

变量	过度投资样本		投资不足样本	
	模型（7.13）	模型（7.14）	模型（7.15）	模型（7.16）
Cash	−0.0101（−1.25）	−0.0141*（−1.75）	0.0625***（13.52）	0.0580***（12.72）
Age	−0.0063***（−4.14）	−0.0067***（−4.40）	−0.0006（−0.57）	−0.0013（−1.15）
Dm	−0.0461***（−10.64）	−0.0467***（−10.77）	−0.0095***（−2.71）	−0.0089**（−2.56）
Control	−0.0066***（−3.79）	−0.0056***（−3.23）	−0.0035***（−2.62）	−0.0017（−1.25）
First	−0.0080（−1.56）	−0.0070（−1.35）	−0.0038（−1.03）	−0.0011（−0.29）
Idr	0.0043（0.30）	0.0045（0.31）	−0.0034（−0.33）	−0.0018（−0.17）
Sup	−0.0012*（−1.82）	−0.0010（−1.54）	−0.0009**（−1.98）	−0.0005（−1.20）
D^{ind}	控制	控制	控制	控制
D^y	控制	控制	控制	控制
调整后的 R^2	0.0530	0.0550	0.0560	0.0660
F 检验值	10.75***	12.82***	12.39***	16.84***
N	4486	4486	4969	4969

* 表示在 0.1 的水平上显著，** 表示在 0.05 的水平上显著，*** 表示在 0.01 的水平上显著

2. 替换内部控制的表征指标

借鉴方红星和金玉娜（2013）以内部控制三大目标为导向对内部控制进行量化的方法，将内部控制质量（IC_O）分为高、中、低三种情况（具体划分方法见 7.4.2 小节），对于内部控制质量的高、中、低三类分别取值为 1、0、−1，代入上述模型中重新对假说 7.1～假说 7.3 进行检验，回归结果列示于表 7.12～表 7.14 中。从表 7.12 可看出，在三个样本组中内部控制质量（IC_O）的系数均为负且高度显著，进一步印证了假说 7.1。从表 7.13 的模型（7.20）、表 7.14 的模型（7.23）可知，内部控制（IC_O）的系数均为负且显著，说明假说 7.2 结果的稳健可靠。在表 7.13 的模型（7.22）中，内部控制质量与高管过度自信的交乘项（IC_O×Con）为负且显著，假说 7.3a 进一步得到支持；而在表 7.14 的模型（7.25）中，其交乘项（IC_O×Con）为负但不显著，假说 7.3b 未得到印证，说明前文的研究结论是稳健可靠的。

表 7.12　内部控制与高管过度自信的稳健性检验

变量	全样本		过度投资样本		投资不足样本	
	模型（7.17）		模型（7.18）		模型（7.19）	
	系数	Z 值	系数	Z 值	系数	Z 值
常数项	−3.1830***	−7.20	−3.4190***	−5.03	−3.0700***	−5.19
IC_O	−0.3690***	−6.73	−0.3710***	−4.36	−0.3600***	−4.98

续表

变量	全样本 模型（7.17）		过度投资样本 模型（7.18）		投资不足样本 模型（7.19）	
	系数	Z值	系数	Z值	系数	Z值
ROA	−0.5480	−1.00	−0.4730	−0.51	−0.4300	−0.62
Cash	−0.9180***	−3.02	−0.5640	−1.04	−1.2750***	−3.34
Age	0.6980***	10.41	0.7780***	7.54	0.6400***	7.20
Dm	0.2890	1.38	−0.0441	−0.14	0.5470*	1.84
Hold	0.1276	1.16	0.2345	0.86	0.0857	1.13
Control	0.0300	0.37	0.0272	0.22	0.0072	0.06
First	−0.5540**	−2.39	−0.4020	−1.13	−0.6930**	−2.23
Idr	1.3490**	2.08	0.9890	1.04	1.7120*	1.92
Sup	0.0108	0.36	0.0322	0.71	−0.0056	−0.14
D^{ind}	控制		控制		控制	
D^y	控制		控制		控制	
Pseudo-R^2	0.0881		0.0893		0.0928	
LR chi2	505.66***		228.21***		295.37***	
N	4808		2195		2613	

* 表示在0.1的水平上显著，** 表示在0.05的水平上显著，*** 表示在0.01的水平上显著

表7.13　高管过度自信、内部控制与过度投资的稳健性检验

变量	模型（7.20）		模型（7.21）		模型（7.22）	
	系数	t值	系数	t值	系数	t值
常数项	0.0985***	6.82	0.0965***	6.70	0.1030***	8.86
IC_O	−0.0040**	−2.24			−0.0038**	−2.24
Con			0.0047*	1.88	0.0037	1.47
IC_O×Con					−0.0060*	−1.73
ROA	0.0486**	2.41	0.0338*	1.80	0.0536***	2.73
Cash	−0.0076	−0.70	−0.0063	−0.58	−0.0066	−0.63
Age	−0.0036*	−1.72	−0.0036*	−1.72	−0.0063***	−3.18
Dm	−0.0499***	−7.70	−0.0499***	−7.69	−0.0447***	−7.39
Control	−0.0037	−1.42	−0.0045*	−1.73	−0.0034	−1.31
First	−0.0072	−0.97	−0.0072	−0.97	−0.0101	−1.38
Idr	0.0214	1.06	0.0215	1.06	0.0219	1.09
Sup	−0.0019*	−1.90	−0.0019*	−1.95	−0.0016	−1.67

续表

变量	模型（7.20）		模型（7.21）		模型（7.22）	
	系数	t值	系数	t值	系数	t值
D^{ind}	控制		控制		控制	
D^y	控制		控制		控制	
调整后的 R^2	0.0340		0.0340		0.0320	
F 检验值	4.021***		3.960***		7.578***	
N	2195		2195		2195	

* 表示在 0.1 的水平上显著，** 表示在 0.05 的水平上显著，*** 表示在 0.01 的水平上显著

表 7.14　高管过度自信、内部控制与投资不足的稳健性检验

变量	模型（7.23）		模型（7.24）		模型（7.25）	
	系数	t值	系数	t值	系数	t值
常数项	0.0407***	3.29	0.0364***	2.95	0.0412***	3.34
IC_O	−0.0082***	−5.45			−0.0074***	−4.94
Con			0.0109***	5.06	0.0096***	4.39
IC_O×Con					−0.0029	−1.05
ROA	0.0352**	2.34	0.0064	0.47	0.0372**	2.48
Cash	0.0668***	9.23	0.0692***	9.54	0.0685***	9.50
Age	0.0061***	3.38	0.0061***	3.35	0.0051***	2.78
Dm	−0.0118*	−1.91	−0.0113*	−1.82	−0.0131**	−2.12
Control	−0.0044*	−1.83	−0.0054**	−2.25	−0.0044*	−1.84
First	−0.0071	−1.11	−0.0082	−1.28	−0.0055	−0.87
Idr	0.0030	0.16	0.0009	0.05	0.0002	0.01
Sup	−0.0014	−1.56	−0.0013	−1.52	−0.0013	−1.52
D^{ind}	控制		控制		控制	
D^y	控制		控制		控制	
调整后的 R^2	0.0540		0.0520		0.0610	
F 检验值	6.719***		6.555***		7.071***	
N	2613		2613		2613	

* 表示在 0.1 的水平上显著，** 表示在 0.05 的水平上显著，*** 表示在 0.01 的水平上显著

7.6　本章小结

基于理论分析，本章提出了三个一级研究假说。假说 7.1：内部控制会抑制高管过度自信的认知偏差。假说 7.2：内部控制质量与企业资本配置效率的提升呈正

相关，即内部控制质量越高，越能抑制企业过度投资，缓解企业投资不足。假说7.3：内部控制会弱化高管过度自信引致的非效率投资行为，进而提高公司资本配置效率。在此基础上，本章以 2007~2013 年中国 A 股上市公司为研究样本，分别检验了内部控制对高管过度自信和公司资本配置效率的影响，进而研究了内部控制对高管过度自信引致的非效率投资的治理效应。

实证检验结果发现：①内部控制的有效实施能够显著地减少高管过度自信的认知偏差，降低高管过度自信水平；②高管过度自信的认知偏差会加大公司的过度投资和投资不足，降低公司的资本配置效率；③内部控制对公司的非效率投资产生显著的抑制作用，即良好的内部控制有利于缓解公司的过度投资和投资不足，提高公司的资本配置效率；④当高管存在过度自信的心理偏差时，良好的内部控制能够弱化高管过度自信对过度投资的正面影响，抑制公司的过度投资行为；但是，对过度自信高管引致的投资不足行为的抑制效应不显著。

本章的研究结论表明，随着企业内部控制质量水平的提升，既能对企业非效率投资产生直接抑制作用，也能弱化高管过度自信与过度投资之间的正相关而产生间接治理效应，但是，这种间接治理效应对于投资不足行为的影响并不显著。鉴于此，政府相关部门应进一步加强推动企业内部控制的监管和评价，促进企业内部控制的有效实施。而企业在未来发展进程中，应进一步完善企业内部控制制度，健全内部控制环境，构建以决策为核心的公司治理机制，以减轻高管的过度自信倾向；建立良好的信息与沟通机制，加强管理层之间的交流与沟通，减少高管的控制幻觉与自我归因偏差，以减缓高管过度自信引致的非效率投资行为，提高公司资本配置效率。

第8章 本书结论

本章对全书进行一个总结,主要阐述本书的研究结论与研究启示并提出本书的局限性及未来的研究方向。

8.1 研究结论

本书从行为公司财务的两翼——投资者情绪与高管过度自信视角,研究高管社会网络对公司投资决策、资本配置效率的影响。本书在对相关研究文献进行梳理与评析的基础上,从决策主体理性和非理性视角阐述了投资者情绪、高管过度自信、高管政治网络、社会网络和内部控制对公司资本投资、资本配置效率的作用机理,并且提出了相应的研究假说。在此基础上,以中国沪深 A 股上市公司为研究样本,实证检验了高管政治网络如何影响公司资本配置效率,以及投资者和高管非理性下高管政治关系、社会网络、内部控制对公司投资行为和资本配置效率的影响效应。研究的主要结论如下。

(1) 学者的研究表明,公司拥有政治关系具有普遍性。本书以不同产权性质、不同层级、不同类型的高管政治网络为视角,对高管政治网络与公司资本配置效率之间的关系进行了理论与实证检验。研究发现:①在国有上市公司和民营上市公司中,高管政治网络的存在显著提升了公司资本投资水平,增加了投资支出。相比民营上市公司,高管政治网络的这种影响效应在国有上市公司中更为明显。②从整体上看,高管政治网络对不同产权性质公司资本配置效率均产生显著影响,且这种影响将随着高管政治网络强度的增加而增强。③不同产权性质、不同类型的高管政治关系与其过度自信对公司投资的综合影响效应具有异质性。

(2) 目前的研究一般只关注投资者或高管非理性对公司投资决策的影响,较少关注投资者情绪和高管过度自信双非理性的共同存在对公司投资行为的影响。本书从投资者情绪和高管过度自信的视角,研究了投资者和高管之间的感染机制,利用情绪感染理论和迎合理论,阐述了投资者情绪导致的误定价和高管过度自信的共同存在对公司资本投资的影响。通过实证研究发现,①我国投资者情绪波动幅度很大,投资者情绪高涨和低落的比例反映了我国股市牛短熊长的现象。而这种波动性在全球经济不景气时表现更为突出。例如,在 2008 年金融危机冲击全球经济之际,中国的投资者情绪极度低迷,整个大盘交易很不活跃,误定价程度更为严重;而波动的投资者情绪对公司投资水平产生显著的负面影响。②投资者波动的情绪将通过股票市场的误定价传导和传染过度自信高管的情绪,从而影响公司的资本投资决策;与一般高管相比,过度自信的高管使投资者情绪与公司资本投资之间的敏感系数增大,加大了公司的资本支出。③投资者情绪高涨和低落时,高管过度自信对公司资本投资的影响是不同的。相比较而言,投资者情绪高涨时,更会传染过度自信高管的情绪,使之提升公司的投资水平;而当投资者情绪低落时,其引发的感染效应减弱,过度自信高管的投资决策相对保守。④在不同投资水平的上市公司之间,投资者情绪和高管过度自信的共同存在对公司资本投资的影响也存在差异。相对而言,投资者情绪和高管过度自信的综合作用对资本投资水平高的上市公司的影响更为显著。

(3)现有关于政治关系影响公司投资的研究均是基于代理人理性的假设前提下展开的,结合高管非理性,尤其是高管过度自信影响公司投资行为的研究较少。本书从高管理性与非理性的双重视角,研究高管政治关系对其过度自信的影响,进而检验了高管过度自信和政治关系对公司投资的综合影响。结果发现:①高管政治关系对其过度自信的认知偏差具有显著的正向影响,随着高管政治关系程度的增强,高管过度自信的倾向也加大。②与一般高管相比,过度自信的高管提高了政治关系与公司投资水平之间的敏感性,加大了公司的投资水平;不同产权性质、不同类型的高管政治关系与其过度自信对公司投资的综合影响效应具有异质性。本章的研究结论表明高管政治关系会加大高管过度自信的倾向,两者的共同存在显著地提升了公司投资水平。

(4)现有文献分别研究了投资者情绪或高管社会网络及嵌入其中的社会资本对公司投资决策的影响,但对于投资者情绪与高管社会网络的共同存在影响公司投资行为的研究仍然匮乏。本书从融资约束视角,研究了投资者情绪和高管社会网络对公司投资的影响效应。实证研究发现:①高管所拥有的社会网络缓解了公司面临的融资约束。其中,高管社会网络地位和社会网络声誉均与融资约束显著负相关。②高涨的投资者情绪缓解了公司融资约束。③高管社会网络整体上反转了投资与融资约束之间的负相关关系,提高了公司投资水平。其中,高管社会网络规模、高管社会网络声誉使得公司投资与融资约束的关系从负相关转变为正相关,进而提高了公司的投资水平。④整体上,高管社会网络与投资者情绪的共同存在显著降低了公司投资与融资约束的敏感度。在高管社会网络各分项维度方面,高管社会网络规模及社会网络地位与投资者情绪的共同存在均使得公司投资对融资约束的敏感度下降。但不管从整体来看,还是从高管社会网络各分项维度来看,两者的共同存在并不能提高公司的投资水平。

(5) 关于高质量的内部控制能否有效地减少高管过度自信的认知偏差和非效率投资行为，本书厘清了内部控制对高管过度自信和非效率投资的治理效应，研究了内部控制对高管过度自信与公司资本配置效率之间关系的调节效应。研究结果发现：①内部控制的有效实施能够显著地减少高管过度自信的认知偏差，降低高管过度自信水平；②高管过度自信的认知偏差会加剧公司的过度投资和投资不足，降低公司的资本配置效率；③内部控制能够显著抑制公司的非效率投资行为，即高质量的内部控制有利于缓解公司的过度投资和投资不足，提高公司的资本配置效率；④当高管存在过度自信的心理偏差时，高质量的内部控制能够弱化高管过度自信对过度投资的正面影响，抑制公司的过度投资行为，但是，对过度自信高管引致的投资不足行为的抑制效应不显著。

8.2 研究启示

本书的研究结论证实了从决策主体非理性视角高管政治网络、社会网络、内部控制会对公司的投资行为产生显著的影响，也验证了新兴的行为公司财务理论在中国资本市场和上市公司的适用性。合理而有效的资本投资对公司的未来发展起着至关重要的作用，关系到公司的可持续发展和未来的市场竞争力。基于以上的研究结果，本书得出以下研究启示。

（1）构建与优化公司的社会关系网络。在中国目前经济转轨的背景下，建议公司高管可以尝试通过合法途径构建与政府间政治网络，积极参选人大代表或政协委员，积极参政议政，主动参与本公司所属的商业或行业协会事务并争取在其中任职或兼职，合理利用社会关系网络为公司创先争优，营造良好的外部投融资环境，以规避公司发展过程中的风险并获取所需的关键信息与资源，提高公司自身资本配置效率，增强公司盈利能力和竞争优势。同时，积极参与公益事业，不断地回报社会，为经济发展和社会稳定贡献自身力量。相关监管部门应完善对上市公司董事长、总经理等高管的监管和问责机制，加大对高管不当行为的惩处力度，确保政府和公司之间的人员流动符合市场经济规范。

（2）进一步完善公司的内部控制制度。一是改善公司的控制环境。控制环境是内部控制制度建设和运行的基石，是公司控制活动得以贯彻和实施的核心与前提。公司应建立强调民主和监督的文化氛围，引导各级员工形成全员参与、相互监督的控制文化。二是落实公司的控制活动。控制活动涵盖了公司生产、销售等经营活动的各个环节，公司应结合自身的经营特点和业务流程建立多层次、相互呼应的控制程序，形成完整严密的内部控制体系。公司经济活动的运行中要严格按照内部控制活动类指引，规范授权审批和全面预算等制度，并且在决策的实施过程中及时反馈，降低公司在投资决策实施中发生不良行为的可能性。三是加强公司的信息沟通。信息不对称是引发公司非效率投资行为的原因之一,应建立良好的信息沟通机制和分享制度,降低公司内部信息沟通障碍,加强管理层之间的交流与沟通,减少高管的控制幻觉与自我归因偏差,减少群体思维;重视信息系统的建设与维护,确保各部门之间的信息得以高效准确地反馈给高管,提高管理层制定决策的准确性;提高财务报告的可靠性和会计信息的相关性并及时、准确发布,降低公司与投资者之间的信息不对称。四是强化高管的风险防范意识。在制定和实施决策时要充分考虑到公司内外部环境可能出现的变化与危机,防止高管因盲目乐观而误判了投资项目制定和实施过程中出现的重要信息,降低非效率投资发生的概率。

(3) 克服高管过度自信的认知偏差。Malmendier 和 Tate (2005a) 研究认为,基于股票或期权的激励机制并不能减少高管过度自信的不利影响,如果高管是过度自信的,即使是完善的激励机制和信息对称,也无法使其不从事损害股东利益的次优投资。但 Shefrin (2007) 指出,隐藏在错误和偏差背后的心理活动对纠正有着相当大的抵制作用,但并不是说人们无法避免错误。因此,就公司财务决策而言,建议从以下几个方面减轻高管过度自信的非理性行为。一是构建以决策为核心的公司治理机理。Paredes (2004) 认为 CEO 过度自信是公司治理的产物。这可能源于传统的治理观念是以权力制衡为核心,过于注重公司利益主体之间的制衡,忽略了决策的重要性。实质上,公司治理是一种决策机制,应该将公司治理观念转变为以决策为核心,建立一种使相关利益者充分参与的决策系统和规则,以保证决策的合理性和科学性,促进公司有效运行。二是构建高管的学习机制。根据学习理论,主体应该可以通过持续的理性学习过程来逐步消除过度自信心理。Aktas 等 (2006)、吴超鹏等 (2008) 的研究证明了高管的学习能力能克服高管过度自信的倾向,而使并购绩效上升。因此,在公司管理层中应善于对每次战略决策项目的成败进行总结、学习和讨论,扬长避短,以减少高管过度自信的认知偏差。

(4) 引导投资者形成正确的投资理念。监管部门应当加强对投资者的证券知识和投资风险认知的教育,完善证券投资者的教育机制,尽量避免盲目地追风、跟风。加强对股市交易的监控,当存在某些极度偏离合理价格的情形时,可以适当采取限制措施,防止进一步的误定价,遏制非理性的蔓延,确保中国股市的稳健发展。同时,对上市公司投资行为进行适度监管。政府监管部门对上市公司投资行为的监管既不能不够充分,也不能过度,这就涉及一个度的问题。公司应该根据国家政策、行业特点和自身发展战略制定相应的投资决策,确保公司拥有自主投资的权力,政府监管部门不能过分干预。在公司拥有自主权的前提下,政府监管部门适时进行监管,防止公司出现过度融资和资金使用效率低下等问题。同时,对于利用证券市场的漏洞以获得投资资金的公司,应该严加惩办,明确募集资金的使用范围和合理性,防止募集资金投向的变更。

8.3 本书局限性与未来研究方向

本书以中国上市公司为研究样本,从决策主体非理性视角对社会网络与公司资本配置效率之间的关系进行理论与实证研究,为政治关系、社会关系网络与资本投资的研究提供了新的经验证据,丰富了行为公司财务的研究内容。但由于这方面的研究尚属探索,本书研究还存在以下局限性与未来研究设想。

(1) 研究变量的替代指标方面。投资者情绪和高管过度自信指标的衡量一直是学术界里争议的话题,科学地衡量投资者情绪和高管过度自信是进行全面而有效的实证研究的前提。本书采用的投资者情绪替代指标——误定价,是以上市公司的财务数据和市场数据为基础计算出来的,属于间接的度量指标,其可能受到其他影响上市公司股票价格的因素的作用,这在一定程度上削弱了对投资者情绪度量的准确性。以盈余预测构建了高管过度自信的度量指标,很多学者也有采用,但其适用性还没有充分验证,依然值得商榷和探讨。另外,在高管社会网络指标的量化过程中,依据高管个人背景的深度资料是纯手工整理完成,对高管社会网络的分类维度难免存在一定的主观性和偏差,可能造成本书研究结论具有一定的偏颇。

(2) 高管非理性包括过度自信与乐观、证实偏差、参考点偏好、从众行为、后悔厌恶与损失厌恶等,本书仅考察了高管过度自信这一认知偏差。在未来,还可以从高管非理性的其他认知偏差入手,结合社会关系网络研究高管其他非理性的认知偏差对公司投资决策的影响效应。

(3) 本书仅从理论上阐明了决策主体非理性视角下高管政治网络、社会网络、内部控制与公司投资、资本配置效率之间的内在联系,并且提出相应的研究假说,未能从数量模型和博弈论角度进行深入推导研究。这是本书的局限性,也是未来努力的方向。

参 考 文 献

边燕杰. 1998. 找回强关系：中国的间接关系、网络桥梁和求职. 国外社会学，（2）：50-65.
边燕杰，丘海雄. 2000. 企业的社会资本及其功效. 中国社会科学，（2）：87-99，207.
蔡吉甫. 2009. 上市公司过度投资与负债控制效应研究. 软科学，23（4）：36-42.
蔡卫星，赵峰，曾诚. 2011. 政治关系、地区经济增长与企业投资行为. 金融研究，（4）：100-112.
陈冬华. 2003. 地方政府、公司治理与补贴收入——来自我国证券市场的经验证据. 财经研究，29（9）：15-21.
陈汉文. 2011-09-06. 中国上市公司内部控制指数（2010）：制定、分析与评价. 证券时报，（A09）.
陈建勋，耿伟芝，赵正一. 2017. 跨国并购中 CEO 的过度自信：理性还是非理性？——基于扎根研究的案例分析. 财经研究，43（3）：107-120.
陈劲，李飞宇. 2001. 社会资本：对技术创新的社会学诠释. 科学学研究，19（3）：102-107.
陈任如，赖煜. 2010. 高管政治背景与民营企业盈利能力的实证研究. 南方经济，28（5）：60-68，45.
陈爽英，井润田，廖开容. 2012. 社会资本、公司治理对研发投资强度影响——基于中国民营企业的实证. 科学学研究，30（6）：916-922.
陈爽英，杨晨秀，井润田. 2017. 已吸收冗余、政治关系强度与研发投资. 科研管理，38（4）：46-53.
陈凤，吴俊杰. 2014. 管理者过度自信、董事会结构与企业投融资风险——基于上市公司的经验证据. 中国软科学，（6）：109-116.
陈晓芸，吴超鹏. 2013. 政治关系、社会资本与公司投资效率：基于投资—现金流敏感度视角的分析. 山西财经大学学报，35（6）：91-101.
陈运森. 2015. 社会网络与企业效率：基于结构洞位置的证据. 会计研究．（1）：48-55，97.
陈运森，郑登津. 2017. 董事网络关系、信息桥与投资趋同. 南开管理评论，20（3）：159-171.
陈运森，朱松. 2009. 政治关系、制度环境与上市公司资本投资. 财经研究，35（12）：27-39.
程昆，刘仁和. 2005. 投资者情绪与股市的互动研究. 上海经济研究，（11）：86-93.
程新生，谭有超，刘建梅. 2012. 非财务信息、外部融资与投资效率——基于外部制度约束的研究. 管理世界，（7）：137-150，188.
池国华，杨金，郭菁晶. 2016. 内部控制、EVA 考核对非效率投资的综合治理效应研究——来自国有控股上市公司的经验证据. 会计研究，（10）：63-69，97.
崔晓蕾，何婧，徐龙炳. 2014. 投资者情绪对企业资源配置效率的影响——基于过度投资的视角. 上海财经大学学报，16（3）：86-94.
邓建平，曾勇. 2009. 政治关联能改善民营企业的经营绩效吗. 中国工业经济，（2）：98-108.
邓路，徐睿阳，谷宇，等. 2016. 管理者过度自信、海外收购及其经济后果——基于"兖州煤业"的案例研究. 管理评论，28（11）：252-263.

杜建刚,范秀成.2007.服务补救中情绪对补救后顾客满意和行为的影响——基于情绪感染视角的研究.管理世界,(8):85-94,172.

杜兴强,曾泉,杜颖洁.2011.政治联系、过度投资与公司价值——基于国有上市公司的经验证据.金融研究,(8):93-110.

杜兴强,陈韫慧,杜颖洁.2010.寻租、政治联系与"真实"业绩——基于民营上市公司的经验证据.金融研究,(10):135-157.

杜兴强,雷宇,郭剑花.2009.政治联系、政治联系方式与民营上市公司的会计稳健性.中国工业经济,(7):87-97.

杜兴强,周泽将,杜颖洁.2010.上市公司高管政治联系的会计审计效应研究.大连:东北财经大学出版社.

樊纲,王小鲁,朱恒鹏.2010.中国市场化指数-各地区市场化相对进程2009年报告.北京:经济科学出版社.

方红星,金玉娜.2013.公司治理、内部控制与非效率投资:理论分析与经验证据.会计研究,(7):63-69,97.

方军雄.2012.企业投资决策趋同:羊群效应抑或"潮涌现象".财经研究,(11):92-102.

方立兵,曾勇.2005.我国投资者处置效应的进一步检验.预测,24(6):41-46.

冯延超.2012.中国民营企业政治关联与税收负担关系的研究.管理评论,24(6):167-176.

弗里曼 L C.2008.社会网络分析发展史.张文宏,刘军,王卫东译.北京:中国人民大学出版社.

干胜道,胡明霞.2014.管理层权力、内部控制与过度投资——基于国有上市公司的证据.审计与经济研究,29(5):40-47.

葛永波,张振勇,张璐.2016.投资者情绪、现金持有量与上市公司投资行为.宏观经济研究,(2):106-112.

顾娟.2001.中国封闭式基金贴水问题研究.金融研究,(11):62-71.

郭剑花,杜兴强.2011.政治联系、预算软约束与政府补助的配置效率——基于中国民营上市公司的经验研究.金融研究,(2):114-128.

韩立岩,伍燕然.2007.投资者情绪与IPOs之谜——抑价或者溢价?管理世界,(3):51-61.

郝盼盼,张信东.2017.融资约束下CEO过度自信是否会导致企业R&D投资扭曲.科学进步与对策,34(2):147-152.

郝颖,刘星,林朝南.2005.我国上市公司高管人员过度自信与投资决策的实证研究.中国管理科学,13(5):142-148.

何霞,苏晓华.2012.高管团队背景特征、高管激励与企业R&D投入——来自A股上市高新技术企业的数据分析.科学管理研究,32(6):100-108.

贺远琼,田志龙,陈昀.2007.企业高管社会资本与企业经济绩效关系的实证研究.管理评论,19(3):33-37,63-64.

侯巧铭,宋力,蒋亚朋.2017.管理者行为、企业生命周期与非效率投资.会计研究,(3):61-67,95.

胡国柳,周遂.2013,会计稳健性、管理者过度自信与企业过度投资.东南大学学报(哲学社会科学版),15(2):50-55,135.

胡旭阳.2006.民营企业家的政治身份与民营企业的融资便利——以浙江省民营百强企业为例.管理世界,(5):107-113,141.

花贵如,刘志远,许骞. 2010. 投资者情绪、企业投资行为与资源配置效率. 会计研究,(11):49-55.

黄德龙,文凤华,杨晓光. 2009. 投资者情绪指数及中国股市的实证. 系统科学与数学,29(1):1-13.

黄宏斌,刘志远. 2014. 投资者情绪,信贷融资与企业投资规模. 证券市场导报,(7):28-34,39.

黄娟娟. 2009. 行为股利政策——基于我国上市公司股利"群聚"现象的研究. 厦门大学博士学位论文.

黄莲琴,傅元略. 2010. 管理者过度自信与公司融资策略的选择. 福州大学学报(哲学社会科学版),24(4):12-19.

黄莲琴. 2010. 管理者过度自信与公司融资行为研究. 北京:中国财政经济出版社.

黄乾富,沈红波. 2009. 债务来源、债务期限结构与现金流的过度投资——基于中国制造业上市公司的实证证据. 金融研究,(9):143-155.

姜付秀,张敏,陆正飞,等. 2009. 管理者过度自信、企业扩张与财务困境. 经济研究,(1):131-143.

蒋尧明,郑莹. 2015. "羊群效应"影响下的上市公司社会责任信息披露同形性研究. 当代财经,(12):109-117.

金立印. 2008. 服务接触中的员工沟通行为与顾客响应——情绪感染视角下的实证研究. 经济管理,(18):28-35.

金晓斌,高道德,石建民,等. 2002. 中国封闭式基金折价问题实证研究. 中国社会科学,(5):55-65,204.

靳光辉. 2015. 投资者情绪,高管权益激励与公司投资——基于迎合渠道的实证检验. 中央财经大学学报,(6):65-74.

康华,王鲁平,杨柳青. 2013. 民营上市公司政治关系对研发活动的影响研究. 科研管理,34(8):9-16.

勒庞 G. 2004. 乌合之众:大众心理研究. 冯克利译. 北京:中央编译出版社.

黎珍,陈乾坤. 2017. 社会资本、政治关系与公司投资行为研究. 贵州财经大学学报,(1):53-58.

李秉祥,薛思珊. 2008. 基于经理人管理防御的企业投资短视行为分析. 系统工程理论与实践,28(11):55-61.

李传宪. 2015. 政治关联、补贴收入与公司投资效率. 财经问题研究,(8):97-104.

李捷瑜,王美今. 2006. 上市公司的真实投资与股票市场的投机泡沫. 世界经济,(1):87-95.

李平,曾勇. 2006. 资本市场羊群行为综述. 系统工程学报,21(2):176-183.

李乾文,赵曙明,蒋春燕. 2012. TMT社会网络、公司创业与企业绩效关系研究. 财贸研究,23(3):99-104,131.

李强,田双双,刘佟. 2016. 高管政治网络对企业环保投资的影响——考虑政府与市场的作用. 山西财经大学学报,38(3):90-99.

李诗田,邱伟年. 2015. 政治关联、制度环境与企业研发支出. 科研管理,36(4):56-64.

李婉丽,谢桂林,郝佳蕴. 2014. 管理者过度自信对企业过度投资影响的实证研究. 山西财经大学学报,36(10):76-86.

李万福,林斌,宋璐. 2011. 内部控制在公司投资中的角色:效率促进还是抑制. 管理世界,(2):

81-99，188.

李万福，林斌，杨德明，等.2010.内控信息披露、企业过度投资与财务危机——来自中国上市公司的经验证据.中国会计与财务研究，(4)：76-141.

李新路，张文修.2005.中国股票市场个体投资者"处置效应"的实证研究.当代经济科学，27（5）：76-80，111.

李延喜，杜瑞，高锐，等.2007.上市公司投资支出与融资约束敏感性研究.管理科学，20（1）：82-88.

李焰，秦义虎，张肖飞.2011.企业产权、管理者背景特征与投资效率.管理世界，(1)：135-144.

李永强，杨建华，白璇，等.2012.企业家社会资本的负面效应研究：基于关系嵌入的视角.中国软科学，(10)：104-116.

李云鹤，李湛.2011.自由现金流代理成本假说还是过度自信假说？——中国上市公司投资——现金流敏感性的实证研究.管理工程学报，25（3）：155-161.

连军，刘星，连翠珍.2011.民营企业政治联系的背后：扶持之手与掠夺之手——基于资本投资视角的经验研究.财经研究，37（6）：133-144.

梁莱歆，冯延超.2010.政治关联与企业过度投资——来自中国民营上市公司的经验证据.经济管理，32（12）：56-62.

廖义刚，邓贤琨.2016.环境不确定性、内部控制质量与投资效率.山西财经大学学报，38（8）：90-101.

林慧婷，王茂林.2014.管理者过度自信、创新投入与企业价值.经济管理，(11)：94-102.

林亚清，赵曙明.2013.构建高层管理团队社会网络的人力资源实践、战略柔性与企业绩效：环境不确定性的调节作用.南开管理评论，16（2）：4-15，35.

刘超，韩泽县.2006.投资者情绪和上证综指关系的实证研究.北京理工大学学报（社会科学版），(2)：57-60.

刘端，陈收.2006.中国市场管理者短视、投资者情绪与公司投资行为扭曲研究.中国管理科学，14（2）：16-23.

刘红忠，张昉.2004.投资者情绪与上市公司投资——行为金融角度的实证分析.复旦学报（社会科学版），(5)：63-68.

刘井建，付杰，纪丹宁.2017.政治关联、债务期限与公司投资效率——基于民营上市公司的DIF-GMM与SYS-GMM检验.现代财经（天津财经大学学报），(2)：101-120.

刘启亮，罗乐，张雅曼，等.2013.高管集权、内部控制与会计信息质量.南开管理评论，16（1）：15-23.

刘星，窦炜.2009.基于控制权私有收益的企业非效率投资行为研究.中国管理科学，17（5）：156-165.

刘焱.2014.企业生命周期、内部控制与过度投资.财经问题研究，(11)：133-140.

刘志远，靳光辉.2013.投资者情绪与公司投资效率——基于股东持股比例及两权分离调节作用的实证研究.管理评论，25（5）：82-91.

卢峰，姚洋.2004.金融压抑下的法治、金融发展和经济增长.中国社会科学，(1)：42-55，206.

罗党论，刘晓龙.2009.政治关系、进入壁垒与企业绩效——来自中国民营上市公司的经验证据.管理世界，(5)：97-106.

罗党论，唐清泉.2009.中国民营上市公司制度环境与绩效问题研究.经济研究，(2)：106-118.

罗党论, 甄丽明. 2008. 民营控制、政治关系与企业融资约束——基于中国民营上市公司的经验证据. 金融研究, (12): 164-178.

马富萍, 李燕萍. 2011. 资源型企业高管社会资本、资源获取与技术创新. 经济管理, 33 (8): 51-59.

马丽媛. 2010. 企业家社会资本的测量及其对企业绩效的影响——基于新兴第三产业上市公司的实证研究. 南方经济, 28 (5): 33-45.

马润平, 李悦, 杨英, 等. 2012. 公司管理者过度自信, 过度投资行为与治理机制——来自中国上市公司的证据. 证券市场导报, (6): 38-43.

毛新述, 周小伟. 2015. 政治关联与公开债务融资. 会计研究, (6): 26-33, 96.

潘红波, 夏新平, 余明桂. 2008. 政府干预、政治关联与地方国有企业并购. 经济研究, (4): 41-52.

潘敏, 朱迪星. 2011. 市场周期, 投资者情绪与企业投资决策——来自中国上市公司的经验证据. 经济管理, (9): 122-131.

潘越, 戴亦一, 吴超鹏, 等. 2009. 社会资本、政治关系与公司投资决策. 经济研究, (11): 82-94.

祁继鹏, 何晓明. 2015. 高管团队的社会资本能否改变企业并购绩效? 财经问题研究, (12): 111-118.

乔坤, 徐华丽, 王达飞. 2013. 基于复杂网络社区理论的 TMT 社会资本与企业财务绩效的关系研究. 管理学报, 10 (11): 1618-1624.

屈文洲, 谢雅璐, 叶玉妹. 2011. 信息不对称、融资约束与投资—现金流敏感性——基于市场微观结构理论的实证研究. 经济研究, 46 (6): 105-117.

饶育蕾, 张轮. 2005. 行为金融学. 2 版. 上海: 复旦大学出版社.

任碧云, 任毅. 2017. 投资者情绪、企业投资水平与投资偏好——基于股权融资渠道与迎合渠道的对比. 云南财经大学学报, 33 (4): 123-132.

芮明杰, 宋亦平. 2001. 中国国有企业改革的路径分析——管理创新对中国国有企业改革的意义. 上海经济研究, (8): 24-29.

舍夫林 H. 2005. 超越恐惧和贪婪——行为金融学与投资心理诠释. 贺学会译. 上海: 上海财经大学出版社.

沈红波, 寇宏, 张川. 2010. 金融发展、融资约束与企业投资的实证研究. 中国工业经济, (6): 55-64.

沈洪涛, 苏亮德. 2012. 企业信息披露中的模仿行为研究——基于制度理论的分析. 南开管理评论, 15 (3): 82-90, 100.

石军伟, 胡立君, 付海艳. 2007. 企业社会资本的功效结构: 基于中国上市公司的实证研究. 中国工业经济, (2): 84-93.

宋淑琴, 代淑江. 2015. 管理者过度自信、并购类型与并购绩效. 宏观经济研究, (5): 139-149.

孙海法, 姚振华, 严茂胜. 2006. 高管团队人口统计特征对纺织和信息技术公司经营绩效的影响. 南开管理评论, 9 (6): 61-67.

孙慧, 程柯. 2013. 政府层级、内部控制与投资效率——来自国有上市公司的经验证据. 会计与经济研究, 27 (3): 65-74.

孙俊华, 陈传明. 2009. 企业家社会资本与公司绩效关系研究——基于中国制造业上市公司的实证研究. 南开管理评论, 12 (2): 28-36.

孙铮, 刘凤委, 李增泉. 2005. 市场化程度、政府干预与企业债务期限结构——来自我国上市公司的经验证据. 经济研究, (5): 52-63.

谭跃, 夏芳. 2011. 股价与中国上市公司投资——盈余管理与投资者情绪的交叉研究. 会计研究, (8): 30-39, 95.

唐建新, 卢剑龙, 余明桂. 2011. 银行关系、政治联系与民营企业贷款——来自中国民营上市公司的经验证据. 经济评论, (3): 51-58, 96.

田祥宇, 阎逸夫. 2017. 高管过度自信、会计稳健性和投资效率——基于我国沪深A股上市公司的实证研究. 云南财经大学学报, (1): 137-149.

田志龙, 高勇强, 卫武. 2003. 中国企业政治策略与行为研究. 管理世界, (12): 98-106, 127-156.

王春峰, 赵威, 房振明. 2007. 新股投资者情绪度量及其与新股价格行为关系. 系统工程, 25(7): 1-6.

王美今, 孙建军. 2004. 中国股市收益、收益波动与投资者情绪. 经济研究, (10): 75-83.

王庆文, 吴世农. 2008. 政治关系对公司业绩的影响——基于中国上市公司政治影响力指数的研究. 中国第七届实证会计国际研讨会.

王山慧, 王宗军, 田原. 2013. 管理者过度自信与企业技术创新投入关系研究. 科研管理, 34(5): 1-9.

王铁男, 王宇. 2017. 信息技术投资、CEO过度自信与公司绩效. 管理评论, 29(1): 70-81.

王霞, 张敏, 于富生. 2008. 管理者过度自信与企业投资行为异化——来自我国证券市场的经验证据. 南开管理评论, 11(2): 77-83.

王霄, 胡军. 2005. 社会资本结构与中小企业创新——一项基于结构方程模型的实证研究. 管理世界, (7): 116-122, 171.

王瑛, 官建成, 马宁. 2003. 我国企业高层管理者、创新策略与企业绩效之间的关系研究. 管理工程学报, 17(1): 1-6.

王永宏, 赵学军. 2001. 中国股市"惯性策略"和"反转策略"的实证分析. 经济研究, (6): 56-61, 89.

王永进, 盛丹. 2012. 政治关联与企业的契约实施环境. 经济学(季刊), 11(4): 1193-1218.

王治, 张皎洁, 郑琦. 2015. 内部控制质量、产权性质与企业非效率投资——基于我国上市公司面板数据的实证研究. 管理评论, 27(9): 95-107.

魏锋, 刘星. 2004. 约束、不确定性对公司投资行为的影响. 经济科学, 26(2): 35-43.

魏明海, 柳建华. 2007. 国企分红、治理因素与过度投资. 管理世界, (4): 88-95.

文芳. 2011. 管理者政治联系与过度自信. 中国经济问题, (1): 80-90.

巫景飞, 何大军, 林晗, 等. 2008. 高层管理者政治网络与企业多元化战略: 社会资本视角——基于我国上市公司面板数据的实证分析. 管理世界, (8): 107-118.

吴超鹏, 吴世农, 郑方镳. 2008. 管理者行为与连续并购绩效的理论与实证研究. 管理世界, (7): 126-133, 188.

吴世农, 汪强. 2009. 迎合投资者情绪？过度保守？还是两者并存——关于公司投资行为的实证研究. 公司治理评论, (1): 185-204.

吴世农, 吴超鹏. 2003. 我国股票市场"价格惯性策略"和"盈余惯性策略"的实证研究. 经济科学, 25(4): 41-50.

吴世农, 吴育辉. 2003. 我国证券投资基金重仓持有股票的市场行为研究. 经济研究, (10):

50-58，92.

吴文锋，吴冲锋，刘晓薇. 2008. 中国民营上市公司的政府背景与公司价值. 经济研究，（7）：130-141.

吴文锋，吴冲锋，芮萌. 2009. 中国上市公司高管的政府背景与税收优惠. 管理世界，（3）：134-142.

伍燕然，韩立岩. 2007. 不完全理性、投资者情绪与封闭式基金之谜. 经济研究，（3）：117-129.

西蒙 H A. 2007. 管理行为. 詹正茂译. 北京：机械工业出版社.

奚恺元. 2006. 别做正常的傻瓜. 2版. 北京：机械工业出版社.

辛清泉，林斌，王彦超. 2007. 政府控制、经理薪酬与资本投资. 经济研究，（8）：110-122.

徐朝辉，周宗放. 2016. 内部控制、过度投资与公司信用风险. 中国管理科学，24（9）：21-27.

徐莉萍，辛宇，陈工孟. 2006. 股权集中度和股权制衡及其对公司经营绩效的影响. 经济研究，（1）：90-100.

徐晓东，张天西. 2009. 公司治理、自由现金流与非效率投资的证据. 财经研究，35（10）：47-58.

徐业坤，李维安. 2016. 政绩推动、政治关联与民营企业投资扩张. 经济理论与经济管理，（5）：5-22.

徐业坤，钱先航，李维安. 2013. 政治不确定性、政治关联与民营企业投资：来自市委书记更替的证据. 管理世界，（5）：116-130.

许为宾，周建. 2017a. 董事会资本影响企业投资效率的机制——监督效应还是资源效应. 经济管理，（5）：69-84.

许为宾，周建. 2017b. 再议政府治理、董事会资本与企业投资效率关系. 当代经济管理，39（3）：14-22.

薛斐. 2005. 我国投资者情绪指数选择的实证检验. 世界经济情况，（14）：14-17，9.

杨德明，林斌，王彦超. 2009. 内部控制、审计质量与代理成本. 财经研究，35（12）：40-49，60.

杨金，池国华. 2016. 融资约束下内部控制对投资不足的治理效应. 中南财经政法大学学报，（6）：68-76.

杨雄胜. 2005. 内部控制理论研究新视野. 会计研究，（7）：49-54，97.

杨有红，汪薇. 2008. 2006年沪市公司内部控制信息披露研究. 会计研究，（3）：35-42，95.

姚颐，刘志远. 2008. 震荡市场、机构投资者与市场稳定. 管理世界，（8）：22-32.

叶蓓. 2010. 管理者非理性与上市公司投资研究：基于过度自信假说. 北京：知识产权出版社.

叶玲，王亚星. 2013. 管理者过度自信、企业投资与企业绩效——基于我国A股上市公司的实证检验. 山西财经大学学报，35（1）：116-124.

易靖韬，张修平，王化成. 2015. 企业异质性、高管过度自信与企业创新绩效. 南开管理评论，18（6）：101-112.

易志高，茅宁. 2009. 中国股市投资者情绪测量研究：CICSI的构建. 金融研究，（11）：174-184.

游家兴，徐盼盼，陈淑敏. 2010. 政治关联、职位壕沟与高管变更——来自中国财务困境上市公司的经验证据. 金融研究，（4）：128-143.

于窈，李纾. 2006. "过分自信"的研究及其跨文化差异. 心理科学进展，14（3）：468-474.

于长宏，原毅军. 2015. CEO过度自信与企业创新. 系统工程学报，30（5）：636-641.

于忠泊，田高良. 2009. 内部控制评价报告真的有用吗——基于会计信息质量、资源配置效率视角的研究. 山西财经大学学报, 31 (10): 110-118.

余明桂, 回雅甫, 潘红波. 2010. 政治联系、寻租与地方政府财政补贴有效性. 经济研究, (3): 65-77.

余明桂, 李文贵, 潘红波. 2013. 管理者过度自信与企业风险承担. 金融研究, (1): 149-163.

余明桂, 宁莎莎. 2016. 独立董事社会网络与企业投资效率. 华东经济管理, (2): 136-140.

余明桂, 潘红波. 2008. 政治关系、制度环境与民营企业银行贷款. 管理世界, (8): 9-21, 39.

余明桂, 夏新平, 邹振松. 2006. 管理者过度自信与企业激进负债行为. 管理世界, (8): 104-112, 125.

俞红海, 徐龙炳, 陈百助. 2010. 终极控股股东控制权与自由现金流过度投资. 经济研究, (8): 103-113.

袁方. 1997. 社会研究方法教程. 北京: 北京大学出版社.

袁勇志, 李佳. 2013. 企业家社会网络与初创企业绩效关系的实证研究. 科技管理研究, 33 (4): 175-179, 185.

翟淑萍, 黄宏斌, 毕晓方. 2017. 资本市场业绩预期压力、投资者情绪与企业研发投资. 科学学研究, 35 (6): 896-906.

詹宇波, 刘畅. 2011. 社会资本、市场化改革与企业绩效——来自中国上市公司的面板证据. 浙江社会科学, (9): 20-26, 69, 156-157.

张超, 刘星. 2015. 内部控制缺陷信息披露与企业投资效率——基于中国上市公司的经验研究. 南开管理评论, 18 (5): 136-150.

张敦力, 江新峰. 2015. 管理者能力与企业投资羊群行为: 基于薪酬公平的调节作用. 会计研究, (8): 41-48.

张方华, 林仁方. 2004. 企业的社会资本与技术合作. 科研管理, 25 (2): 31-36.

张戈, 王美今. 2007. 投资者情绪与中国上市公司实际投资. 南方经济, (3): 3-14.

张功富, 宋献中. 2009. 我国上市公司投资: 过度还是不足?——基于沪深工业类上市公司非效率投资的实证度量. 会计研究, (5): 69-77.

张洪辉. 2014. 社会资本、政府干预和上市公司过度投资. 山西财经大学学报, (10): 67-75.

张洪辉, 王宗军. 2010. 政府干预、政府目标与国有上市公司的过度投资. 南开管理评论, 13 (3): 101-108.

张建君, 张志学. 2005. 中国民营企业家的政治战略. 管理世界, (7): 94-105.

张俊生, 卢贤义, 杨熠. 2001. 噪声理论能解释我国封闭式基金折价交易现象吗——与薛刚、顾锋、黄培清三位先生商榷. 财经研究, (5): 59-64.

张敏, 童丽静, 许浩然. 2015. 社会网络与企业风险承担——基于我国上市公司的经验证据. 管理世界, (11): 161-175.

张其仔. 2000. 社会资本与国有企业绩效研究. 当代财经, (1): 53-58.

张前程, 杨德才. 2015. 货币政策、投资者情绪与企业投资行为. 中央财经大学学报, (12): 57-68.

张庆, 朱迪星. 2014. 投资者情绪, 管理层持股与企业实际投资——来自中国上市公司的经验证据. 南开管理评论, 17 (4): 120-127, 139.

张润宇, 余明阳, 张梦林. 2017. 社会资本是否影响了上市家族企业过度投资?——基于社会资本理论和高阶理论相结合的视角. 中国软科学, (9): 114-126.

张先治, 戴文涛. 2011. 中国企业内部控制评价系统研究. 审计研究, (1): 69-78.

参考文献

张祥建, 郭丽虹, 徐龙炳. 2015. 中国国有企业混合所有制改革与企业投资效率——基于留存国有股控制和高管政治关联的分析. 经济管理, (9): 132-145.

张新民, 张婷婷, 陈德球. 2017. 产业政策、融资约束与企业投资效率. 会计研究, (4): 12-18, 95.

张翼, 林小驰. 2005. 公司治理结构与管理层盈利预测. 中国会计评论, (2): 241-252.

张兆国, 曾牧, 刘永丽. 2011. 政治关系、债务融资与企业投资行为——来自我国上市公司的经验证据. 中国软科学, (5): 106-121.

章细贞, 张欣. 2014. 管理者过度自信、公司治理与企业过度投资. 中南大学学报(社会科学版), (1): 15-22.

章细贞. 2011. 制度环境、政治联系与民营企业债务期限结构. 财经论丛, (2): 76-83.

赵静, 陈晓. 2016. 货币政策、政治联系与企业投资. 重庆大学学报(社会科学版), 22(2): 50-59.

赵瑞. 2013. 企业社会资本、投资机会与投资效率. 宏观经济研究, (1): 65-72.

赵学军, 王永宏. 2001. 中国股市"处置效应"的实证分析. 金融研究, (7): 92-97.

中国上市公司内部控制指数研究课题组, 王宏, 蒋占华, 等. 2011. 中国上市公司内部控制指数研究. 会计研究, (12): 20-24, 96.

钟军委, 张祥建, 钱有飞. 2017. 连锁董事网络、社会资本与企业投资效率——来自A股上市公司的经验证据. 产业经济研究, (4): 56-66.

钟凯, 吕洁, 程小可. 2016. 内部控制建设与企业创新投资: 促进还是抑制?——中国"萨班斯"法案的经济后果. 证券市场导报, (9): 30-38.

周春梅. 2011. 国有上市公司投资行为异化: 投资过度抑或投资不足——基于政府干预角度的实证研究. 宏观经济研究, (11): 57-62, 104.

周小虎, 陈传明. 2005. 企业网络资源与社会负债. 经济管理, (8): 12-18.

周小虎. 2002. 企业家社会资本及其对企业绩效的作用. 安徽师范大学学报(人文社会科学版), 30(1): 1-6.

周中胜, 徐红日, 陈汉文, 等. 2016. 内部控制质量对公司投资支出与投资机会的敏感性的影响: 基于我国上市公司的实证研究. 管理评论, 28(9): 206-217.

朱朝晖, 杨滨, 毛愫璜, 等. 2012. 投资者情绪与上市公司投资水平——迎合还是保守? 应用心理学, 18(3): 232-238.

朱武祥. 2003. 行为公司金融: 理论研究发展及实践意义. 证券市场导报, (5): 53-58.

朱亚丽. 2009. 基于社会网络视角的企业间知识转移影响因素实证研究——以国内通信电源产业为例. 浙江: 浙江大学博士学位论文.

左拙人, 胡文卿. 2017. 股权异质性、内部控制与上市公司投资. 山西财经大学学报, 39(2): 72-86.

Acquaah M. 2007. Managerial social capital, strategic orientation and organizational performance in an emerging economy. Strategic Management Journal, (28): 1235-1255.

Adhikari A, Derashid C, Zhang H. 2006. Public policy, political connections, and effective tax rates: longitudinal evidence from malaysia. Journal of Accounting and Public Policy, 25(5): 574-595.

Agrawal A, Knoeber C R. 2001. Do some outside directors play a political role?The Journal of Law and Economics, 44(1): 179-198.

Aktas N, Bodt E D, Roll R. 2006. Hubris, learning, and M&A decisions: empirical evidence. SSRN Working Paper.

Aldrich H E, Zimmer C. 1986. Entrepreneurship through social networks//Sexton D, Smilor R. The Art and Science of Entrepreneurship. Cambridge: Ballinger: 3-23.

Alicke M D. 1985. Global self-evaluation as determined by the desirability and controllability of trait adjectives. Journal of Personality and Social Psychology, 49: 1621-1630.

Alti A. 2003. How sensitive is investment to cash flow when financing is frictionless? Journal of Finance, 58: 707-722.

Andrei S, Robert W V. 2003. Stock market driven acquisitions. Journal of Financial Economics, 70 (3): 295-311.

Ang J S, Cole R A, Lin J W. 2000. Agency costs and ownership structure. Journal of Finance, 55(1): 81-106.

Arif S, Lee C M C. 2014. Aggregate investment and investor sentiment. Social Science Electronic Publishing, 27 (11): 3241-3279.

Ashbaugh-Skaife H, Collins D W, Kinney W R, et al. 2008. The effect of sox internal control deficiencies and their remediation on accrual quality. Social Science Electronic Publishing, 83: 217-250.

Avery C, Zemsky P. 1998. Multidimensional uncertainty and herd behavior in financial markets. American Economic Review, 88: 724-748.

Bai C E, Lu J Y, Tao Z G. 2006. The multitask theory of state enterprise reform: empirical evidence from China. American Economic Review, 96 (2): 353-357.

Baixauli-Soler J S, Belda-Ruiz M, Sanchez-Marin G. 2015. Executive stock option, gender diversity in the top management team, and firm risk taking. Journal of Business Research, 68 (2): 451-463.

Baker M, Wurgler J. 2006. Investor sentiment and the cross-section of stock returns. The Journal of Finance, 61 (4): 1645-1680.

Baker M, Ruback R S, Wurgler J. 2007. Behavioral corporate finance: a survey. Handbook of Corporate Finance: Empirical Corporate Finance.

Baker M, Stein J C. 2004. Market liquidity as a sentiment indicator. Journal of Financial Markets, 7 (3): 271-299.

Baker M, Stein J C, Wurgler J. 2003. When does the market matter? Stock prices and the investment of equity-dependent firms. Quarterly Journal of Economics, 118 (3): 969-1005.

Baker M, Wurgler J. 2004. A catering theory of dividends. Journal of Finance, 59: 1125-1165.

Barberis N, Shleifer A, Vishny R. 1998. A model of investor sentiment. Journal of Financial Economics, 49 (3): 307-343.

Barberis N, Thaler R. 2003. A survey of behavioral finance// Constantinides G M, Harris M, Stulz R M. Handbook of the Economics of Finance, 1 (18): 1053-1128.

Barjargal B, Liu M. 2004. Entrepreneurs' assess to private equity in China: the role of social capital. Organization Science, 15 (2): 159-172.

Baron R, Tang J T. 2009. Entrepreneurs'social skills and new venture performance: mediating mechanisms and cultural generality. Journal of Management, 35 (2): 282-306.

Barros L A B D C, Silveira A D M D. 2007. Overconfidence, managerial optimism and the determinants of capital structure. SSRN Working Paper.

Bem D J. 1965. An experimental analysis of self-persuasion. Journal of Experimental Social Psychology, 1 (3): 199-218.

Ben D, Graham J R, Harvey C R. 2007. Managerial overconfidence and corporate policies. NBER Working Paper: 13711.

Benartzi S, Thaler R H. 1995. Myopic loss aversion and the equity premium puzzle. Quarterly Journal of Economics, 110 (1): 73-92.

Beneish M D, Billings M B, Hodder L D. 2008. Internal control weaknesses and information uncertainty. The Accounting Review, 83 (3): 665-703.

Bernardo A E, Welch I. 2001. On the evolution of overconfidence and entrepreneurs. Journal of Economics & Management Strategy, 10 (3): 301-330.

Bertrand M, Kramarz F, Schoar A. 2006. Politically connected CEOs and corporate outcomes: evidence from France. University of Chicago Working Paper.

Bertrand M, Mullainathan S. 2003. Enjoying the quiet life? Corporate governance and managerial preferences. Journal of Political Economy, 111 (5): 1043-1075.

Bhattacharya S. 1979. Imperfect information, dividend policy, and "the bird in the hand" fallacy. Bell Journal of Economics, 10 (1): 259-270.

Biddle G C, Hilary G, Verdi R S. 2009. How does financial reporting quality relate to investment efficiency? Journal of Accounting and Economics, 48 (2/3): 112-131.

Black F. 1986. Noise. Journal of Finance, 41 (3): 529-543.

Bond S, Meghir C. 1994. Dynamic investment models and the firm's financial policy. Review of Economic Studies, 61 (2): 197-222.

Bondt W F M D, Thaler R H. 1995. Chapter 13 Financial decision-making in markets and firms: a behavioral perspective. Handbooks in Operations Research & Management Science, 9 (4777): 385-410.

Borghesi R, Houston J F, Naranjo A. 2014. Corporate socially responsible investments: CEO altruism, reputation, and shareholder interests. Journal of Corporate Finance, 26 (4): 164-181.

Boubakri N, Cosset J, Saffar W. 2008. Political connections of newly privatized firms. Journal of Corporate Finance, 14, (5): 654-673.

Bourdieu P. 1980. Le capital social: notes provisoires. Actes de la Recherche en Sciences Sociales, 31: 2-3.

Brown G W, Cliff M T. 2004. Investor sentiment and the near-term stock market. Journal of Empirical Finance, 11, (1): 1-27.

Brown G W, Cliff M T. 2005. Investor sentiment and asset valuation. Journal of Business, 78 (2): 405-440.

Buderi R. Huang G T. 2006. GUANXI (The Art of Relationships): Microsoft, China, and Bill Gates's Plan to Win the Road Ahead. New York: Simon & Schuster.

Burt R S. 1992. Structural Holes: The Social Structure of Competition. Cambridge: Harvard University Press.

Burt R S. 1997. The contingent value of social capital. Administrative Science Quarterly, 42 (2): 339-365.

Bushman R M, Smith A J. 2001. Financial accounting information and corporate governance. Journal of Accounting Economics, 32 (1-3): 237-333.

Butler A W, Fauver L, Mortal S. 2008. Corruption, political connections, and municipal finance.The Review of Financial Studies, 22 (7): 2873-2905.

Camerer C, Lovallo D. 1999. Overconfidence and excess entry: an experimental approach. American Economic Review, 89 (1): 306-318.

Campbell J Y, Grossman S J, Wang J. 1993. Trading volume and serial correlation in stock returns. Quarterly Journal of Economics, 108 (4): 905-939.

Carpenter J N. 1998. The exercise and valuation of executive stock options. Journal of Financial Economics, 48 (2): 127-158.

Chang X, Tam L, Tan T, et al. 2007. The real impact of stock market mispricing: evidence from Australia. Pacific-Basin Finance Journal, 15 (4): 388-408.

Chen I J, Lin S H. 2012. Will managerial optimism affect the investment efficiency of a firm? Procedia Economics and Finance, 2 (12): 73-80.

Chen N F, Kan R, Miller M H. 1993. Are the discounts on close-end funds a sentiment index. Journal of Finance, 48 (2), 795-800.

Chen S, Sun Z, Tang S, et al. 2010. Political connections and investment efficiency: evidence from soes private enterprises in China. China Financial Research Network, (3): 1-38.

Cheng M, Dhaliwal D, Zhang Y. 2013. Does investment efficiency improve after the disclosure of material weaknesses in internal control over financial reporting? Journal of Accounting and Economics, 56 (1): 1-18.

Child J, Tse D K. 2001. China's transition and its implications for international business. Journal of International Business Studies, 32 (1): 5-21.

Choi J P, Thum M. 2003. The dynamics of corruption with the ratchet effect. Journal of Public Economics, 87 (3): 427-443.

Chordia T, Swaminathan B. 2000. Trading volume and cross autocorrelations in stock returns. The Journal of Finance, 55 (2): 913-935.

Chung S, Singh H, Lee K. 2000. Complementarily, status similarity and social capital as drivers of alliance formation. Strategic Management Journal, 21 (1): 1-22.

Claessens S, Feijen E, Laeven L. 2008. Political connections and preferential access to finance: the role of campaign contributions. Journal of Financial Economics, 88 (3): 554-580.

Clarke R G, Statman M. 1998. Bullish or bearish. Journal of Financial Analysts, 54 (3): 63-72.

Cleary S. 1999. The relationship between firm investment and financial status. Journal of Finance, 54 (2): 673-692.

Coleman J S. 1988. Social capital in the creation of human capital. American Journal of Sociology, 94: 95-120.

Collins C J, Clark K D.2003. Strategic human resource practices, top management team social networks, and firm performance: the role of human resource practices in creating organizational competitive advantage. Academy of Management Journal, 46 (6): 740-751.

Conrad J S, Hameed A, Niden C. 1994. Volume and autocovariances in short horizon individual security returns. Journal of Finance, 49 (4): 1305-1329.

Cooke P, Clifton N. 2002. Social capital, and small and medium enterprise performance in the United Kingdom, Entrepreneurship in the modern space-economy: evolutionary and policy perspectives. Tinbergen Institute.

Cooke P, Wills D. 1999. Small firms, social capital and the enhancement of business performance through innovation programmes. Small Business Economics, 13 (3): 219-234.

Cooper A C, Woo C Y, Dunkelberg W C. 1988. Entrepreneurs' perceived chances for success. Journal of Business Venturing, 3 (2): 97-108.

Cooper M J, Gulen H, Ovtchinnikov A V. 2010. Corporate political contributions and stock returns. Journal of Finance, 65 (2): 687-724.

Cooper M, O'Hara M. 1999. Filter rules based on price and volume in individual security overreaction. The Review of Financial Studies, 12 (4): 901-935.

Daniel K, Hirshleifer D, Subrahmanyam A. 1998. Investor psychology and security market under-and overreactions. Journal of Finance, 53 (6): 1839-1885.

Daniel K, Hirshleifer D, Teoh S H. 2002. Investor psychology in capital markets: evidence and policy implications. Journal of Monetary Economics, 49 (1): 139-209.

Deshmukh S, Goel A M, Howe K M. 2013. CEO overconfidence and dividend policy: theory and evidence. Journal of Financial Intermediation, 22 (3): 440-463.

Dombrovsky V. 2008. Do political connections matter? Firm-level evidence from Latvia. Social Science Electronic Publishing.

Doukas J A, Petmezas D. 2007. Acquisitions, overconfident managers and self-attribution bias. European Financial Management, 13 (3): 531-577.

Doyle J T, Ge W, Mcvay S. 2007. Accruals quality and internal control over financial reporting. The Accounting Review, 82 (5): 1141-1170.

Dwyer S, Richard O C, Chadwick K. 2003. Gender diversity in management and firm performance: the influence of growth orientation and organizational culture. Journal of Business Research, 56 (12): 1009-1019.

Elron E M. 1997. Top management teams within multinational corporations: effects of cultural heterogeneity. The Leadership Quarterly, 8 (4): 393-412.

Epstein E. 1969. The Corporation in American Politics. Englewood Cliffs: Prentice Hall: 365.

Erickson T, Whited T M. 2001. On the information content of different measures of Q. Social Science Electronic Publishing.

Faccio M. 2006. Politically connected firms: can they squeeze the state? Social Science Electronic Publishing, 96 (1): 369-386.

Faccio M. 2007. The characteristics of politically connected firms. Purdue CIBER Working Paper: 51.

Faccio M, Masulis R W, McConnell J. 2006. Political connections and corporate bailouts. Journal of

Finance, 61 (6): 2597-2635.

Fan P H J, Wong T J, Zhang T. 2007. Politically connected CEOs, corporate governance, and post-IPO performance of China's newly partially privatized firms. Journal of Financial Economics, 84 (2): 330-357.

Fazzari S M, Hubbard R G, Petersen B C. 1988. Financing constraints and corporate investment. Brookings Papers on Economic Activity, (1): 141-206.

Finkelstein S, Hambrick D C. 1996. Strategic Leadership: Top Executives and Their Effects on Organizations. Saint Paul: West Publishing Company: 212-215.

Fischhoff B, Slovic P, Lichtenstein S. 1977. Knowing with certainty: the appropriateness of extreme confidence. Journal of Experimental Psychology, 3 (4): 552-564.

Fisher K L, Statman M. 2000. Investor sentiment and stock returns. Financial Analysts Journal, 56 (2): 16-23.

Fisman R. 2001. Estimating the value of political connections. American Economic Review, 91 (4): 1095-1102.

Forbes D P. 2005. Are some entrepreneurs more overconfident than others? Journal of Business Venturing, 20 (5): 623-640.

Frank J D. 1935. Some psychological determinants of the level of aspiration. American Journal of Psychology, 47 (2): 285-293.

Fraser S, Greene F J. 2006. The effects of experience on entrepreneurial optimism and uncertainty. Economica, 73 (290): 169-192.

Galasso A, Simcoe T S. 2011. CEO overconfidence and innovation. Management Science, 57 (8): 1469-1484.

Gertler M, Gilchrist S. 1994. Monetary policy, business cycles, and the behavior of small manufacturing firms. Quarterly Journal of Economics, 109 (2): 309-340.

Gervais S, Heaton J B, Odean T. 2005. Overconfidence, investment policy, and executive stock options. Working Paper.

Ghatak M. 1999. Group lending, local information and peer selection. Journal of Development Economics, 60 (1): 27-50.

Gilchrist S, Himmelberg C P, Huberman G. 2005. Do stock price bubbles influence corporate investment? Journal of Monetary Economics, 52 (4): 805-827.

Gitman L J, Forrester J J R. 1977. A survey of capital budgeting techniques used by major U. S. firms. Financial Management, 6 (3): 66-71.

Glaser M, Weber M, Mannheim U. 2007. Managerial optimism and corporate investment: is the CEO alone responsible for the relation? SSRN Working Paper.

Goel A M, Thakor A V. 2008. Overconfidence, CEO selection, and corporate governance. Journal of Financial Economics, 63 (6): 2737-2784.

Goh B W, Li D. 2011.Internal controls and conditional conservatism. The Accounting Review, 86 (3): 975-1005.

Goldman E, Rocholl J, So J. 2009. Do politically connected boards affect firm value? The Review of Financial Studies, 22 (6): 2331-2360.

Graen G B, Mary Uhl-Bien. 1995. Relationship-based approach to leadership: development of leader-member exchange (LMX) theory of leadership over 25 years: applying a multi-level multi-domain perspective. Leadership Quarterly, 6 (2): 219-247.

Graham J R, Harvey C R, Puri M. 2013. Managerial attitudes and corporate actions. Journal of Financial Economics, 109 (1): 103-121.

Graham J R, Harvey C R. 2001. The theory and practice of corporate finance: evidence from the field. Journal of Financial Economics, 60 (2/3): 187-243.

Granovetter M. 1978. Threshold models of collective behavior. American Journal of Sociology, 83 (6): 1420-1443.

Granovetter M. 1985. Economic action and social structure: the problem of embeddedness. American Journal of Sociology, 91 (3): 481-510.

Griffin D, Tversky A. 1992. The weighing of evidence and the determinants of confidence. Cognitive Psychology, 24 (3): 411-435.

Grundy B D, Li H. 2010. Investor sentiment, executive compensation, and corporate investment. Journal of Banking and Finance, 34 (10): 2439-2449.

Guariglia A. 1999. The effects of financial constraints on inventory investment: evidence from a panel of UK firms. Economica, 66 (261): 43-62.

Guiso L, Sapienza P, Zingales L. 2008. Trusting the stock market. Journal of Finance, 63 (6): 2557-2600.

Guthrie D. 1997. Between markets and politics: organizational responses to reform in China. American Journal of Sociology, 102 (5): 1258-1304.

Hackbarth D.2008. Managerial traits and capital structure decisions. Journal of Financial and Quantitative Analysis, 43 (4): 843-882.

Håkansson H. 1987. Industrial technological development: a network approach. International Journal of Research in Marketing, 4 (2): 157-159.

Hambrick D C, Mason P A. 1984. Upper echelons: the organization as a reflection of its top managers. Academy of Management Review, 9 (2): 193-206.

Hatfield E, Cacioppo J T, Rapson R L. 1993. Emotional contagion. Current Directions in Psychological Science, 2 (3): 96-99.

Hay J R, Shleifer A. 1998. Private enforcement of public laws: a theory of legal reform. American Economic Review, 88 (2): 398-403.

Hayashi F. 1982. Tobin's marginal Q and average Q: a neoclassical interpretation. Econometrica, 50 (1): 213-224.

Hayward M L A, Hambrick D C. 1997. Explaining the premium paid for large acquisitions: evidence of CEO Hubris. Administrative Science Quarterly, 42 (1): 103-127.

Heaton J B. 2002. Managerial optimism and corporate finance. Financial Management, 31(2): 33-45.

Hirshleifer D, Low A, Teoh S H. 2012. Are overconfident CEOs better innovators? Journal of Finance, 67 (4): 1457-1498.

Hirshleifer D, Teoh S H. 2003. Herd behavior and cascading in capital markets: a review and synthesis. European Financial Management, 9 (1): 25-66.

Hong H, Stein J C. 1999. A unified theory of underreaction, momentum trading and overreaction in asset markets. Journal of Finance, 54 (6): 2143-2184.

Huang W, Jiang F X, Liu Z B, et al. 2011. Agency cost, top executives' overconfidence, and investment-cash flow sensitivity-evidence from listed companies in China. Pacific-Basin Finance Journal, 19 (3): 261-277.

Inkpen A C, Tsang E W K. 2005. Social capital, networks, and knowledge transfer. Academy of Management Review, 30 (1): 146-165.

Jaehong L, Eunjung C, Hyunjung C. 2016. The effect of internal control weakness on investment efficiency. Journal of Applied Business Research, 32 (3): 649-662.

Javakhadze D, Ferris S P, French D W. 2016a. Managerial social capital and financial development: a cross-country analysis. Financial Review, 51 (1): 37-68.

Javakhadze D, Ferris S P, French D W. 2016b. Social capital, investments, and external financing. Journal of Corporate Finance, 37: 38-55.

Jayachandran S. 2006. The Jeffords effect. Journal of Law and Economics, 49 (2): 397-425.

Jegadeesh N, Titman S. 1993. Returns to buying winners and selling losers: implication for stock market efficiency. Journal of Finance, 48 (1): 65-91.

Jensen M C. 1986. Agency costs of free cash flow, corporate finance, and takeovers. American Economic Review, 76 (2): 323-329.

Jensen M C, Meckling W H. 1976. Theory of the firm: managerial behavior, agency costs and ownership structure. Journal of Financial Economics, 3 (4): 305-360.

Johnson S, McMillan J, Woodruff C. 2002. Property rights and finance. American Economic Review, 92 (5): 1335-1356.

Kahneman D, Riepe M W. 1998. Aspects of investor psychology. Journal of Portfolio Management, 24 (4): 52-65.

Kahneman D, Tversky A. 1979. Prospect theory: an analysis of decision under risk. Econometrica, 47 (2): 263-292.

Kamoto S. 2014. Impacts of internal financing on investment decisions by optimistic and overconfident managers. European Financial Management, 20 (1): 107-125.

Kaplan S N, Zingales L. 1997. Do investment-cash flow sensitivities provide useful measures of financing constraints. Quarterly Journal of Economics, 112 (1): 169-215.

Keynes J M. 1936. The General Theory of Employment, Interest and Money. London: Macmillan Cambridge University Press.

Khwaja A I, Mian A. 2005. Do lenders favor politically connected firms? Rent provision in an emerging financial market. Quarterly Journal of Economics, 120 (4): 1371-1411.

Khwaja A I, Mian A. 2008. Tracing the impact of bank liquidity shocks: evidence from an emerging market. American Economic Review, 98 (4): 1413-1442.

Kirchler E, Maciejovsky B. 2002. Simultaneous over-and underconfidence: evidence from experimental asset markets. Journal of Risk and Uncertainty, 25 (1): 65-85.

Knight B. 2007. Are policy platforms capitalized into equity prices? Evidence from the Bush/Gore 2000 presidential election. Journal of Public Economics, 91 (12): 389-409.

Krueger A O. 1974. The political economy of the rent-seeking society. American Economic Review, 64 (3): 291-303.

Kruger J. 1999. Lake wobegon be gone! the "below-average effect" and the egocentric nature of comparative ability judgments. Journal of Personality and Social Psychology, 77 (2): 221-232.

Kunda Z. 1987. Motivated inference: self-serving generation and evaluation of causal theories. Journal of Personality and Social Psychology, 53 (4): 636-647.

La Porta R, Shleifer A, Vishny R W, et al. 1997. Trust in large organization. American Economic Review, 87 (2): 333-338.

Lambert J, Bessière V, N'Goala G. 2012. Does expertise influence the impact of overconfidence on judgment, valuation and investment decision? Journal of Economic Psychology, 33 (6): 1115-1128.

Lamont O, Polk C, Saá-Requejo J. 2001. Financial constraints and stock returns. Review of Financial Studies, 14 (2): 529-554.

Landier A, Thesmar D. 2009. Financial contracting with optimistic entrepreneurs: theory and evidence. The Review of Financial Studies, 22 (1): 117-150.

Langer E J. 1975. The illusion of control. Journal of Personality and Social Psychology, 32 (2): 311-328.

Larwood L, Whittaker W. 1977. Managerial myopia: self-serving biases in organizational planning. Journal of Applied Psychology, 62 (2): 194-198.

Lee C M C, Swaminathan B. 2000. Price momentum and trading volume. Journal of Finance, 55(5): 2017-2069.

Lee J, Cho E, Choi H. 2016. The Effect of internal control weakness on investment efficiency. Journal of Applied Business Research, 32 (3): 649.

Leifter R, Mills P K. 1996. An information processing approach for deciding upon control strategies and reducing control loss in emerging organizations. Journal of Management, 22 (1): 113-137.

Li Y, Chen H W, Liu Y, et al. 2014. Managerial ties, organizational learning, and opportunity capture: a social capital perspective. Asia Pacific Journal of Management, 31 (1): 271-291.

Li Z K. 2003. Liquidity, financial market sentiment and corporate investment. SSRN Working Paper.

Lin N. 1999. Social networks and status attainment. Annual Review of Sociology, 25: 467-487.

Lin Y C, Wang Y C, Chiou J R, et al. 2014. CEO characteristics and internal control quality. Corporate Governance an International Review, 22 (1): 24-42.

Lin Y H, Hu S Y, Chen M S. 2005. Managerial optimism and corporate investment: some empirical evidence from Taiwan. Pacific-Basin Finance Journal, 13 (5): 523-546.

Ljungqvist A, Jr W J W. 2003. IPO pricing in the dot-com bubble. Journal of Finance, 58 (2): 723-752.

Long J B D, Shleifer A, Summers L H, et al. 1990. Noise trader risk in financial markets. Journal of Political Economy, 98 (4): 703-738.

Loury G C. 1977. A dynamic theory of racial income differences//Wallace P, LaMont A. Women,

Minorities and Employment Discrimination. Lexington: Lexington Books: 153-186.
Lundstrum L L. 2002. Corporate investment myopia: a horserace of the theories. Journal of Corporate Finance, 8 (4): 353-371.
Malmendier U, Tate G. 2005a. CEO overconfidence and corporate investment. Journal of Finance, 60 (6): 2661-2700.
Malmendier U, Tate G. 2005b. Does overconfidence affect corporate investment? CEO overconfidence measures revisited. European Financial Management, 11 (5): 649-659.
Malmendier U, Tate G. 2008. Who makes acquisitions? CEO overconfidence and the market's reaction. Journal of Financial Economics, 89 (1): 20-43.
Marnet O. 2007. History repeats itself: the failure of rational choice models in corporate governance. Critical Perspectives on Accounting, 18 (2): 191-210.
Martin G P, Gomez-Mejia L R, Wiseman R M. 2013. Executive stock options as mixed gambles: revisiting the behavioral agency model. Academy of Management Journal, 56(2): 451-472.
McClelland A G R, Bolger F. 1994. The calibration of subjective probabilities: theories and models 1980-1993//Wright G, Ayton P. Subjective Probability. Chichester: Wiley: 282-453.
McConnell J J, Muscarella C J. 1985. Corporate capital expenditure decisions and the market value of the firm. Journal of Financial Economics, 14 (3): 399-422.
Merrow E W, Phillips K E, Myers C W. 1981. Understanding cost growth and performance shortfalls in pioneer process plant. Santa Monica: Rand Corporation: 212-235.
Miller D T, Ross M. 1975. Self-serving biases in the attribution of causality: fact or fiction? Psychological Bulletin, 82 (2): 213-225.
Mills K, Morling S, Tease W. 1994. Balance sheet restructuring and investment. Australian Economic Review, 27 (1): 83-100.
Mitchell M L, Stafford E. 2000. Managerial decisions and long-term stock price performance. Journal of Business, 73 (3): 287-329.
Modigliani F, Miller M H. 1958. The cost of capital, corporation finance and the theory of investment. American Economic Review, 48 (3): 261-297.
Moore D A, Kim T G. 2003. Myopic social prediction and the solo comparison effect. Journal of Personality and Social Psychology, 85 (6): 1121-1135.
Morck R. 2007. Behavioral finance in corporate governance-independent directors and non-executive chairs. Social Science Electronic Publishing.
Moskowitz T J, Grinblatt M. 1999. Do industries explain momentum? Journal of Finance, 54 (4): 1249-1290.
Myers S C, Majluf N S. 1984. Corporate financing and investment decisions when firms have information that investors do not have. Journal of Financial Economics, 13 (2): 187-221.
Nahapiet J, Ghoshal S. 1998. Social capital, intellectual capital and the organizational advantage. Academy of Management Review, 23 (2): 242-266.
Narayanan M P. 1985. Managerial incentives for short-term results. Journal of Finance, 40 (5): 1469-1484.

Neal R, Wheatley S M. 1998. Do measures of investor sentiment predict returns? Journal of Financial and Quantitative Analysis, 33 (4): 523-547.

Northcraft G B, Neale M A. 1987. Experts, amateurs, and real estate: an anchoring-and-adjustment perspective on property pricing decisions. Organizational Behavior and Human Decision Processes, 39 (1): 84-97.

Odean T. 1998. Are investors reluctant to realize their losses? Journal of Finance, 53 (5): 1775-1798.

Oliver B R. 2005. The impact of management confidence on capital structure. Social Science Electronic Publishing.

Oskamp S. 1965. Overconfidence in case study judgment. Journal of Consulting Psychology, 29 (3): 261-265.

Ovtchinnikov A V, McConnell J J. 2009. Capital market imperfections and the sensitivity of investment to stock prices. Journal of Financial and Quantitative Analysis, 44 (3): 551-578.

Paredes T A. 2004. Too much pay, too much deference: is CEO overconfidence the product of corporate governance? SSRN Working Paper.

Park S H, Luo Y D. 2001. Guanxi and organizational dynamics: organizational networking in Chinese firms. Strategic Management Journal, 22 (5): 455-477.

Patel J, Zeckhauser R, Hendricks D. 1991. The rationality struggle: illustrations from financial markets. American Economic Review, 81 (2): 232-236.

Peng M W, Luo Y D. 2002. Managerial ties and firm performance in a transition economy: the nature of a micro-macro link. Academy of Management Journal, 43 (3): 486-501.

Peng, Y S. 2004. Kinship networks and entrepreneurs in China's transitional economy. The American Journal of Sociology, 2004, 109 (5): 1045-1074.

Piotroski J D, Srinivasan S. 2008. Regulation and bonding: The Sarbanes-Oxley Act and the flow of international listings. Journal of Accounting Research, 46 (2): 383-425.

Polk C, Sapienza P. 2004. The real effect of investor sentiment. NBER Working Paper No.10563.

Polk C, Sapienza P. 2009. The stock market and corporate investment: a test of catering theory. Review of Financial Studies, 22 (1): 187-217.

Portes A. 1998. Social capital: its origins and applications in modern sociology. Annual Review of Sociology, 24 (1): 1-24.

Portes A, Landolt P. 1996. The downside of social capital. American Prospect, (26): 18-21, 94.

Putnam R D. 1993. The prosperous community: social capital and public life. The American Prospect, (13): 35-42.

Qiu L X, Welch I. 2004. Investor sentiment measure. NBER Working Paper, 117 (35): 367-377.

Rajan R G. 1992. Insiders and outsiders: the choice between informed and arms-length debt. Journal of Finance, 47 (4): 1367-1400.

Richardson S. 2006. Over-investment of free cash flow. Review of Accounting Studies, 11 (2/3): 159-189.

Roberts B E. 1990. A dead senator tells no lies: seniority and the distribution of federal benefits. American Journal of Political Science, 34 (1): 31-58.

Roll R. 1986. The hubris hypothesis of corporate takeover. Journal of Business, 59 (2): 197-216.

Ross S A. 1973. The economic theory of agency: the principal's problem. American Economic Review, 63 (2): 134-139.

Rouwenhorst K G. 1998. International momentum strategies. Journal of Finance, 53 (1): 267-284.

Samuelson W, Zeckhauser R. 1988. Status quo bias in decision making. Journal of Risk and Uncertainty, (1): 7-59.

Scharfstein D S, Stein J C. 1990. Herd behavior and investment. American Economic Review, 80 (3): 465-479.

Shaw T S, Cordeiro J J, Saravanan P. 2016. Director network resources and firm performance: evidence from indian corporate governance reforms. Asian Business & Management, 15 (3): 165-200.

Shefrin H. 2001. Behavioral corporate finance. Journal of Applied Corporate Finance, 14 (3): 113-126.

Shefrin H. 2007. Behavioral corporate finance: decisions that create value. International Edition McGraw-Hill Education.

Shefrin H, Statman M. 1985. The disposition to sell winners too early and ride losers too long: theory and evidence. Journal of Finance, 40 (3): 777-790.

Shefrin H, Statman M. 2000. Behavioral portfolio theory. Journal of Financial and Quantitative Analysis, 35 (2): 127-151.

Shiller R J. 1998. Human behavior and the efficiency of the financial system. NBER Working Paper No.6375.

Shinsuke K. 2014. Impacts of internal financing on investment decisions by optimistic and overconfident managers. European Financial Management, 20 (1): 107-125.

Shipilov A, Danis W. 2006. TMG social capital, strategic choice and firm performance, European Management Journal, 24 (1): 16-27.

Shleifer A, Vishny R W. 2003. Stock market driven acquisitions. Journal of Financial Economics, 70 (3): 295-311.

Siegel J J. 1992. Equity risk premia, corporate profit forecasts, and investor sentiment around the stock crash of october 1987. Journal of Business, 65 (4): 557-570.

Sloan R G. 1996. Do stock prices fully reflect information in accruals and cash flows about future earnings? The Accounting Review, 71 (3): 289-315.

Solt M E, Statman M. 1988. How useful is the sentiment index. Financial Analysts Journal, 44 (5): 45-55.

Statman M, Tyebjee T T. 1985. Optimistic capital budgeting forecasts: an experiment. Financial Management, 14 (3): 27-33.

Stein J C. 1988. Takeover threats and managerial myopia. Journal of Political Economy, 96 (1): 61-80.

Stein J C. 1996. Rational capital budgeting in an irrational world. Journal of Business, 69 (4): 429-455.

Stein J C. 2003. Agency, information and corporate investment. Handbook of the Economics of Finance, 1: 111-165.

Sun Y. 2016. Internal control weakness disclosure and firm investment. Journal of Accounting, Auditing and Finance, 31 (2): 277-307.
Svenson O. 1981. Are we all less risk and more skillful than our fellow drivers? Acta Psychologica, 47 (2): 143- 148.
Thaler R H. 1980. Toward a positive theory of consumer choice. Journal of Economic Behavior & Organization, 1 (1): 39-60.
Thaler R H. 1999. The end of behavioral finance. Financial Analysts Journal, 55 (6): 13-23.
Thaler R H, Johnson E J. 1990. Gambling with the house money and trying to break even: the effects of prior outcomes on risky choice. Management Science, 36 (6): 643-660.
Tihanyi L, Ellstrand A E, Daily C M, et al. 2000. Composition of the top management team and firm international diversification. Journal of Management, 26 (6): 1157-1177.
Titman S, Wessels R. 1988. The determinants of capital structure choice. Journal of Finance, 43 (1): 1-19.
Tversky A, Kahneman D. 1971. Belief in the law of small numbers. Psychological Bulletin, 76 (2): 105-110.
Tversky A, Kahneman D. 1974. Judgment under uncertainty: heuristics and biases. Science, 185 (4157): 1124-1131.
Uzzi B, Gillespie J J. 2002. Knowledge spillover in corporate financing networks: embeddedness and the firm's debt performance. Strategic Management Journal, 23 (7): 595-618.
Uzzi B. 1996. The sources and consequences of embeddedness for the economic performance of organizations: the network effect. American Sociological Review, 61 (4): 674-698.
Uzzi B. 1997. Social structure and competition in interfirm network: the paradox of embeddedness. Administrative Science Quarterly, 42 (1): 35-67.
Vogt S C. 1994. The cash flow/investment relationship: evidence from us manufacturing firms. Financial Management, 23 (2): 3-20.
Weiner B, Kulka A. 1970. An attributional analysis of achievement motivation. Journal of Personality and Social Psychology, 15 (1): 1-20.
Weinstein N D. 1980. Unrealistic optimism about future life events. Journal of Personality and Social Psychology, 39 (5): 806-820.
Wurgler J. 2000. Financial markets and the allocation of capital. Journal of Financial Economics, 58 (1/2): 187-214.
Xin K R, Pearce J L. 1996. Guanxi: connections as substitutes for formal institutional support. The Academy of Management Journal, 39 (6): 1641-1658.
Xu N H, Xu X Z, Yuan Q B. 2013. Political connections, financing friction, and corporate investment: evidence from Chinese listed family firms. European Financial Management, 19 (4): 675-702.
Yermack D. 1996. Higher market valuation of companies with a small board of directors. Journal of Financial Economics, 40 (2): 185-211.
Yu C F. 2014. CEO overconfidence and overinvestment under product market competition. Managerial and Decision Economics, 35 (8): 574-579.

Zhu Z H, Zhao Z C, Bao H T. 2016. The catering of controlling shareholders, investor sentiment and corporate investment efficiency. Journal of Discrete Mathematical Sciences and Cryptography, 19 (3): 549-568.

Zweig M E. 1973. An investor expectations stock price predictive model using closed-end fund premiums. Journal of Finance, 28 (1): 67-78.